Das kommunale Nagelstudio

Michael Schäfer
Sven-Joachim Otto

Das kommunale Nagelstudio

Die populärsten Irrtümer zu Stadtwerke & Co.

 Springer

Michael Schäfer
Berlin
Deutschland

Sven-Joachim Otto
Düsseldorf
Deutschland

ISBN 978-3-658-09871-1   ISBN 978-3-658-09872-8 (eBook)
DOI 10.1007/978-3-658-09872-8

Die Deutsche Nationalbibliothek verzeichnet diese Publikation in der Deutschen Nationalbibliografie; detaillierte bibliografische Daten sind im Internet über http://dnb.d-nb.de abrufbar.

Springer
© Springer Fachmedien Wiesbaden 2016

Einbandgestaltung: deblik Berlin
Einbandabbildung: fotolia.de

Gedruckt auf säurefreiem und chlorfrei gebleichtem Papier

Springer Fachmedien Wiesbaden GmbH ist Teil der Fachverlagsgruppe Springer Science+Business Media (www.springer.com)

Vorwort

In den Jahren 2012 und 2013 veröffentlichte die angesehene Fachzeitschrift für kommunalwirtschaftliches Handels, UNTERNEHMERIN KOMMUNE, in loser Folge einige Beiträge, in denen die Autoren gängige Vorurteile und Stigmatisierungen zu Kommunen und deren Unternehmen aufs Korn nahmen und mit Fakten und Argumenten widerlegten. Diese Texte fanden ein unisono positives Echo. Das verwunderte nicht, handelte es sich doch bei den Lesern um jene, die regelmäßig und zu Unrecht gescholten wurden. Die „Aufklärung" war vor allem Balsam für die Seele, denn Überzeugungsarbeit zu den Tugenden der Kommunalwirtschaft war nicht mehr zu leisten.

Was aber mit jenen, die aus Unkenntnis und weil das an deutschen Stammtischen einfach dazu gehört, über träge und bürokratische Monopolisten herziehen, und bei allen Umfragen trotzdem ankreuzen, dass sie zu ihren Stadtwerken und Sparkassen das allergrößte Vertrauen haben? Die lesen in ihrer Regionalzeitung ja auch nur dann etwas über Kommunalwirtschaft, wenn Preise der Marktentwicklung folgend erhöht werden oder ein prächtig besuchtes Stadtwerkefest als vorgeblich zu teuer gebrandmarkt wird.

Schon diese Mischung aus inniger Zuneigung und verbaler Abwertung war Grund, endlich ein Buch für all jene zu schreiben, die keine kommunalwirtschaftlichen Fachzeitschriften lesen, aber kommunalen Unternehmen aufs Engste verbunden sind. Als Kunden und als Eigentümer. Das sind letztendlich alle Bürger dieses Landes, und wir wären froh, wenn sie zahlreich zu dieser Lektüre greifen.

Zu denen, die 2012/2013 erste Texte zu diesem Thema verfassten, gehörten die beiden Autoren dieses Buches und Falk Schäfer, seit 2011 verantwortlicher Redakteur von UNTERNEHMERIN KOMMUNE. Falk Schäfer hat das Entstehen unseres Buches mit aktuellen Recherchen, vielen Tipps und als streitbarer Leser unserer Manuskripte sehr unterstützt. Dafür möchten wir ihm an dieser prominenten Stelle ganz herzlich danken.

Sven-Joachim Otto   Michael Schäfer

Inhalt

Die Autoren

Prof. Dr. Michael Schäfer ist Herausgeber und Chefredakteur der seit 1997 bestehenden Fachzeitschrift für Kommunalwirtschaftliches Handeln, UNTERNEHMERIN KOMMUNE, die als einzige Fachzeitschrift alle Segmente der kommunalwirtschaftlichen Betätigung zum Gegenstand hat (www.unternehmerin-kommune.de).

Schäfer ist Initiator und Moderator der Gesprächsreihe „Strategische Ausrichtung kommunaler Unternehmen", die seit 2010 in Kooperation mit VKU-Landesgruppen in ganz Deutschland stattfindet. In gleicher Konstellation ist er beim „Verbundnetz für kommunale Energie" engagiert. Dieses 2003 etablierte Diskussionsforum ostdeutscher Kommunalpolitiker konzentriert sich auf die kommunalwirtschaftliche Betätigung und gilt als wichtigste derartige Kommunikationsplattform in den neuen Ländern (www.vfke.org).

Nach mehrjähriger Wahrnehmung von Lehraufträgen an der Hochschule für nachhaltige Entwicklung Eberswalde (HNEE) ist Schäfer seit 2010 dort Professor für Kommunalwirtschaft. Er ist einer der maßgeblichen Initiatoren des deutschlandweit ersten Masterstudienganges Kommunalwirtschaft an dieser Bildungsstätte (www.hnee.de).

Von 2006 bis 2015 hat Schäfer an insgesamt 21 Studien zu kommunalwirtschaftlichen Sachverhalten zumeist federführend mitgewirkt und diese Projekte auch initiiert und geleitet. Schwerpunkte seiner wissenschaftlichen Arbeit sind die Themen Daseinsvorsorge, strategische Führung kommunaler Unternehmen und Rekommunalisierung.

Schäfer ist Autor des ersten Standardwerkes zur Kommunalwirtschaft, das 2014 bei Springer/Gabler Wiesbaden unter dem Titel „Kommunalwirtschaft. Eine gesellschaftspolitische und volkswirtschaftliche Analyse" erschien. Auch die Definition zur Kommunalwirtschaft im renommierten „Gabler Wirtschaftslexikon" stammt aus seiner Feder.

2011 war Schäfer als Gutachter im Rahmen der Anhörung im Brandenburger Landtag in das parlamentarische Verfahren zu Gesetz zur Stärkung der kommunalen Daseinsvorsorge involviert.

Im Ehrenamt ist er Geschäftsführender Vorstand des IWK Wissenszentrum Kommunalwirtschaft, e. V. Dieser Verein mit Sitz in Berlin hat das Ziel, Forschungen zu kommunalwirtschaftlichen Themen zu initiieren und zu fördern und vereint namhafte Mitglieder wie u. a. den Verband kommunaler Unternehmen (VKU), die Thüga AG München, Berliner Stadtreinigung, Ostdeutscher Sparkassenverband, Stadtentsorgung Potsdam, Stadt und Land Wohnbauten-Gesellschaft, Berlin, unter seinem Dach. (www.wissenszentrum-kommunalwirtschaft.de).

Dr. Sven-Joachim Otto Rechtsanwalt und Dipl. Kaufmann, verantwortet seit 2006 bei der PricewaterhouseCoopers AG WPG (PwC) in Düsseldorf den Bereich Tax & Legal Public Services.

PwC bietet branchenspezifische Dienstleistungen in den Bereichen Wirtschaftsprüfung, Steuer- und Unternehmensberatung mit mehr als 180.000 Mitarbeiter in 157 Ländern.

Otto leitet die Arbeit von über 120 Rechtsanwälten und Steuerberatern in den Bereichen Energie-, Umwelt-, Vergabe- und ÖPNV-, Arbeits-, Kommunal-, Steuer- und Regulierungsrecht an acht Standorten in West- und Norddeutschland.

Mit seinem Team berät er Energieversorgungsunternehmen, Kommunen, Organmitglieder sowie kommunale und öffentliche Unternehmen und Institutionen. Neben steuerlichen und rechtlichen Fragestellungen begleitet Dr. Otto seine Mandanten über den gesamten Managementprozess bei der Realisierung einer strategischen Neuausrichtung, Gesellschaftsgründung oder Umsetzung von Kooperationen. Dabei verfolgt PwC einen umfassenden und integrierten Beratungsansatz mit maßgeschneiderte Teams für jede Fragestellung. Diese setzen sich u. a. aus Rechtsanwälten, Steuerberatern, Wirtschaftsprüfern, Ingenieuren und Betriebswirten zusammen, um eine optimale und ganzheitliche Lösung für den jeweiligen Mandanten zu entwickeln.

Dr. Otto ist ehrenamtliches Mitglied im Council of the CEEP – European Centre of Employers and Enterprises providing Public Services, im Kuratorium des Instituts für Berg- und Energierecht der Ruhr-Universität Bochum, im Vorstand des Institutes für Energie- und Regulierungsrecht Berlin e. V. Ferner gehört Dr. Otto als ständiger Gast dem Rechtsausschuss des Verbandes kommunaler Unternehmen e. V. und dem Präsidium des Bundesverbandes öffentliche Dienstleistungen (bvöd) an.

Dr. Otto ist Autor zahlreicher Fachbeiträge in Zeitschriften und Büchern der Kommunalwirtschaft und widmet sich als Dozent an verschiedenen Hochschulen seit 1996 der Wissenschaft.

1

Kommunalwirtschaft in Deutschland – ein besonderes Wesen

Wenn die Tage und Nächte ab Oktober wieder frostig werden, wenn wir morgens ins Büro fahren, abends das Licht anmachen, bei jedem Spülen und anschließendem Händewaschen, wenn wir krank sind, wenn wir sterben oder geboren werden, wenn wir abends ins Theater gehen, wenn wir wohnen, uns bewegen, die Zukunft planen – bei all diesen Gelegenheiten sind wir konfrontiert mit einem Wesen, welches wie kaum ein anderes gleichzeitig Vertrauen und Argwohn auf sich vereint, das die höchsten Beliebtheitswerte erreicht und dennoch pauschale Vorurteile provoziert. Kommunale Wirtschaft ist ein Sonderling in unserer kapitalistischen Welt. Sie funktioniert weitgehend nach den Prinzipien des Marktes und muss dennoch auch höheren Ansprüchen genügen. Sie muss sich in einer Zwitterrolle zwischen Profitmaximierung und der Pflege des gesellschaftlichen Zusammenhalts einrichten – sie soll auf einem Pfad tanzen, der definitorisch und regulatorisch nicht fest fixiert ist. Die Auseinandersetzung mit dem Objekt wird angesichts dieser Unschärfe kaum einfacher. Es ist kompliziert, heißt es bei Facebook, wenn man seinen Beziehungsstatus nicht klar umreißen kann oder will. Solo oder liiert – dazwischen lassen sich ganz offenkundig vielfältige Zwischentöne denken. Man mag einwenden, dass es vielleicht ganz gut täte, sich endlich festzulegen. Sicher. Doch es liegt nicht immer nur an einem selbst. Andere sind beteiligt. Und auch im Ungefähren kann es manchmal recht gemütlich sein.

Die besagte Unschärfe bietet jedoch auch Angriffspunkte in der öffentlichen Debatte. Kommunale Wirtschaft beweist tagein, tagaus, dass auch ohne das ausschließliche Primat des Gewinnstrebens gut und verlässlich gewirtschaftet werden kann, dass sich Gemeinwohlorientierung, Nachhaltigkeit und Effizienz übereinander bringen lassen. Kommunale Wirtschaft in Deutschland ist damit eine dauerhafte Provokation für die ultraliberalen Marktideologen, die lieber an unsichtbare Hände glauben, als an zwischenmenschliche Solidarität. Die realsozialistische Ära in einem Teil Deutschlands liefert in diesem Zusammenhang genug Munition für polemische Attacken, die „öffentlich" und „kommunal" zu „sozialistisch" und „Planwirtschaft" umdeuten, die negieren, dass auch kommunale Unternehmen den grundlegenden Mechanismen des Marktes unterliegen. Nun ist kommunale Wirtschaft ganz erheblichen Fesseln unterworfen, die ihren Wirkungsbereich einschränken sollen. Groteskerweise plädieren gerade jene für regulatorische Zwänge, die sich sonst dem freien Unternehmergeist verschrieben haben. Dabei geht es zum einen um Märkte, Kunden, Profite und unliebsame Konkurrenten, zum anderen aber auch darum, die Etablierung alternativer Wirtschaftsformen zu verhindern – von gemeinwohlorientierten Modellen, aus deren bloßer Existenz sich ein Rechtfertigungsdruck für das freie Spiel von Partikularinteressen ableiten ließe.

Die Protagonisten der öffentlichen Wirtschaft argumentieren in der Regel deutlich weniger dogmatisch. Sie wissen, dass ihre Tätigkeit notwendigerweise mit dem Konzept der Daseinsvorsorge in einer bestimmten Region verknüpft ist – elementare Leistungen von öffentlichem Interesse, die nachhaltig, effizient, in einer angemessenen Dichte und kostengünstig zur Verfügung gestellt werden sollen. Gerade weil sie streng reguliert werden und weil von interessierter Seite kontinuierlich auf noch engeren Fesseln bestanden wird, müssen sie sich verteidigen. Müssen ständig aufs Neue beweisen, dass sie mindestens so gut arbeiten, wie ihre privaten Konkurrenten, und dabei auch noch Nutzen stiften für die jeweilige Kommune oder Region. Angesichts dieser Aufgaben, der knappen kommunalen Kassen sowie den Herausforderungen von Energiewende und demografischem Wandel haben sie Beistand verdient.

Und so soll sich dieses Buch kritisch und zugegebenermaßen etwas parteiisch mit den Polemiken auseinandersetzen, die so häufig und meist bar jeglicher Evidenz über der kommunalen Wirtschaft ausgegossen werden. Anwürfe, die in der Regel dazu dienen sollen, kommunale Wirtschaft gezielt zu diskreditieren. Und wenn dies mit Fakten nicht gelingt, dann werden halt die ideologischen Diffamierungen aus der Mottenkiste geholt. Aus unserer langjährigen Praxis mit kommunalen Unternehmen und ihrem Umfeld haben wir die unserer Ansicht nach häufigsten Vorurteile gegenüber der kommunalen Wirtschaft gesammelt. Sie sollen im Verlauf dieses Buches auf ihren Wahrheitsgehalt überprüft werden. Das Ergebnis dieser Analyse war so eindeutig wie erwartbar. Inwieweit die „Irrtümer zur Kommunalwirtschaft" tatsächlich noch bestehen, bleibt unklar. Die enorme Beliebtheit von Stadtwerken und Sparkassen deutet jedoch darauf hin, dass sie sich in den Ansichten der Menschen vor Ort kaum verfestigt haben. Doch das Umfeld kommunalwirtschaftlichen Handelns wird nicht nur in Bürgerbefragungen, sondern auch in Einfluss- und Lobbygruppen entschieden. Gerade in diesen Zusammenhängen kann es sinnvoll sein, den Vorwürfen sachlich, evident und valide entgegnen zu können. Und so hoffen wir, dass diese kleine Sammlung gerade dort zur Kenntnis genommen wird, wo die Systeme Politik und Wirtschaft aufeinandertreffen und wo über den Rechtsrahmen kommunalen Engagements entschieden wird.

1.1 Was ist kommunale Wirtschaft?

Über was reden wir hier eigentlich? Schon diese einfache Frage ganz am Anfang dieses Buches bringt uns in arge Schwierigkeiten. Kommunalwirtschaft – dies sei vorangestellt – ist äußerst vielgestaltig. Die Übergänge zu anderen Wirtschaftsbereichen sind fließend. Daher tut sich auch die Wissenschaft schwer mit einer allgemeinen Begriffsbestimmung. So bemängeln Cronauge und Westermann (2006), „dass regelmäßig kein Rückgriff auf eine Definition möglich ist" (S. 33). Leider unternehmen aber auch diese Autoren nicht den Versuch, dieses Defizit auszugleichen. Immerhin formulieren sie den Gedanken, dass zum Wesen der gemeindlichen Selbstverwaltung auch das Recht gehöre, im Rahmen der Daseinsvorsorge Einrichtungen zum Wohle der Einwohner zu schaffen (S. 32). Gablers Wirtschaftslexikon (2015) sieht in der *„Gemeindewirtschaft"* einen Sammelbegriff für diejenigen kommunalen Einrichtungen, die Entgelte für von ihnen erbrachte Versorgungs- oder Entsorgungsleistungen erheben, kostenrechnende Einrichtungen der Gemeinde sowie wirtschaftliche Unternehmen mit eigener Rechtspersönlichkeit (Eigengesellschaften). Das Recht der Kommunen auf wirtschaftliche Betätigung zur Erfüllung öffentlicher Aufgaben sei Teil der kommunalen Selbstverwaltung im Sinne der Selbstverwaltungsgarantie aus Artikel 28 (2) Grundgesetz. Grenzen ergäben sich aus dem öffentlichen Zweck, der kommunalen Leistungsfähigkeit und der Subsidiarität.

Bei Wikipedia lässt sich ein Erklärungsversuch finden, der die Kategorien Daseinsvorsorge und Kommunalwirtschaft verbindet – ein inhaltlich wie methodisch durchaus sinnvolles Herangehen. Es heißt, dass der Begriff der Daseinsvorsorge im Rahmen der derzeitigen Privatisierungsdebatte zunehmend polarisierend aufgefasst werde. Wer eher etatbezogen denkend, den Staat in erster Linie als „Gewährleistungsstaat" ansieht, neige dazu, dem Begriff eine besondere und wichtige Rolle einzuräumen. Liberale Politiker dagegen hielten das Ende der Daseinsvorsorge für gekommen. In jedem Fall sei seit der fortschreitenden Privatisierung zu beobachten, dass viele ehemals von Staats- bzw. Gemeindemonopolen wahrgenommene Daseinsvorsorgeleistungen heute mit privaten Anbietern konkurrieren müssten bzw., dass unmittelbare Daseinsvorsorge heute auch von Privaten wahrgenommen würde. Hier zeige sich der Antagonismus zwischen einem „starken Staat" im Ordnungssystem der Sozialen Marktwirtschaft und einem Gewährleistungsstaat, der sich auf die Setzung von Rahmenbedingungen beschränkt und deren Umsetzung Privaten überlässt.

Die EU-Kommission sieht in der Kommunalwirtschaft „marktbezogene oder nichtmarktbezogene Tätigkeiten, die im Interesse der Allgemeinheit erbracht und daher von den Behörden mit spezifischen Gemeinwohlverpflichtungen verknüpft werden". Vertraglich verankert wurde die Daseinsvorsorge auf europäischer Ebene mit dem Vertrag von Lissabon als *Dienste von allgemeinem wirtschaftlichem Interesse* (Art. 14 AEUV).

Einer der Autoren dieses Buches, Prof. Dr. Michael Schäfer, hat versucht, in seinem Standardwerk „Kommunalwirtschaft" aus dem Jahre 2014, dieses begriffliche und definitorische Dickicht zu ordnen.

Danach ist Kommunalwirtschaft einerseits – im Sinne der wirtschaftlich zu erbringenden Daseinsvorsorge – integraler Bestandteil der kommunalen Selbstverwaltung, andererseits – im Sinne einer materiellen und finanziellen Basis – aber auch deren Voraussetzung.

Kommunalwirtschaft wird angesehen als Gesamtheit der wirtschaftlichen Betätigung der Kommunen im Rahmen von Strukturen, die vollständig oder mehrheitlich in kommunalem Eigentum sind.

Da die Erbringung von Daseinsvorsorgeleistungen nicht zwingend an kommunalwirtschaftliche Strukturen gebunden ist,

Kommunalwirtschaft sich aber vor allem auf die Daseinsvorsorge beschränken muss, ist Daseinsvorsorge die übergreifende und Kommunalwirtschaft deren Teilkategorie. So umfasst Daseinsvorsorge im Gegensatz zur Kommunalwirtschaft nicht nur die Erbringung von Leistungen, sondern auch deren Aufgabenträgerschaft.

Grundsätzlich kann Kommunalwirtschaft sowohl in öffentlich-rechtlichen als auch in privatrechtlichen Strukturen funktionieren. Allerdings dürfen Kommunen nur solche privatrechtlichen Strukturen etablieren, die eine Haftungsbeschränkung beinhalten.

Im Rahmen der kommunalen Selbstverwaltung obliegen den Kommunen das Recht zur eigenständigen Erledigung, das Recht zur Schaffung adäquater Strukturen sowie das Recht, die dafür notwendigen materiellen Grundlagen zu bilden. Das Sach- und Fiskalvermögen ist jedoch nur im engen juristischen Sinne Eigentum der jeweiligen Gebietskörperschaft, grundsätzlich gehört es den Bürgern, die in ihr leben.

Ziel und Gegenstand kommunalwirtschaftlicher Betätigung sind Leistungen zur Daseinsvorsorge. Diese sollten im Sinne der Nutzenstiftung mit einer möglichst hohen Wirtschaftlichkeit erbracht werden. Weite Teile der Daseinsvorsorge gehören aber nicht zum unmittelbaren Gegenstand kommunalwirtschaftlicher Betätigung. Dies gilt etwa dann, wenn Unternehmen in öffentlichem/kommunalem Besitz per se nicht-wirtschaftliche Interessen verfolgen oder wenn sie in Ausübung hoheitlicher Gewalt tätig werden.[1] In der Praxis lässt sich diese Unterscheidung allerdings nicht immer eindeutig treffen.

Kommunale Wirtschaft ist auch von der öffentlichen Wirtschaft abzugrenzen. Vattenfall als schwedisches oder die Deutsche Bahn als deutsches Staatsunternehmen auf der einen und

---

[1] Vertrag über die Arbeitsweise der Europäischen Union (AEUV) vom 1. Dezember 2009.

lokal verankerte Stadtwerke oder andere Betriebe in kommunaler Hand unterscheiden sich nicht nur in ihrer Größe. Kommunal ist eine Teilmenge von öffentlich, staatlich eine andere. Kommunales Eigentum ist Gruppeneigentum. Daraus ergeben sich objektiv und grundsätzlich basisdemokratische Strukturen, die für staatlichen Besitz nicht gelten. Auf der kommunalen Ebene ist Mitwirkung in Gestalt mandatierter Gremien oder auch mittels *direkter* Bürgerbeteiligung noch möglich. Kommunales Eigentum ist damit die demokratischste Form von Wirtschaft überhaupt. Zwar werden in den Kommunalverfassungen der Länder regelmäßig Vorgaben und Einschränkungen formuliert. Deren Zulässigkeit steht im Kontext mit Artikel 28, Absatz 2 Grundgesetz allerdings in Frage. Während sich die von den Ländern als Teil des Kommunalwirtschaftsrechts formulierten Einschränkungen noch auf die vor der Marktliberalisierung bestehenden kommunalwirtschaftlichen Monopole beziehen, engagieren sich mit der weitgehenden Marktliberalisierung wesentliche Teile der Kommunalwirtschaft in einem wettbewerblichen Umfeld. Ergo haben die Beschränkungen aus Monopolzeiten ihre Berechtigung grundsätzlich verloren, bestehen aber in einzelnen Bundesländern in unterschiedlicher Ausprägung fort.

1.2 Die historische Dimension

Die Daseinsvorsorge als ökonomisch-politisches Konzept hat ihre Wurzeln im frühen 19. Jahrhundert. Aus Dresden, der Stadt der sächsischen Könige, stammt ein anschauliches Beispiel. Die Continental Gas Association London bot dem Stadtrat an, die Stadtbeleuchtung auf Gas-Basis zu übernehmen. Die Offerte wurde abgelehnt – mit der Begründung, Dresden könne dies selbst erledigen und der Gewinn bliebe damit vor Ort (vgl. Exner 2002).

Dieses kleine Bonmot passt jedoch nur für die Geburtsstunde kommunaler Unternehmen in heutiger Prägung. Die Geschichte der Daseinsvorsorge reicht viel weiter zurück. Schließlich war die Befriedigung elementarer Lebensbedürfnisse in allen Gesellschaftsformationen ein zentraler Gegenstand von Arbeit und Produktion und so soll an dieser Stelle ein weiter historischer Bogen geschlagen werden.

In der urgesellschaftlichen Produktionsweise erfolgte die Beschaffung von Nahrung, Brennstoffen und Wasser im Verbund. Die Distribution genügte hierarchischen und solidarischen Kriterien, Wettbewerb spielte eine untergeordnete Rolle. Dies änderte sich im Übergang zur Mehrwertökonomie. Die agrarische Revolution der Produktivkräfte brachte einen neuen Typ der Produktion und eine neue Lebensweise hervor. Ergebnis war die Ausprägung einer Gentil(Stammes)gesellschaft. Historiker prägten den Begriff einer aneignenden Wirtschaft, womit das Zusammenfallen von Ziel und Verwertung von Arbeit bzw. deren originären Resultaten beschrieben wurde. Was produziert wird, etwa ein Nahrungsmittel, eignet sich der Produzent unmittelbar an, indem er es konsumiert.

Den Übergang zur nächsten Stufe der ökonomischen Entwicklung beschrieb Karl Marx in Anlehnung an das Alte Testament als den eigentlichen Sündenfall der Menschheitsgeschichte. Es ist der Übergang von der ursprünglichen Akkumulation, geprägt von einer natürlichen Arbeitsteilung, zu einer Gesellschaft, die von Besitz bzw. Kapital normiert wird. Marx sah darin einen gesellschaftlichen Rückschritt. Entwicklungsgeschichtlich mindestens ebenso bedeutsam war jedoch der Umstand, dass nun eine optimale Allokation der Produktivkräfte möglich wurde. Einig sind sich die Historiker, dass in diesem Stadium der menschlichen Entwicklung aus einer egalitären Gesellschaft zunehmend libertäre Strukturen entstehen – mit dem Mit- und Gegeneinander von Besitzenden und Ausgebeuteten.

Hier beginnt die Produktion von Kapital, dessen Akkumulation und die Herausbildung einer von Ware-Geld-Beziehungen geprägten Ökonomie. Der Arbeitslohn ist jetzt die Voraussetzung, um im Austauschprozess Leistungen zur Daseinsvorsorge zu erwerben. Aus Sicht der Besitzenden an den Produktionsmitteln muss der Arbeitslohn die Reproduktion der Arbeitskraft auf optimalem Niveau gewährleisten. Es dauerte mehrere Jahrtausende, bis diese Grundsätze von den ersten Sozialreformern wieder in Frage gestellt wurden. Es ist kein Zufall, dass dies wiederum mit der Entwicklung eines modernen Daseinsvorsorgeverständnisses zusammenfällt.

Die Anfänge eines sozialpolitischen Konzeptes – Daseinsvorsorge

Daseinsvorsorge im modernen Sinne ist letztlich ein Kind der industriellen Revolution. Prägend war eine extrem beschleunigte Entwicklung von Technik, Produktivität und Wissenschaft, die einherging mit einer rasanten Bevölkerungszunahme. Insbesondere in den Städten stiegen die Einwohnerzahlen sprunghaft an. Hier sammelte sich ein großes Produktivkräftepotential, das weitgehend entrechtet in den Fabriken für das eigene Überleben schuften musste. Entstanden ist eine zwar zahlenmäßig große, politisch und gesellschaftlich allerdings weitgehend ohnmächtige neue Klasse : die Arbeiterschaft. Das Aufkommen sozialrevolutionärer Bewegungen bildete recht schnell den Gegentrend zur massiven Ausbeutung breiter gesellschaftlicher Schichten. In Preußen, den anderen deutschen Staaten und später im Deutschen Kaiserreich reagierten die Regierungen mit einer Doppelstrategie aus staatlicher Repression einerseits und vergleichsweise weitreichenden sozialpolitischen Reformen andererseits. Letztere waren dazu gedacht, den Druck vom Kessel zu nehmen, um so die gesellschaftliche Verteilung von Macht und Einfluss erhalten zu können. Ab der zweiten Hälfte des 19. Jahrhunderts beginnt sich der moderne Begriff der Daseinsvorsorge auszuprägen. Hier entstehen auch die ersten kommunalen Unternehmen. Als Munizipalsozialismus wurden Bestrebungen seitens kommunaler Verwaltungen bezeichnet, Infrastrukturunternehmen zum Wohle aller Einwohner unter die Kontrolle staatlicher Verwaltungen zu stellen. Heute dient der Begriff als polemische Keule gegen jedwede wirtschaftliche Betätigung von Kommunen. Seinerzeit war er an das wachsende Bewusstsein geknüpft, dass elementare Dienstleistungen eines gewissen Schutzes vor dem freien Spiel der Marktkräfte bedürften. Erreicht werden sollte ein sozialverträglicher Zugang der gesamten Bevölkerung zu einer grundlegenden Infrastruktur. Dies betraf vor allem Elektrizitäts-, Gas- und Wasserwerke, aber auch die Straßenreinigung, Müllabfuhr, Krankenhäuser, Schlachthöfe sowie Straßenbahn-Gesellschaften. Hinzu kam, dass sich insbesondere für Netzökonomien zeigte, dass reine Marktstrukturen nur bedingt geeignet waren, sozialpolitische Fortschritte zu generieren. Konkurrierende Verkehrs-, Strom- und Wassernetze ließen sich rentierlich nicht aufrechterhalten und schlossen niedrigere Einkommen von einem Anschluss aus. Mit der Kommunalisierung der Infrastruktur ging der Beginn einer wissenschaftlichen Stadtplanung einher, die die Soziale Frage des 19. Jahrhunderts auch mit technischen Lösungen beantworten wollte. In Deutschland wurden die städtischen Infrastruktur-Leistungen meist in Stadtwerken gebündelt. Diese Strukturen bestehen bis heute fort. Hier liegen die Ursprünge für eine moderne kommunale Daseinsvorsorge. Man rechnet mit Wachstum und glaubt an den Fortschritt. Dies erfordert Planung, die Ausweitung der Stadtgrenzen und den Ausbau der Infrastruktur. Im Übrigen lässt sich dieses Paradigma nahezu deckungsgleich auch auf die aktuell zu erwartende Schrumpfung in vielen Kommunen anwenden. Eine angemessene Anpassung an diese Prozesse wird nur mit einer koordinierten und vernetzten Planung möglich sein. Doch zurück ins 19. Jahrhundert. Hier lösen sich die Formen individueller Für- und Vorsorge zunehmend auf und werden zu öffentlichen Angelegenheiten. Ab 1840 entwickelt sich die „Städtetechnik", seit den 1850er-Jahren die Modernisierung der traditionellen Armenpflege. Ab 1860 entsteht ein sich zunehmend ausdifferenzierendes kommunales Berufsbeamtentum und im letzten Drittel des Jahrhunderts dehnen sich die kommunal-öffentlichen Dienste immer weiter aus. Vor allem in der Zeit der Hochindustrialisierung im letzten Drittel des 19. Jahrhunderts finden umfassende Entprivatisierungsprozesse im Bereich der Ver- und Entsorgung statt. Die immer stärker werdende Kommunalbürokratie geht von einer Unvereinbarkeit bestimmter Formen der Leistungsverwaltung mit erwerbswirtschaftlichen Zwecken aus, sodass Konfrontationen mit der Privatwirtschaft vorprogrammiert waren. Hier streitet nun ein kommunales Bürgertum gegen die Großindustrie, das Finanzkapital und gegen die Verfechter eines klassischen Wirtschaftsliberalismus zu Fragen der öffentlichen Gemeindewirtschaft. Das kommunale Bürgertum setzt sich durch. Anfang des 20. Jahrhunderts sind in den 85 Städten des Deutschen Reichs mit über 50.000 Einwohnern Wasser-, Gas-, Elektrizitätswerke, Straßenbahn und Schlachthof weitgehend kommunalisiert (vgl. Zielinski 1997, S. 297). Mit den Einnahmen aus gewinnbringenden Betrieben wurden schon damals zu nicht unerheblichen Teilen zuschussbedürftige Aufgaben finanziert (vgl. Bogumil et al. 2010, S. 19 f.).

Daseinsvorsorge in der Moderne
Die im späten 19. Jahrhundert entstandenen kommunalwirtschaftlichen Strukturen in vielen größeren Städten des Reiches waren rechtlich für lange Zeit kaum umrissen. Es gab das Bewusstsein für die Notwendigkeit eines neuen Wirtschaftssegmentes. Dieses kannte jedoch zunächst keine spezifischen Regularien und wirkte daher im Ungefähren. Der Rechtsbegriff der Daseinsvorsorge geht in Deutschland auf den Staatsrechtler Ernst Forsthoff und dessen Veröffentlichung „Die Verwaltung als Leistungsträger" (1938) zurück. Nach Forsthoff bezieht sich Daseinsvorsorge auf „gemeinwohlorientierte" Leistungen, wirt-

schaftlicher und nichtwirtschaftlicher Art, an deren Erbringung die Allgemeinheit und der Staat ein besonderes Interesse haben. „In den deutschen Gemeindeordnungen ist festgelegt, dass die Kommunen diejenigen öffentlichen Einrichtungen schaffen und erhalten sollen, die für das wirtschaftliche, soziale und kulturelle Wohl und die Förderung des Gemeinschaftslebens ihrer Einwohner erforderlich sind" (Linke 2011, S. 4 f.). Als Bestandteile der Daseinsvorsorge gelten im Allgemeinen Abfallentsorgung, Energieversorgung, Wasser/Abwasser, ÖPNV, Wohnungswirtschaft, Telekommunikation, öffentliche Sicherheit und Ordnung, Brandschutz, Rettungswesen, Gesundheitswesen, Alten-, Pflege- und Behindertenhilfe, Schulen, technische sowie kulturelle Infrastruktur. Diese Aufzählung ist keinesfalls feststehend und unveränderlich. Die Dynamik des Begriffs zeigt sich beispielsweise daran, dass nach heutigem Verständnis das Angebot eines schnellen Internetzugangs nicht jedoch die Versorgung mit Grundnahrungsmitteln unter den Daseinsvorsorgebegriff fällt (vgl. Linke 2011, S. 28).

Der Kanon der elementaren Leistungen der Daseinsvorsorge ist definitorisch noch immer nicht klar umrissen. Dies zeigt sich unter anderem am Öffentlichen Personennahverkehr, der in einigen Landesgesetzen als pflichtige und in anderen als freiwillige Aufgabe der Kommunen verzeichnet ist.

Eine Abgrenzung der Daseinsvorsorge in Bezug auf die Eigenwirtschaftlichkeit ist nicht geeignet. In der Praxis werden Daseinsvorsorgeleistungen zwar häufig unter Hinnahme von Verlusten erbracht, obligatorisch ist dies jedoch nicht. Aufgaben der Daseinsvorsorge können ebenso wirtschaftlich erbracht werden. Dafür steht beispielhaft die Energieversorgung. Erbringer der Daseinsvorsorge können sowohl die leistende Verwaltung als auch Private innerhalb eines staatlich gesetzten Ordnungsrahmens sein. Trotzdem wird Daseinsvorsorge typischerweise mit dem Staat oder der Verwaltung gleichgesetzt. Da der staatliche Einfluss zur Sicherstellung eines adäquaten Leistungsangebotes ein entscheidendes Merkmal der Daseinsvorsorge darstellt, ist ihre Kennzeichnung durch die öffentlich-rechtlichen Bindungen zur Wahrung des Gemeinwohls berechtigt (vgl. Linke 2011, S. 29). Daseinsvorsorge ist zwar der zentrale Gegenstand von Kommunalwirtschaft; beide Begriffe dürfen aber keinesfalls als Synonym verwendet werden. Die Erbringung der Leistungen ist eben nicht zwingend an die kommunalwirtschaftliche Betätigung gebunden.

Schlägt man den Begriff Daseinsvorsorge im Duden nach, wird dieser als „Vorsorge zur Absicherung des Daseins" beschrieben. Weitere Begriffserklärungen bieten unter anderem die Bundesregierung und die Europäische Kommission. Erstere versteht unter Daseinsvorsorge „markt- oder nicht-markt-bezogene Leistungen wirtschafts-, gesellschafts-, sozial- oder kulturpolitischer Art, die bei Bedarf mit staatlichen Mitteln (...) im Interesse der Allgemeinheit erbracht" werden. Gemäß der Europäischen Kommission umfasst Daseinsvorsorge „Dienst-leistungen, die im öffentlichen Interesse erbracht werden und mit einer Gemeinwohlverpflichtung verbunden sind" (zitiert nach Linke 2011, S. 78 ff.). Darüber hinaus existieren zahlreiche weitere Definitionsansätze.

1.3 Öffentliche Wirtschaft – was ist das und wer gehört dazu?

Die öffentliche Wirtschaft ist keine Insel der Glückseligen, sondern Teil der in Deutschland herrschenden Wirtschaftsordnung. Sie hat sich den grundlegenden Marktprozessen zu unterwerfen. Sie nimmt an den allgemeinen Austauschbeziehungen der Märkte teil, sie ist in die nationale und internationale Arbeitsteilung integriert, sie rekrutiert ihre Beschäftigten auf dem allgemeinen Arbeitsmarkt und sie unterliegt den allgemeinen Regeln des

Marktes sowie den Mechanismen der Regulierung. Öffentliche
Wirtschaft in Gänze – das sind Unternehmen in staatlichem und
kommunalem Besitz.

Kommunale Wirtschaft ist aber ein eigenständiger Teil der
öffentlichen Wirtschaft. Die kommunalwirtschaftliche Betätigung basiert unmittelbar auf den Normierungen von Art. 28
(2) Grundgesetz.[2] Diese geben den kommunalen Gebietskörperschaften das Recht, alle Angelegenheiten der örtlichen Gemeinschaft im Rahmen der Gesetze in eigener Verantwortung zu
regeln. Die Gewährleistung der Selbstverwaltung umfasst auch
die Grundlagen der finanziellen Eigenverantwortung. Dazu gehört eine den Gemeinden mit Hebesatzrecht zustehende wirt-
schaftskraftbezogene Steuerquelle (vgl. Gabler Wirtschaftslexikon, Stichwort Kommunalwirtschaft 2015).

Kommunalwirtschaft ist demzufolge integraler Bestandteil der kommunalen Selbstverwaltung und zwar im Sinne der
wirtschaftlich zu erbringenden Leistungen der Daseinsvorsorge.
Zum anderen ist die Kommunalwirtschaft auch eine wesentliche Voraussetzung der kommunalen Selbstverwaltung – sie ist
zentraler Teil ihrer materiellen und finanziellen Basis.

In nahezu allen Feldern der Leistungserbringung steht die
kommunale Wirtschaft im Wettbewerb mit privaten Konkurrenten. Wasser ist aufgrund des inhärenten natürlichen Monopols
lediglich eine Ausnahme von der Regel. Im Wettbewerb sind
kommunale Unternehmen allerdings einigen Einschränkungen
ausgesetzt, die im Regelfall von den jeweiligen Landesverfassun-
gen gesetzt werden. Sie umfassen die sogenannte Schrankentrias.
Danach sind kommunale Unternehmen in ihrem Wirkungskreis
meist auf die Gemeindegrenzen beschränkt, sie müssen oft nachweisen, dass sie ihre Leistungen besser erbringen als private Mitbewerber und sie sind gezwungen, den öffentlichen Zweck ihrer
Betätigung zu belegen. Selbstverständlich haben diese Fesseln

---

[2] Dieser Artikel regelt die kommunale Selbstverwaltung.

auch Auswirkungen auf die Wettbewerbsfähigkeit der betreffenden Unternehmen. Doch kommunal und privat ist nicht immer ein Gegensatz, in vielerlei Hinsicht auch eine Ergänzung. Mit regionalen Wertschöpfungsquoten zwischen 80 und 90 % sind kommunale Unternehmen wichtige Auftraggeber für kleine und mittlere Betriebe aus der Region. Die regionale Wertschöpfung bewirkt eine vergleichsweise hohe Stabilität. Kommunale Unternehmen sind von globalen Prozessen und damit von Marktschwankungen, einschließlich des Arbeitsmarktes, deutlich weniger betroffen.[3]

Zumindest auf den Wettbewerbsmärkten haben kommunale Unternehmen den Rang eines legitimen Marktteilnehmers, doch sie stehen auch vor zusätzlichen Herausforderungen. Ein Aspekt ist die Bereitstellung von Infrastruktur, ein weiterer die ungeteilte Verantwortung, die Kommunen und Staat in allen Bereichen der Daseinsvorsorge übernehmen müssen. Auch dann, wenn Aufgaben privat erfüllt werden, bleibt die Verantwortung von Staat und Kommunen in Gestalt der Gewährleistungsverantwortung bestehen. Nach Ziekow (2011, S. 53 f.) verbindet sich damit eine „Einspringverantwortung" wenn der private Leister seine Tätigkeit einstellt. Nicht zuletzt setzt die Kommunalwirtschaft wegen ihrer lokalen und regionalen Verankerung ökonomische Impulse, die über ihr quantitatives Gewicht weit hinausgehen. Dieser Effekt ist in strukturschwachen Regionen besonders ausgeprägt. Kommunale Unternehmen sind dort im Regelfall die größten Unternehmen und fungieren ökonomisch und gesellschaftspolitisch als Leuchttürme. Viele Impulssetzungen müssten aus rein betriebswirtschaftlicher Sicht unterbleiben. Dass sie dennoch erfolgen, ist ein Beleg für das Primat der Nutzenstiftung gegenüber der Gewinnmaximierung.

---

[3] Zahlreiche kommunale Unternehmen haben in jüngerer Zeit wissenschaftliche Studien veranlasst, um ihre regionale Wertschöpfungsfunktion auch belastbar quantifizieren zu lassen. Im Schlusskapitel unseres Buches (siehe Kap. 5) stellen wir drei Beispiele vor: die Stadtwerke Neuss, Remscheid und Lutherstadt Wittenberg.

1.4 Wie groß ist die Kommunalwirtschaft?

Führt man sich die Horrorszenarien vor Augen, nach denen die kommunale Wirtschaft jeder privatwirtschaftlichen Initiative die Luft zum Atmen nähme, müsste die kommunale Wirtschaft das bundesrepublikanische Wirtschaftsgefüge deutlich dominieren. Man konnte ahnen, dass dem nicht so ist, dass privatwirtschaftliche Konzerne oder auch der in Deutschland so ausgeprägte Mittelstand doch noch über den einen oder anderen Notgroschen verfügen, doch belastbare Aussagen zur tatsächlichen Gewichtung der Kommunalwirtschaft im gesamtwirtschaftlichen Kontext sind erst seit 2006 verfügbar. Die auch wissenschaftlich unterbelichtete Wahrnehmung ist ein Symptom des Phänomens Kommunalwirtschaft. Trotz aller Anfeindungen ultraliberaler „Staatsfeinde" läuft Kommunalwirtschaft im Regelfall unauffällig, stabil, zuverlässig und bescheiden, taucht damit unfreiwillig unter dem medialen und offenkundig auch wissenschaftlichen Aufmerksamkeitsradar hindurch. Und so ist die bis 2006 schlicht nicht vorhandene Analyse zum Gewicht kommunalwirtschaftlicher Betätigung nicht das einzige elementare Defizit in der wirtschafts- und sozialwissenschaftlichen Befassung. Erst seit Ende 2014 gibt es eine wissenschaftliche Definition zum Begriff Kommunalwirtschaft (vgl. Gabler Wirtschaftslexikon, Stichwort Kommunalwirtschaft 2015). Und auch das grundlegende Thema Daseinsvorsorge weist elementare Defizite in der sozial- wie rechtswissenschaftlichen Befassung auf.

Die bislang einzige Studie zur Bedeutung der kommunalen Wirtschaftstätigkeit im gesamtwirtschaftlichen Gefüge wurde durch das Verbundnetz für kommunale Energie (VfkE) angeregt (vgl. Edeling et al. 2006).[4] Zwei Fragen sollten beantwortet

---

[4] Die im Folgenden im Punkt 4.3 referierten Ergebnisse und Bewertungen beziehen sich auf diese Studie sowie eine Präsentation, die der Autor dieses Skriptes

werden: Welche Unterschiede zeigen sich hinsichtlich der Rolle kommunaler Unternehmen zwischen Ost und West? Und wie lässt sich der Stellenwert dieses Wirtschaftszweiges überhaupt valide messen?

Genutzt wurden die öffentlichen Statistiken des Bundes und der Länder. Diese sollten Aufschluss geben über die Rolle der Kommunalwirtschaft im Land Brandenburg, zu Unterschieden zwischen den neuen und den alten Bundesländern und zum Einfluss der Industriedichte auf den Stellenwert der Kommunalwirtschaft in einzelnen Bundesländern. Ergänzt wurden diese Informationen durch Daten der Wirtschaft- und Branchenverbände.

Eine eigene Erhebung bezog sich auf Schleswig-Holstein und Brandenburg sowie Sachsen-Anhalt und Bayern. Diese Vergleiche wurden gewählt, da sich beide Länderpaare in ihren strukturellen Rahmendaten ähneln und somit die zu untersuchende Variable „Ost-West" weitgehend isolieren.

Die Ergebnisse der Untersuchung konnten die beiden eingangs genannten Forschungsfragen recht eindeutig beantworten. Das Segment der kommunalen Wirtschaft nimmt sowohl in Ost wie auch in West eine vergleichsweise untergeordnete Bedeutung ein. Nach allen Kategorien – ob als Lohnzahler, als Investor, als Wertschöpfer oder als Arbeitgeber erreichen kommunale Unternehmen Anteile zwischen zwei und vier Prozent. Dass die Rolle als Wertschöpfer, Investor und Lohnzahler überdurchschnittlich stark ausgeprägt war, liegt an der starken regionalen Bindung und an den überdurchschnittlichen Löhnen, die in kommunalen Unternehmen gezahlt werden. Grundsätzlich erschließt sich allerdings für jeden aufmerksamen Beobachter, dass zwei bis vier Prozent weder in den neuen noch in den alten Bundes-

---

im Sinne einer Evaluierung und Interpretation für die VfkE-Veranstaltung am 14.11.2006 in Potsdam erarbeitet hat. Bei dieser Veranstaltung wurde die Studie erstmals der Öffentlichkeit vorgestellt.

ländern das Potential besitzen, die mittelständische Wirtschaft zu strangulieren. Vielmehr wirken kommunale Unternehmen – dort wo sie vergleichsweise stark sind – als unverzichtbare Impulsgeber. Diese Leuchtturmfunktion kommunaler Unternehmen gerade in strukturschwachen Regionen lässt sich anhand der volkswirtschaftlichen Zahlen überdeutlich ablesen.

Damit kommen wir zur Beantwortung der zweiten Forschungsfrage. Ostdeutschland ist auch nach 25 Jahren Deutscher Einheit wirtschaftlich noch immer signifikant schwächer als die alten Bundesländer. Alle zentralen Parameter – wie Wertschöpfung, Industriedichte, Steueraufkommen oder auch die demografischen Daten – sprechen eine eindeutige Sprache. In der Regel liegt das stärkste ostdeutsche Land – meist ist das Sachsen – hinter dem schwächsten westdeutschen Flächenland – oft Schleswig-Holstein. Und da kommunale Wirtschaft in strukturschwachen Regionen einen besonderen Stellenwert einnimmt, besitzt sie auch in Ostdeutschland eine überproportionale Relevanz. In allen der vier genannten Kategorien (Arbeitgeber, Lohnzahler, Wertschöpfer und Investor) ist der Stellenwert der kommunalen Wirtschaft im Osten deutlich stärker ausgeprägt. Die Anteile der Kommunalwirtschaft sind dort anderthalb (Lohnzahler) bis dreimal so hoch (Investor) wie jene im Westen. Doch auch in den neuen Bundesländern erreicht die kommunale Wirtschaft in allen Kategorien lediglich Anteile zwischen drei und sieben Prozent. Diese Unterschiede lassen sich statistisch gesichert auf die Industriedichte zurückführen. Je geringer die Industriedichte, desto höher ist die gesamtwirtschaftliche Bedeutung der Kommunalwirtschaft eines Bundeslandes und umgekehrt. Insgesamt nehmen kommunale Unternehmen hier wie dort eine Rolle ein, die nicht das Potential besitzt, private Wirtschaftsformen an ihrer Entfaltung zu hindern.

Rein quantitativ mag kommunale Wirtschaft nur eine Marginalie darstellen, ihre gesellschaftspolitische Bedeutung ist jedoch weit größer. Kommunalwirtschaft ist nah bei den

Menschen, befriedigt existenzielle Bedürfnisse und wird daher auch stärker wahrgenommen. Kommunalwirtschaft bietet vielfältige Identifikationsmöglichkeiten. Ihr Gegenstand ist konkret und fassbar, ihre Protagonisten sind Menschen von nebenan, ihre Wirkungen haben einen regionalen Nutzwert und die Beziehungen von der Rechnungslegung bis zum Service sind persönlich. Kommunale Unternehmen sind nicht nur Eigentum der Bürger, sie werden auch als solches erlebt – nicht zuletzt deshalb, weil die Gewinne unmittelbar wieder den Bürgern zugutekommen. Wegen der weitgehend regionalen Ausrichtung kann Kommunalwirtschaft ökonomische Impulse setzen, die über ihr quantitatives Gewicht vor Ort weit hinausgehen. Ein zentraler Aspekt sind die Wirkungen auf lokale und regionale Wertschöpfungskreisläufe, die in strukturschwachen Regionen besonders ausgeprägt sind. Vor allem in den neuen Bundesländern, aber auch an vielen Orten Westdeutschlands fungieren kommunale Unternehmen ökonomisch und gesellschaftspolitisch als Leuchttürme.

1.5 Kommunale Wirtschaft und ihr besonderer Auftrag

Kommunalwirtschaft in Deutschland erbringt ihre Leistungen inzwischen fast ausschließlich unter Wettbewerbsbedingungen. Aufgrund ihres natürlichen Monopols bildet die Wasserwirtschaft die einzige grundlegende Ausnahme. Bei der kommunalen Wirtschaft soll und darf es nicht ausschließlich um die Erwirtschaftung von Überschüssen und erst recht nicht nur um Gewinnmaximierung gehen. Die Nutzenstiftung hat zentrale Priorität. Beispielgebend haben die ostdeutschen Sparkassen dieses Prinzip im Jahr 1999 in Worte gefasst:

„Die Nutzenstiftung der Sparkasse beruht auf deren wirtschaftlicher Leistungsfähigkeit. Die Leistungsfähigkeit einer Sparkasse zeigt sich durch eine am Markt erfolgreiche Geschäftstätigkeit, die die Chancen des Marktes und des Verbundes nutzt, deren Leistungsprofil modern und kundenorientiert ist und die die gestellten Ziele und Aufgaben erfüllt. Die Sicherung und die Stärkung der Leistungsfähigkeit durch die stete Effizienzsteigerung und die Ausschöpfung vorhandener Potentiale sind wesentliche Voraussetzungen der Nutzenstiftung für den kommunalen Gewährträger und auch dafür, dass die Sparkasse sich verändernden Nutzenzielen nachkommen kann. Die Wettbewerbsfähigkeit der Sparkasse zu erhalten und ihre Leistungskraft zu steigern, sichert die Position der Sparkassenorganisation im Gruppenwettbewerb" (Ostdeutscher Sparkassenverband 1999).

Nutzenstiftung ist das Ziel kommunalwirtschaftlicher Betätigung. Grundlegende Voraussetzung dafür, dass dieses Ziel auch nachhaltig verfolgt und erreicht werden kann, ist eine hohe Effizienz und die Erwirtschaftung von Überschüssen.[5] Diese Überschüsse, in privatrechtlich konstituierten kommunalen Unternehmen die Gewinne, werden in erster Linie als Investitionen benötigt, damit die Leistungen nachhaltig und langfristig auf hohem Niveau erbracht werden können.

Neben der Nutzenstiftung besteht Konsens darüber, dass mögliche Gewinne ausschließlich im Rahmen der jeweiligen kommunalen Gemeinschaft für die Erfüllung pflichtiger und freiwilliger Aufgaben genutzt werden. Ein dritter Aspekt ist die Nachhaltigkeit: „Der Erhalt der natürlichen und menschlichen Lebensgrundlagen ist eine der vornehmsten Aufgaben der Da-

---

[5] Natürlich gibt es auch Bereiche der kommunalwirtschaftlichen Betätigung, prominente Bereiche sind der ÖPNV und der Betrieb von Bädern, die dauerhaft als Verlustbringer gelten. Hier müssen durch Zuschüsse/Zuwendungen nicht nur der Verlustausgleich gewährleistet werden, sondern auch die notwendigen Investitionen zur Aufrechterhaltung des wirtschaftlichen Betriebs und gegebenenfalls auch zu dessen Erweiterung.

seinsvorsorge" (Bräuning und Gottschalk 2012, S. 19 f.)., S. 19). Kommunalwirtschaft ist schon aufgrund ihrer örtlichen Verankerung der Nachhaltigkeit verpflichtet. Das Prinzip einer Kreislaufwirtschaft mit der vollständigen Rückgewinnung natürlicher Ressourcen wird etwa im Bereich der Wasserwirtschaft vorbildhaft verfolgt. Kommunale Unternehmen sind aus dieser Motivlage heraus Vorreiter bei der Entwicklung und Anwendung ökologischer Technologien. Dies gilt exemplarisch für die Stadtwerke, die die Energiewende bereits lange vor den großen Versorgern vollzogen. Deutschland insgesamt steht im Ruf, das moderne Daseinsvorsorgeverständnis der Neuzeit begründet und seitdem umfassend und konsequent umgesetzt zu haben. Gerade deshalb sollten Kommunen und deren Unternehmen viel umfassender kommunizieren, dass sie eine Wirtschaftsform praktizieren, die Effizienz und Gemeinwohlverpflichtung vereint.

Wirtschaftliches Engagement und kommunale Selbstverwaltung

Die kommunale Wirtschaft ist in Deutschland integraler Bestandteil der kommunalen Selbstverwaltung. Unter dem Stichwort Subsidiarität sollen Aufgaben, Handlungen und Problemlösungen möglichst dort erfüllt werden, wo die Kompetenzen im Sinne von Orts- und Problemkenntnis am stärksten ausgeprägt sind. Für den Bereich der Daseinsvorsorge ist das unstrittig die kommunale Ebene. Die Gewährleistung der elementaren Lebensgrundlagen ist deren wichtigste Aufgabe.

In der täglichen Praxis ist Kommunalwirtschaft aber auch eine Voraussetzung für eine funktionierende kommunale Selbstverwaltung. Schließlich bedarf kommunale Selbstverwaltung einer materiellen Grundlage. Diesem Verständnis entspringt das Konzept vom „Unternehmen Kommune", das im Kern von einer Vernetzung und Integration kommunaler und kommunalwirtschaftlicher Strukturen ausgeht. Überschüsse aus kommunalwirtschaftlicher Betätigung werden ausschließlich im kommunalen

Maßstab im Interesse des Gemeinwohls verwendet und sie bilden eine wesentliche Voraussetzung für die Erfüllung kommunaler Selbstverwaltungsaufgaben.

Das heißt aber ausdrücklich nicht, dass kommunale Gebietskörperschaften bei der Erfüllung ihrer Aufgaben nur auf originär kommunale Finanzmittel zurückgreifen können. Schließlich wird das Gros der Aufgaben von den Ländern vorgegeben. Nach dem Prinzip der Konnexität müssen den Kommunen die dafür erforderlichen Finanzmittel zur Verfügung gestellt werden. Werden diese Mittel nicht gewährt, so ist die Aushöhlung der grundrechtlich verbrieften kommunalen Selbstverwaltung eine sachlogische Folge.

Zu den finanziellen Mitteln, über die kommunale Gebietskörperschaften originär verfügen können, zählen neben der Gewerbesteuer in erster Linie die Erträge aus der kommunalwirtschaftlichen Betätigung. Deren Bedeutung ist sogar deutlich höher zu gewichten als die steuerlichen Zuflüsse. Denn hier kann die Kommune im Rahmen ihrer strategischen und operativen Steuerungs- und Kontrollfunktionen aktiv Einfluss nehmen auf die Ertragskraft ihrer wirtschaftlichen Betätigung. Allerdings ist die kommunale Ebene von der strukturellen Krise der öffentlichen Haushalte am stärksten betroffen. Das Missverhältnis von Einnahmen und Ausgaben hat zu einer gigantischen öffentlichen Verschuldung geführt, an der der Bund und die Länder am stärksten beteiligt sind. Die notwendige Konsolidierung wird mit großer Sicherheit dazu führen, dass die kommunale Ebene angesichts ihrer Stellung am Ende der Verteilungskette am stärksten von Kürzungen betroffen sein wird. Verschärft wird dieser Prozess durch die demografische Entwicklung und die Energiewende mit ihrem riesigen Investitionsbedarf. In der Konsequenz werden Einschränkungen bei der Realisierung freiwilliger und zunehmend auch pflichtiger kommunaler Leistungen unvermeidlich. Neben generellen Leistungseinschränkungen ist ebenfalls absehbar, dass Daseinsvorsorgeleistungen nicht durchgängig in der derzeitigen Qualität, Struktur und Menge erbracht werden können und dass lokal und regional differenziert werden muss.

Die kommunalen Unternehmen geraten in diesen Zusammenhängen in den wachsenden Druck, mit Erträgen aus der wirtschaftlichen Betätigung Aufgaben zu finanzieren, für die eigentlich Bund und Länder aufkommen müssten. Diese grundgesetzlich fragwürdige Kompensation wird sich nur in begrenztem Maße leisten lassen. Ertragsteigerungen sind objektive Grenzen gesetzt. Zudem führt der demografische Wandel in den meisten Regionen Deutschlands zu deutlichen Einbußen.

Diese Entwicklungen gefährden den Bestand der kommunalen Selbstverwaltung. Erstens ist die Eigenständigkeit zwingend an eine angemessene Finanzausstattung gebunden. Zweitens führt die zunehmende und zwanghafte Ausrichtung der Kommunalwirtschaft auf die Generierung von Erträgen zur Aushöhlung zentraler Prinzipien der kommunalwirtschaftlichen Betätigung – Nachhaltigkeit, Nutzenstiftung und Gemeinwohlorientierung.

Aus diesen Gründen muss die Kommunalfinanzierung grundlegend reformiert werden. Im Kern sollte es darum gehen, der Erfüllung kommunaler Aufgaben der Daseinsvorsorge bei der Verteilung der öffentlichen Einnahmen oberste Priorität zuzuordnen.

1.6 Die vielgestaltigen Formen der Kommunalwirtschaft in Deutschland

Die wirtschaftliche Betätigung der Kommunen hat im Kern die Erbringung von Leistungen der Daseinsvorsorge zum Gegenstand. Was dazu gehört und was nicht, daran scheiden sich die Geister. Auf die regulatorischen Unschärfen des Daseinsvorsorgebegriffes wurde bereits eingegangen. Nicht zuletzt ist das wirtschaftliche Betätigungsfeld kommunaler Unternehmen ein zentrales Einfallstor für Kritik und Polemik. Dem wird sich im weiteren Verlauf des Buches eingehend gewidmet werden. Zunächst einmal soll jedoch zumindest der Versuch unternommen werden, einzugrenzen, womit kommunale Unternehmen befasst und wie sie organisiert sind.

Was zu den Pflichtaufgaben gehört, die die Kommunen in Bereich der Daseinsvorsorge zu erfüllen haben, wird in den Kommunalverfassungen der Länder festgelegt. Hier wird auch geregelt, auf welcher kommunalen Ebene – kreisangehörige Städte und Gemeinden, kreisfreie Städte oder Landkreisen – Verantwortung und Organisationshoheit angesiedelt werden. Die Unterschiede in den Kommunalverfassungen der einzelnen Bundesländer sind dabei nicht von grundlegender Natur.

Zu den Aufgaben der örtlichen Gemeinschaft im Bereich der Kommunalwirtschaft gehören die Gewährleistung des öffentlichen Verkehrs und eines ausreichenden Breitbandzuganges, die Versorgung mit Energie und Wasser, die schadlose Abwasserableitung und -behandlung, aber auch die Gewährleistung von Wohnraum für die Einwohner. Letzteres geschieht durch den sozialen Wohnungsbau und die Förderung des privaten und genossenschaftlichen Bauens sowie durch eine sozial gerechte Verteilung der Wohnungen (vgl. Kommunalverfassung des Landes Brandenburg, BbgKVerf, vom 18.12.2007, zuletzt geändert am 13.03.2012).

Kreisangehörige Städte und Gemeinden sind in Deutschland im Regelfall *Aufgabenträger* für folgende Bereiche:
- Versorgung mit Energie
- Versorgung mit Wasser
- Entsorgung des Abwassers
- Bereitstellung und Bewirtschaftung von Wohnraum im Rahmen des sozialen Wohnungsbaus
- Erbringung von Sozialleistungen (Alten- und Pflegeheime, Sozialstationen usw.)

In der kommunalen Praxis werden die Aufgabenträgerschaften im Rahmen von Delegierungen vor allem von kleineren Gemeinden auf Städte (oft Mittelzentren) übertragen. Dort können kommunalwirtschaftliche Strukturen in sinnvollen Größen gebildet werden. Auch können sich mehrere Gemeinden zur Wahrnehmung und Erfüllung ihrer Aufgaben zusammenschließen – Beispiel: Wasser- und Abwasserzweckverbände.

Landkreise und kreisfreie Städte sind in Deutschland im Regelfall Aufgabenträger für folgende Bereiche:

- Öffentlicher Personennahverkehr
- Abfallbeseitigung
- Gesundheitswesen (in erster Linie Krankenhäuser)

Sparkassen und ihre Leistungen sind in Deutschland nach allgemeinem Verständnis Teil der Daseinsvorsorge. Damit wären die Sparkassen auch Teil der Kommunalwirtschaft. Das ist im Grundsatz richtig. Zu beachten sind aber einige Besonderheiten.

Sparkassen haben als Kreditinstitute die Aufgabe, der Bevölkerung Möglichkeiten zur sicheren und verzinslichen Geldanlage zu bieten und die örtlichen Kreditbedürfnisse zu befriedigen. Die Erzielung von Gewinnen ist hierbei nicht der Hauptzweck des Geschäftsbetriebes. Das Tätigkeitsgebiet einer Sparkasse ist in der Regel auf das Gebiet ihres Trägers, beispielsweise einer Gemeinde, eines Landkreises oder eines Zweckverbandes, begrenzt. Bis auf wenige sogenannte freie Sparkassen sind die Sparkassen im Regelfall Teil des öffentlichen Rechts. In Deutschland stellen Sparkassen und Landesbanken eine Säule im sogenannten Drei-Säulen-Modell des Finanzsektors dar. Die Interessenvertretung wird durch die Sparkassenverbände wahrgenommen.

Für die grundsätzliche Einordnung der Sparkassen in die Kommunalwirtschaft ist in erster Linie die Tatsache maßgebend, dass die Träger der Sparkassen in Deutschland in der Regel kommunale Gebietskörperschaften sind. Dies wird zumeist auch im Namen der jeweiligen Sparkasse deutlich – Stadtsparkasse, Kreissparkasse, Bezirkssparkasse.

Die Länder haben sich Sparkassengesetze gegeben, in denen die Rechtsgrundlagen für die Gründung und den Betrieb der Sparkassen geregelt sind. Auf der Grundlage dieser Gesetze erlassen die Träger der Sparkassen Satzungen, in denen die Rechtsverhältnisse der einzelnen Sparkasse geregelt sind.

Für den Geschäftsbetrieb der meisten Sparkassen gilt das Regionalprinzip. Danach umfasst das Geschäftsgebiet einer Sparkasse im Allgemeinen das Gebiet ihres kommunalen Trägers. Daneben unterscheiden sich die Sparkassen von den privaten Banken dadurch, dass „die Erzielung von Gewinn nicht der Hauptzweck des Geschäftsbetriebes" ist. Leitmotiv ist die Gemeinwohlorientierung. Sie findet ihre gesetzliche Verankerung im öffentlichen Auftrag der Sparkassen. Zusammen bilden öffentliche Trägerschaft, öffentlicher Auftrag und das Regionalprinzip die drei Strukturprinzipien des deutschen Sparkassenwesens.

Anstalten des öffentlichen Rechts, Regie- und Eigenbetriebe sind zwar kommunale Unternehmen, lassen sich allerdings im Gegensatz zu meist wettbewerblichen kommunalen Unternehmen in privater Rechtsform direkt der Verwaltung zurechnen. Regiebetriebe werden unmittelbar durch den Gemeinderat gesteuert und kontrolliert. Eigenbetriebe verfügen über einen zwischengeschalteten Werksausschuss, über den die Gemeinde ebenfalls unmittelbare Kontrolle ausübt. Anstalten des öffentlichen Rechts (AÖR) bestehen zwar außerhalb der Kernverwaltungen, sind aber ebenfalls direkt an ihre Träger gebunden. Vor allem bei Wasser/Abwasser, Entsorgung und ÖPNV wird die wirtschaftliche Betätigung häufig in kommunalen Zweckverbänden ausgeübt. Diese Zweckverbände sind derzeit die wichtigsten Formen interkommunaler Kooperation auf kommunalwirtschaftlichem Gebiet.

Daneben wird kommunalwirtschaftliche Betätigung in privatrechtlichen Strukturen ausgeübt. Dies erfolgt in der Regel in GmbHs oder in AGs in vollständig kommunalem Besitz oder unter Beteiligung der Privatwirtschaft als Minderheitseigentümer. Auch hier gilt, dass die kommunale Gebietskörperschaft maßgeblichen Einfluss auf Gegenstand und Ziele der wirtschaftlichen Betätigung behält. Grundsätzlich dürfen Kommunen nur solche privatrechtlichen Strukturen etablieren, die Haftungsbeschränkungen beinhalten. Privatrechtliche Strukturen gewinnen in der kommunalwirtschaftlichen Betätigung seit Jahren an Bedeutung. Auch wenn keine exakten Zahlen zur Anzahl der kommunalen Unternehmen in dieser Rechtsform vorliegen, lässt sich zumindest sagen, dass in der kommunalen Energieversorgungswirtschaft privatrechtlich organisierte Unternehmen inzwischen deutlich überwiegen. Vor allem in größeren Kommunen ist die kommunalwirtschaftliche Betätigung in privatrechtlich organisierten Unternehmen oft die Grundlage für die Formierung übergreifender Strukturen. Typisch dafür sind Holdinggesellschaften. Die erste Form sind steuerliche Holdings, die als zentrale Funktion eine steuerliche Optimierung zwischen Erträgen und Verlusten von kommunalen Unternehmen ermöglichen sollen. Diese Optimierung findet im Regelfall zwischen Unternehmen der Energieversorgung und des ÖPNV statt. Sehr vereinfacht erfolgt in der Holding der Ausgleich zwischen den Verlusten aus der Erbringung von Verkehrsleistungen und den Gewinnen aus der Energieversorgung – und zwar vor Steuern.

Die steuerliche Holding ist im Regelfall der Nukleus für eine Managementholding. Zusätzlich zur steuerlichen Optimierung übernimmt die Managementholding Funktionen, die im weitesten Sinne als Dienstleistungsaufgaben für kommunale Tochtergesellschaften unter dem Dach der Holding definiert werden können. Das sind etwa IT, Personalwesen, Buchhaltung oder Einkauf, die als Querschnittsaufgaben gebündelt vorgehalten werden.

Die in Theorie und Praxis höchste Form der strukturellen Bündelung kommunalwirtschaftlicher Betätigung ist der sogenannte Konzern Stadt. Zentrale Idee ist es, alle im weitesten Sinne wirtschaftlichen Betätigungen einer Kommune – und zwar sowohl die unternehmerische Bereiche, als auch die Leistungserbringung – in der Kernverwaltung in einer einheitlichen Struktur zusammenzufassen. Entscheidende Voraussetzung für die Etablierung solch übergreifender Modelle für Unternehmen und Kernverwaltung ist die einheitliche Anwendung der kaufmännischen Buchhaltung und Kostenrechnung (Doppik).

Gemischtwirtschaftliche Unternehmen werden gemeinsam von der öffentlichen Hand (Bund, Länder, Gemeinden) und privatwirtschaftlich orientierten Gesellschaftern getragen. Das ist das klassische Public Private Partnership (PPP). Oft handelt es sich um GmbHs oder AGs, die neben privaten auch öffentliche Anteilseigner aufweisen. In der Regel ist der öffentliche Anteilseigner gehalten, einen angemessenen Einfluss auf das Unternehmen zu sichern. Dies wiederum kann mit dem Gesellschaftsrecht kollidieren. Grundsätzlich treffen in gemischtwirtschaftlichen Unternehmen unterschiedliche Interessen und Motivlagen aufeinander. Die öffentliche Hand beteiligt sich, weil sie ein Interesse an der Erfüllung öffentlicher Aufgaben hat. Dem privaten Investor hingegen geht es in erster Linie um Gewinnmaximierung. Da das zentrale Motiv für private Beteiligungen die Gewinnerzielung ist, sind PPP-Gesellschaften dort besonders häufig anzutreffen, wo gute Ertragsmöglichkeiten bestehen. Das ist in erster Linie die kommunale Energieversorgungswirtschaft.

Gemischtwirtschaftliche Unternehmen im Bereich der Kommunalwirtschaft sind etwa seit 2008 Gegenstand umfassender strategischer Überlegungen und Aktivitäten zur Rekommunalisierung.

1.7 Daseinsvorsorge und Kommunalwirtschaft in Europa

Daseinsvorsorge und Kommunalwirtschaft mögen konzeptionell maßgeblich in Deutschland geprägt worden sein, doch sie haben sich parallel auch in anderen Staaten Europas und der Welt entfaltet. Und zwar als Reaktion auf gesellschaftliche und ökonomische Entwicklungsprozesse. Und so mögen sich die rechtlichen, strukturellen und institutionellen Rahmenbedingungen der kommunalen Selbstverwaltung und der Daseinsvorsorge unterscheiden, im Rahmen der europäischen Integration können jedoch strukturelle Ähnlichkeiten und eine zunehmende Konvergenz zwischen den Mitgliedsstaaten unterstellt werden. Gemeinsam ist allen Staaten, dass die Leistungen der Daseinsvorsorge vermehrt dem Druck der Märkte ausgesetzt sind. Mit dem Prozess der Europäischen Integration wurde sukzessive versucht, Marktbarrieren abzubauen. Das Europäische Konzept von *public utilities* bezieht sich auf Leistungen von „allgemeinem wirtschaftlichem Interesse". Nur wenn dieses gegeben sei, dürften besondere Regelungen entgegen dem Wettbewerbsrecht eingeführt werden. Mit der Liberalisierung hingegen entstand die Notwendigkeit, die Verfügbarkeit der Leistungen unter den gegebenen Bedingungen und in dem neu etablierten Rahmen zu sichern (vgl. Wollmann und Marcou 2010, S. 1).

Die Direktiven zu elektronischer Kommunikation, zu Gas, Strom und zu Verkehr verdeutlichen den Widerspruch zwischen dem Wettbewerbsrecht und einer Versorgungsgarantie. Obwohl die Grenze zwischen wirtschaftlichen und nicht-wirtschaftlichen Leistungen im Lissaboner Vertrag recht unscharf bleibt, ist deutlich geworden, dass auch liberalisierte öffentliche Leistungen nicht in einem reinen Marktregime vorgehalten werden können, sondern immer auch Ansatzpunkte für staatliche Regulierung bieten. Die Mitgliedsstaaten haben damit neue Kompetenzen bei der Regulierung dieser öffentlichen Leistungen gewonnen.

Von öffentlichen Leistungen kann immer dann gesprochen werden, wenn eine Regierung die Abdeckung kollektiver Bedürfnisse als essentiell und das reine Zusammentreffen von Nachfrage und Angebot für eine befriedigende Bereitstellung als nicht ausreichend betrachtet. Die Regierung mag lokal, zentral oder auch europäisch sein, die als essentiell angesehenen Bedürfnisse mögen von Land zu Land differieren und auch der Grad einer notwendigen Abdeckung mag unterschiedlich interpretiert werden, doch in seiner Essenz bleibt das Konzept von „öffentlichen Dienstleistungen" bestehen. Das Set an Regulierungen unterscheidet sich teilweise deutlich von rein privaten Märkten. Mit der Liberalisierung hat sich ein Trend ergeben, Marktmechanismen nicht mehr aktiv auszuschließen, die Idee öffentlicher Leistungen ist jedoch weiterhin im EU-Recht enthalten (vgl. Wollmann und Marcou 2010, S. 3).

Sie werden als Instrument betrachtet, öffentliche Ziele mit privaten Institutionen in Einklang zu bringen. Ihre eigentliche Bedeutung liegt aber darin, die Abdeckung kollektiver Bedürfnisse zu garantieren (vgl. Wollmann und Marcou 2010, S. 3).

Auch wenn Kommunen bestimmte Leistungen auslagern, tragen sie noch immer die finale Verantwortung. Nach einer Phase der Privatisierung lässt sich aktuell in einigen europäischen Ländern ein Trend zu mehr kommunaler Verantwortung beobachten. Im Kern geht es aber um den Zusammenhang von Kommunaler Selbstverwaltung und Daseinsvorsorge. In den meisten EU-Ländern hat die kommunale Selbstverwaltung einen mit Deutschland vergleichbaren Stellenwert, und gerade bei unseren nordischen Nachbarn haben die Kommunen in Relation zu ihren deutschen Pendants sogar ein deutlich höheres Gewicht. In den meisten Mitgliedsstaaten – Ausnahmen sind lediglich Spanien, Belgien und Großbritannien – steht die kommunale Selbstverwaltung im Verfassungsrang (vgl. Witte 2013, S. 100 ff.).

Aus historischer Perspektive ist das Konzept der Daseins-vorsorge, der *services public* oder der *public utilities* ein wesent-licher Schritt hin zur Entwicklung eines modernen Wohlfahrts-staates. Seit dem 19. Jahrhundert teilen sich lokale Politik und karitative Organisationen die Verantwortung für die Erbringung der in Rede stehenden Leistungen. Mit dem Fortschreiten des modernen Wohlfahrtsstaates, insbesondere durch den Einfluss der erstarkenden Sozialdemokratie, verlagerte sich die Kompetenz für solche Dienstleistungen auf die nationale Ebene. Auch Bezug und Eigentümerschaft wurden von der lokalen auf eine zentrale Ebene transferiert. Andere Leistungen blieben zwar in der Verantwortung der lokalen Regierungen, wurden aber durch nationale Institutionen sehr eng reguliert. Die Kommune konnte in diesem Zusammenhang als die untere Ebene des nationalen Wohlfahrtsstaates verstanden werden.

Seit den 1980er-Jahren wurde dieses Konzept durch ver-schiedene Kräfte bedroht. Die neoliberale Politik, die gegen Ende der 1970er-Jahre im Vereinigten Königreich entwickelt wurde, versuchte staatliche Regulierungskompetenz im Sinne eines freien Spiels der Marktkräfte zurückzudrängen. Daneben sollten die Konzepte der staatlichen Bürokratie mit ihren traditionellen Hierarchiestrukturen zugunsten von Management-Prinzipien wie Kosteneffizienz oder Flexibilität verändert werden. Zusätz-lich wurden viele Sektoren der Daseinsvorsorge dem Wettbewerb übergeben. Seit den 1990er-Jahren wurde diese Tendenz auch von der Liberalisierungspolitik innerhalb der Europäischen Union be-fördert. Eine direkte Versorgung durch einen öffentlichen Sektor musste einer wettbewerblichen Aufgabenerfüllung weichen.

Allerdings führten diese Veränderungen eher zu höheren Preisen und schmälerten den Wettbewerb, als dass sie ihn forcierten. Das Ergebnis der Liberalisierung waren im Regelfall klare Oligopole, während die Rolle lokaler Regierungen als Ver-treter eines öffentlichen Interesses im gleichen Zusammenhang geschwächt wurde (vgl. Wollmann und Marcou 2010, S. 4).

In den vergangenen Jahren hat sich aufgrund dieser wenig zufriedenstellenden Effekte der Liberalisierung europaweit ein neuer Trend Bahn gebrochen: Kommunen erkämpfen sich nach und nach ihre Kompetenz bei der Bereitstellung von Daseinsvorsorgeleistungen zurück. Auch die globale Wirtschafts- und Finanzkrise, auf die viele Regierungen mit interventiven, also vermittelnden Maßnahmen reagierten, hat dazu beigetragen, den öffentlichen Sektor wieder positiv in die Diskussion zu bringen.

Die Voraussetzungen der kommunalen Wirtschaftstätigkeit sind in Europa so heterogen wie die jeweiligen Wirtschaftsordnungen. Die Modelle der sozialen Marktwirtschaft in Frankreich und in Deutschland konkurrieren mit neoliberalen Ansätzen etwa im Vereinigten Königreich. Dennoch hat sich die kommunale Ebene in allen Teilstaaten ein beachtenswertes Niveau eigener Kompetenzen erhalten. Kommunale Verantwortung bei den Dienstleistungen der Daseinsvorsorge ist mitnichten nur ein deutsches Phänomen. Die aktuelle Debatte um Rekommunalisierungen wird nicht nur hierzulande geführt. Letztlich wird die Zukunft zeigen, ob die gestärkte Verantwortung der Kommunen im Markt eine ähnliche Wirkung entfalten kann, wie die radikale Privatisierung der 1980er- und 1990er-Jahre. Trotz aller Übertreibungen ist es im Zuge von Liberalisierung und Professionalisierung zu einer europaweiten Modernisierung der Verwaltungen gekommen. Dies war die Voraussetzung, dass sich kommunale Unternehmen in wettbewerblichen Märkten behaupten konnten. Letztlich haben dezentrale Strukturen kommunaler Unternehmen die von der Politik definierten Zielfunktionen des Wettbewerbs in den Daseinsvorsorgesparten besser erfüllen können als private Oligopole, die sich in fast allen liberalisierten Sektoren der jeweiligen Länder gebildet hatten.

Literatur

Bogumil, J., Pielow, J.-C., Ebbinghaus, J., Gerber, S., & Kohrsmeyer, M. (2010). *Die Gestaltung kommunaler Daseinsvorsorge im Europäischen Binnenmarkt. Empirische Untersuchung zu den Auswirkungen des europäischen Beihilfe- und Vergaberechts insbesondere im Abwasser- und Krankenhaussektor sowie in der Abfallentsorgung.* Düsseldorf: Ministerium für Bundesangelegenheiten, Europa und Medien des Landes Nordrhein-Westfalen.

Bräuning, D., & Gottschalk, W. (Hrsg.). (2012). *Stadtwerke. Grundlagen, Rahmenbedingungen, Führung und Betrieb.* Baden-Baden: Nomos Verlagsgesellschaft.

Edeling, T., Reichard, C., Richter, P., & Brandt, S. (2006). *Kommunalwirtschaft im gesamtwirtschaftlichen Kontext. Eine vergleichende Analyse der neuen und alten Bundesländer unter besonderer Berücksichtigung des Landes Brandenburg.* Potsdam: Kommunalwissenschaftliches Institut der Universität Potsdam.

Exner, D. (2002). *Geschichte und Geschichten ums Dresdner Gas – 175 Jahre öffentliche Gasversorgung 1828–2003. Industriedruck Dresden.* Dresden: DREWAG – Stadtwerke Dresden GmbH.

Forsthoff, E. (1938). *Die Verwaltung als Leistungsträger.* Stuttgart: Kohlhammer Verlag.

Gabler Wirtschaftslexikon, Stichwort Kommunalwirtschaft. (2015). http://wirtschaftslexikon.gabler.de. Zugegriffen: 15. Sept. 2015.

Linke, F. (2011). Genesis des Begriffs Daseinsvorsorge und Überlegungen zu einer dynamischen Definition als Reflektion sich verändernder demographischer und fiskalischer Rahmenbedingungen. Masterthesis an der Hochschule für nachhaltige Entwicklung Eberswalde. Erfurt.

Ministerium der Justiz und für Europa und Verbraucherschutz des Landes Brandenburg. (2007). Kommunalverfassung des Landes Brandenburg (BbgKVerf) vom 18.12.2007. zuletzt geändert am 5.12.2013. http://bravors.brandenburg.de. Zugegriffen: 22. Mai 2015.

Ostdeutscher Sparkassenverband (OSV). (1999). Leitsätze für die Neuorientierung der ostdeutschen Sparkassenorganisation und für die Weiterentwicklung des Verhältnisses zwischen Sparkasse und Kommune vom 3. Ostdeutschen Sparkassentag am 4./5. Mai 1999 in Rostock. http://www.osv-online.de. Zugegriffen: 12. Mai 2015.

Witte, S. (2013). *Einflussgrad der deutschen kommunalen Ebene auf die Politikgestaltung der EU*. Frankfurt a. M.: Peter Lang GmbH Internationaler Verlag der Wissenschaften.

Wollmann, H., & Marcou, G. (2010). *The provision of public services in Europe. Between state, local government and market*. Cheltenham: Edward, E. publishing Inc.

Ziekow, J. (Hrsg.). (2011). *Wandel der Staatlichkeit und wieder zurück?* Baden-Baden: Nomos Verlagsgesellschaft.

Zielinski, H. (1997). *Kommunale Selbstverwaltung im modernen Staat. Bedeutung der lokalen Politikebene im Wohlfahrtsstaat*. Opladen: Westdeutscher Verlag.

2

Kommunale Unternehmen – der Deutschen liebstes Kind

Weltanschauungen und Ideologien haben sich weitgehend über-lebt. Man mag es bedauern oder auch nicht, doch die Deutschen haben sich in der Welt des Pragmatismus ganz gut eingerichtet. Gut ist, was hilft – das ist mittlerweile breiter gesellschaftlicher Konsens. Vom bürgerlich-konservativen Milieu bis weithin in die Linke werden die Grautöne zwischen Markt und Staat, pri-vat und sozial, absolutistischen Paradigmen deutlich vorgezo-gen. Verkünder der endgültigen Wahrheit haben es mittlerweile schwer in diesem Land. Ob die real existierende Marktwirtschaft wirklich so sozial ist, wie sie behauptet, mag dahingestellt sein. Doch sie ist das, was die Menschen wollen.

Dinge werden danach beurteilt, wie günstig und leistungsstark sie sich erweisen. Zusätzlich zu diesen zentralen Faktoren haben in den vergangenen Jahren Kriterien wie Ökologie, Nachhaltig-keit, Regionalität oder wirtschaftliche Fairness eine stärkere Be-tonung erfahren. Harte und weiche Faktoren müssen stimmen, wenn man von den Menschen als positiv und vertrauenswürdig wahrgenommen werden möchte. Das emnid-Institut für Me-dien- und Sozialforschung hat diesen Gedanken aufgenommen und wollte wissen, welche Institutionen bei den Bürgern das größte Vertrauen genießen.[1] Zur Auswahl standen zentrale Syste-me des gesellschaftlichen Lebens. Die Politik(er), die die demo-

---

[1] Stadtwerke und kommunale Wasserversorger im Spiegelbild der öffentlichen Meinung, Emnid-Befragung aus 2009

kratische Meinungsbildung moderieren, abbilden und umsetzen, die großen privatwirtschaftlichen Unternehmen, der Finanz- und Bankensektor, die Medien als Vermittler komplexer Zusammenhänge und vielgestaltiger Positionen, die Gewerkschaften als Vertreter der abhängig Beschäftigten und schließlich Stadtwerke und Sparkassen als regionale Dienstleister in Kernbereichen der Daseinsvorsorge. In einer repräsentativen Studie mit mehr als 1000 Telefoninterviews wurde die einfache Frage gestellt, welchen Institutionen man eher Vertrauen oder welchen man eher kein Vertrauen entgegenbringt. Das Ergebnis war von überwältigender Klarheit. Zunächst einmal gelang es ausschließlich Stadtwerken und Sparkassen, Zustimmungswerte von mehr als 50 % zu generieren. Eindeutig ganz oben im Ranking finden sich die örtlichen Stadtwerke, denen mehr als vier von fünf Bürgern das Vertrauen aussprechen. Der Unterschied zu den direkten Konkurrenten im Markt, zu Großunternehmen wie den sogenannten „Großen Vier der Energiewirtschaft" betrug mehr als 50 Prozentpunkte. Den Konzernen und Großunternehmen bringt nur jeder vierte Befragte Vertrauen entgegen. Trotz aller Klischees, trotz der vielen kolportierten Vorwürfe scheint die öffentliche Wirtschaft deutlich besser anzukommen als es die Marktideologen glauben machen wollen. Gerade der Wert der Stadtwerke mit mehr als 80 % Zustimmung liegt so massiv und so deutlich über denen der Wirtschaft allgemein und der Privatwirtschaft im Besonderen, dass sich die Apologeten eines reinen Marktes zutiefst einsam fühlen müssen. Offenbar halten die Stadtwerke auch in liberalisierten Märkten bestens mit. Und nicht nur das, sie erfahren dabei auch noch deutlich mehr Zustimmung, als die konkurrierende Privatwirtschaft, und hier in erster Linie die Großkonzerne.

Der Abstand zwischen Sparkassen im Speziellen und dem Bankensektor allgemein fällt zwar nicht ganz so massiv aus, ist mit knapp 30 Prozentpunkten aber dennoch signifikant. Während den Sparkassen zu zwei Dritteln überwiegend Vertrauen entgegengebracht wird, wird der Finanz- und Bankensektor ebenfalls von gut zwei Dritteln der Bürger mit Skepsis betrachtet.

Der Vollständigkeit halber sei erwähnt, dass sich die Gewerkschaften bei rund 50 % Zustimmung bewegen, die Medien zusammen mit den Banken bei 36 % liegen und die Politik(er) mit nur 14 % abgeschlagen auf dem letzten Rang einkommen.

Die Befragten sind den Stadtwerken nicht nur allgemein gewogen, das Vertrauen in diese Institution der regionalen Versorgung schlägt sich auch in der Haltung zu konkreten Fragen nieder. Dabei spricht sich eine deutliche Mehrheit von 71 % dafür aus, die Versorgung mit essentiellen Gütern des alltäglichen Lebens nur durch solche Unternehmen zu gewährleisten, die einer öffentlichen Kontrolle unterworfen und dem Gemeinwohl verpflichtet sind. Die Bürger votieren damit mehrheitlich für eine Rücknahme der Liberalisierung. Dies lässt zum einen Rückschlüsse zu über die Erfahrungen mit einem öffentlichen Versorgungsmonopol und zum zweiten über die Eindrücke zur privaten Versorgungsqualität. Dabei scheint es nicht in erster Linie auf Aspekte der individuellen Versorgung anzukommen. In puncto Kundenorientierung und Preis-Leistungs-Verhältnis schneiden kommunale und private Unternehmen ähnlich ab. Deutliche Übergewichte erreichen die öffentlichen Unternehmen allerdings bei Gemeinwohlorientierung, regionaler Verwurzelung, Sicherheit, Nachhaltigkeit, Umweltbewusstsein und Zuverlässigkeit. Den privaten Unternehmen werden lediglich eine etwas höhere Flexibilität und ein deutlich stärker ausgeprägtes Gewinnstreben attestiert.

Werden die Kunden nach den wichtigsten Kriterien befragt, mit denen sie ihre Versorger beurteilen, so deckt sich dies weitgehend mit den Zuschreibungen, die für das eigene Stadtwerk gefunden werden. Das heißt: Stadtwerke können sich nicht nur am Markt behaupten und genießen ein deutlich überdurchschnittlich ausgeprägtes Vertrauen ihrer Kunden, sie sind auch genau dort gut und überzeugend, wo es Kunden und Bürger am ehesten erwarten. Bürgernähe, Regionalität und verschiedene Funktionen als Impulsgeber für einen regionalen und lokalen Wirtschaftskreislauf werden hier besonders stark gewichtet. Und vielleicht ist es doch nicht die Bequemlichkeit der Kunden, sondern das Ergebnis eines andauernden Reflexions- und Erkenntnisprozesses, wenn man den Stadtwerken auch in solchen Fällen treu bleibt, in denen sie nicht immer den günstigsten Kampfpreis aufbieten. Zudem zeigt der Trend, dass die Preise der Stadtwerke als stetig konkurrenzfähiger werdend wahrgenommen werden. Mittlerweile bestehen kaum Unterschiede zwischen den Preiserwartungen an kommunale und an private Unternehmen.

Mit einem großen Vertrauensvorschuss sind regelmäßig auch hohe Erwartungen verbunden – Erwartungen, die sich vielleicht nicht immer in vollem Umfang erfüllen lassen. Von Stadtwerken wird erwartet, dass sie überproportional aus- und weiterbilden, dass sie in besonderem Maße ethisch handeln, dass sie sich gesellschaftlich engagieren, die lokale Wirtschaft fördern und strengen Transparenzkriterien genügen. Dies alles sind Anforderungen, denen private Unternehmen nicht oder nur in einem geringeren Ausmaß unterliegen. Womöglich speist sich aus einer Diskongruenz von Erwartungen und wirtschaftlichem Potential die eine oder andere Enttäuschung, besonders gravierend kann dies aber nicht sein. Schließlich präferieren immer mehr Bürger und Kunden eine daseinsvorsorgliche Aufgabenerfüllung mit einer starken kommunalen Komponente. Eine Privatisierung von Stadtwerken wird von drei Viertel der Befragten abgelehnt. Dafür sprechen sich nur 19 % aus. Dies wiederum korreliert ganz offensichtlich mit den hohen Zufriedenheitswerten, die Stadtwerke bei ihren Kunden erreichen. Vier von fünf Befragten sind mit ihrem kommunalen Versorger eher oder sehr zufrieden. Nur zehn Prozent sind eher oder sehr unzufrieden. An solch exzeptionellen Umfragewerten lässt sich klar nachvollziehen, warum die Stadtwerke und auch die Sparkassen im Ranking der vertrauenswürdigsten Institutionen Jahr für Jahr derart gut abschneiden.

Dass dies ein sehr stabiler Trend ist, zeigt eine brandaktuelle Befragung des Meinungsforschungsforschungsinstituts Forsa. Die repräsentative Befragung fand im Dezember 2015 im Auftrag des Verbands kommunaler Unternehmen (VKU) statt. Ergänzend befragte Forsa im Januar 2016 im Auftrag des STERN die Bürger repräsentativ zum Vertrauen in die Institutionen in Deutschland.

Die Ergebnisse wurden am 17. Februar 2016 erstmals der Öffentlichkeit vorgestellt. Das war schon nach dem Redaktionsschluss dieses Buches. Dank der tüchtigen Kollegen in der Herstellung können wir dennoch die wichtigsten Aussagen hier noch präsentieren.

Das öffentliche Vertrauen in Institutionen und Berufsgruppen sinkt seit Jahren dramatisch. Im Urteil der Bürger stemmen sich kommunale Unternehmen erfolgreich gegen diesen Trend der öffentlichen Entfremdung, so das Fazit von Forsa-Chef Professor Manfred Güllner. Ganz gegen die allgemeine Missstimmung sei das Vertrauen zu kommunalen Unternehmen sehr hoch: 75 Prozent aller Bundesbürger bringen Ihnen großes Vertrauen entgegen. Größer ist die Zustimmung nur zu den Universitäten mit 80 Prozent, den Ärzten mit 78 Prozent und zur Polizei mit 77 Prozent. „In einer Welt, die immer schneller wird, wo die Globalisierung immer mehr Wirtschaftszweige und Institution erfasst, ist der Wunsch nach regionaler Nähe und Bindung an heimische Unternehmen stark und schafft Vertrauen", so der Meinungsforscher.

Laut Umfrage haben die Bürger nicht nur großes Vertrauen zu kommunalen Unternehmen, sie sind auch in hohem Maße (zu 91 Prozent) mit den Unternehmen vor Ort zufrieden.

Für das schon überwältigend zu nennende Vertrauen der Bürger in die kommunale Daseinsvorsorge sprechen auch die Ant-

worten auf die Frage, wer für die einzelnen Bereiche zuständig
sein sollte, kommunale oder private Unternehmen: Bei der Wasserversorgung und Abwasserentsorgung gaben 85 Prozent der
kommunalen Variante den Vorzug, bei der Müllentsorgung plä-
dierten 77 Prozent für die kommunale Aufgabenerledigung, bei
Strom und Gas betrugen die Quoten 72 bzw. 71 Prozent.

Für den Stimmungswandel der Deutschen zum Thema Privatisierung von Versorgungsleistungen ist das dramatisch angemessen. Bereits im Jahr 2007 hatte Forsa diese Frage gestellt: die
repräsentative Erhebung zeigte, dass die Hälfte der Bürger gegen
Privatisierungen sind. Schon damals bemerkenswert: der deutliche Unterschied zwischen alten und neuen Bundesländern. Im
Osten standen 62 Prozent, im Westen hingegen nur 47 Prozent
Privatisierungen ablehnend gegenüber.

Und 2015? Jetzt sind 81 Prozent der Deutschen gegen Privatisierungen. Das ist ein Zuwachs von gewaltigen 31 Prozent.
Und auch aktuell wieder der – allerdings geschrumpfte – Ost-
West-Unterschied. 90 Prozent der Ostdeutschen lehnen Privatisierungen ab. In Westdeutschland liegt der Anteil bei 79 Prozent.
Dort also von 2007 zu 2015 ein Zuwachs bei den Gegnern von
32 Prozent.

Auch methodisch erfreut das jeden Demoskopen. Denn die
große Zustimmung zur Kommunalwirtschaft korreliert ganz eindeutig mit dem überwältigenden Nein zu Privatisierungen im
Bereich der Daseinsvorsorge. Was man wertschätzt, das will man
nicht verlieren!

Dass die kommunalen Unternehmen mit dem erreichten Status quo nicht zufrieden und selbstkritisch genug sind, um nach
wie vor teilweise erhebliche Optimierungspotentiale zu erkennen, zeigt eine Befragung des Verbundnetz für kommunale Energie (VfkE) aus dem Jahr 2014. In einer repräsentativen Vollerhebung wurden die Geschäftsführer von Stadtwerken aus den drei
Bundesländern Brandenburg, Sachsen-Anhalt und Thüringen
gebeten, sich zur Rolle des eigenen Unternehmens und zu den

grundlegenden Rahmenbedingungen von Demografie, Ökologie und kommunaler Finanzknappheit zu äußern.

Hier zeigte sich, dass Stadtwerke über ihr Kerngeschäft hinaus umfassend zur kommunalen Aufgabenerfüllung beitragen – über die Abführung von Gewinnen an die kommunalen Haushalte oder indirekt über den steuerlichen Querverbund. Im Regelfall – das weist die Befragung aus – sind es die Stadtwerke, die als größter kommunaler Ertragsbringer vor Ort auch andere Bereiche der Daseinsvorsorge direkt oder indirekt stützen.

Sowohl für die jüngere energiepolitische Vergangenheit als auch für die Zukunft erhält die Bundespolitik negative Bewertungen. So zeigten sich die Stadtwerkechefs insbesondere mit der Novellierung des Erneuerbare-Energien-Gesetzes (EEG) mehrheitlich unzufrieden. Noch pessimistischer sind die Erwartungen. Der Großteil der Befragten rechnet für die nähere Zukunft nicht mit einem stimmigen Konzept zur Umsetzung der Energiewende.

In diesem Zusammenhang, aber auch vor dem Hintergrund des demografischen Wandels und der knappen kommunalen Finanzen wird ein dringendes Erfordernis zu stärkeren Kooperationen erkannt. Die große Mehrheit von 70 % befürwortet diesbezüglich eine bessere Zusammenarbeit mit anderen kommunalen Versorgern. Nur so ließe sich verhindern, dass die ausgeprägten Marktrisiken sich negativ auf die Versorger und ihre kommunalen Eigentümer auswirken. Fast alle jener Stadtwerkechefs, die in einen kommunalen Querverbund integriert sind, äußert die Ansicht, dass ein simples Weiter-So angesichts der vielfältigen Herausforderungen unweigerlich zu sinkenden Erträgen führen würde. Damit wiederum seien der steuerliche Querverbund und die Erbringung defizitärer Leistungen zu angemessenen Preisen gefährdet.

Kritisch sehen die Stadtwerkechefs die Nutzung kommunaler Kooperationspotentiale. Diese seien sowohl innerhalb der Kommunen, über verschiedene Kommunen hinweg und auch

bei länderüberschreitenden Konstellationen deutlich ausbau-
fähig. Es spricht für eine ausgeprägte Selbstreflexion, dass die
identifizierten Defizite mehrheitlich auch in den Kontext eigener
Verantwortlichkeit gebracht werden.

Was lernen wir also aus den empirischen Bestandsaufnahmen?
Kommunale Unternehmen stehen vor erheblichen Herausforderungen, sie genießen dabei allerdings das Vertrauen ihrer Kunden
und sie sind bereit, für eine dringend notwendige gehaltene weitere Optimierung auch das eigene Handeln zu hinterfragen.

3

Warum etwas so Beliebtes ständig durch den Kakao gezogen wird

3.1 Unwissenheit oder bewusste Diffamierung?

Kommunale Unternehmen stehen ganz oben in der Gunst der Bürger. Dennoch halten sich noch immer pauschale Unterstellungen, die der kommunalen Wirtschaft teilweise erhebliche Defizite unterstellen. Wie weit diese Haltung ins Bewusstsein der Bevölkerung durchdringt – darüber lässt sich nur spekulieren. Allzu tief kann es jedenfalls nicht sein. Sonst gäbe es andere Umfragewerte. Grundsätzlich ist die soziale Marktwirtschaft dazu berufen, eine angemessene Partizipation aller Bürger an den privatwirtschaftlichen Gewinnen zu gewährleisten. Sie wurde nicht zuletzt zu diesem Zweck konstruiert und ist in ihrer Verfasstheit gleichzeitig Ergebnis dieses Ausgleichsprozesses. Welcher Seite nun das Übergewicht zuzurechnen ist, ist Anlass für intensive Debatten nicht nur in der breiten Medienöffentlichkeit, sondern auch im sozialwissenschaftlichen Diskurs. Nicht zuletzt haben sich die Welterklärer von Marx bis Habermas und Luhmann diesem Problem angenommen. Trefflich gestritten wird in allen diesen Foren über den Wirkungsgrad der Politik. Hier variieren die Ansichten zwischen kompletter Ohnmacht der Politik und einer die wirtschaftlichen Potentiale fesselnden Überregulierung. Die Wahrheit liegt vermutlich irgendwo in der Mitte. Als zunehmend problematisch erweist sich jedoch der unterschiedliche Aktionsrahmen von Wirtschaft und Politik. Während Politik noch weithin nationalstaatlich organisiert ist und supranationale Organisationen, wie die EU, sich hauptsächlich dem Abbau von staatlich gesetzten Hemmnissen widmen, agieren Großunternehmen aus Industrie, Handel, Logistik, Medien und Finanzen seit Jahrzehnten global. Zudem muss Politik zumindest in demokratischen Rechtsstaaten der Transparenz verpflichtet sein. Für die private Wirtschaft gilt dies eher eingeschränkt.

Nicht zuletzt durch einen ausgeprägten Lobbyismus versucht die private Wirtschaft eigene Wirkungsmacht zu entfalten. Dabei wird sicher auch die ungeliebte Konkurrenz aus öffentlichen Unternehmen in den Fokus genommen. Es bleibt Spekulation, doch die vielfältigen Anwürfe gegen die kommunale Wirtschaft werden nicht zuletzt auch jenen Unternehmen dienen, die mit ihr im Wettbewerb stehen.

3.2 Zu Halbwertzeit und Durchdringung

Halten sich diese Zuschreibungen tatsächlich so lange im Bewusstsein der Bevölkerung oder werden sie lediglich immer wieder aus der Mottenkiste gegriffen? Um welche Parameter es auch immer gehen mochte, eine grundsätzliche Minderfunktion kommunaler Unternehmen ließ sich bislang in keiner wissenschaftlichen Studie belegen. In diesem Zusammenhang muss angemerkt werden, dass sich im akademischen Diskurs ohnehin kaum mit dem Phänomen der Kommunalwirtschaft auseinandergesetzt wird. Ganz offenkundig scheinen jene, denen die öffentliche Wirtschaft ein Dorn im Auge ist, nicht den Versuch zu unternehmen, dies durch sachlich-inhaltliche Argumente zu

erhärten. Verbands-, Lobby- und Pressearbeit zielen darauf, für
bessere Rahmenbedingungen zu werben und das eigene Unternehmen in einem guten Licht erscheinen zu lassen. Das ist
legitim. Ebenso naheliegend, wenngleich weniger elegant, ist
es, konkurrierende Unternehmen oder Wirtschaftssegmente zu
torpedieren. Über Geschmack lässt sich streiten, doch Wirtschaft
genügt klaren Zielorientierungen. Fragen des Stils werden in der
Regel nur dann berücksichtigt, wenn Vorgänge in die Gefahr einer
öffentlichen Beurteilung geraten. Generell ist zu konstatieren,
dass der Respekt gegenüber kommunalen Unternehmen in allen
Teilen der Gesellschaft gewachsen ist. Das hat nicht zuletzt damit
zu tun, dass die kommunale Wirtschaft sich selbst im Zuge der
Anforderungen der Liberalisierung massiv professionalisierte.
In diesem Zusammenhang scheint sich hier und da die Ein-
sicht durchgesetzt zu haben, dass pauschale Diffamierungen der
öffentlichen Wirtschaft nur noch eine beschränkte Wirkungsmacht besitzen. Und dass sie auf die Absender derselben zurück-
fallen könnten.

3.3 Weshalb es notwendig ist, noch viel mutiger eine Lanze für die Kommunalwirtschaft zu brechen – und wer in vorderster Front stehen muss

Die Professionalisierung der kommunalen Wirtschaft kommt
als Nachricht nicht überall gut an. Wurden beispielsweise die
Stadtwerke im Zuge der Liberalisierung schon abgeschrieben,
sind sie den großen privaten Energieversorgern heute in vielerlei
Hinsicht einige Schritte voraus. Konkurrenz wird nicht immer

geliebt, zumal dann nicht, wenn sie sich in wesentlichen Zielorientierungen vom eigenen Unternehmen unterscheidet. Kommunale Unternehmen stellen unter Beweis, dass sich betriebswirtschaftliche Effizienz und Gemeinnutz miteinander verein-
baren lassen. Sie müssen diese Erwartungen aber auch erfüllen,
denn Kommunen und damit auch die Bürger sind zunehmend
auf sie angewiesen. Die kommunale Ebene leidet unter einer
strukturellen Unterfinanzierung. Daneben müssen die Herausforderungen der Energiewende, der Digitalisierung und nicht
zuletzt des demografischen Wandels bewältigt werden. Dies gelingt an vielen Orten in einem erstaunlichen Maß. Kommunale
Unternehmen spielen bei der Anpassung an die genannten Prozesse eine herausgehobene Rolle. Es ist daher umso wichtiger, sie
auch publizistisch zu unterstützen, zumal dann, wenn man sich
der kommunalen Ebene und ihres Stellenwertes für ein funktio-
nierendes demokratisches Gemeinwesen bewusst ist. Ohne kommunale Unternehmen könnten Daseinsvorsorgeleistungen auf
gleichbleibend höchstem Niveau vielerorts kaum mehr aufrechterhalten werden. Daneben fördern kommunale Unternehmen
als wichtige Auftraggeber den regionalen Mittelstand, stützen
soziales Engagement vor Ort, sind ein verlässlicher und sozialer
Arbeitgeber, treiben die ökologische Erneuerung voran und wirken insgesamt als Leuchttürme der technologischen, sozialen und
wirtschaftlichen Entwicklung.

Die Bürger in den Kommunen sind als Eigentümer und
Kunden die ersten Nutznießer, wenn kommunale Unternehmen erfolgreich am Markt agieren. Das tun sie in der übergroßen Anzahl der Fälle. Die vielfältigen positiven Wirkungen
einer effizienten und dem Gemeinnutz verantwortlichen Wirt-
schaftsweise am Ort und in der Region wurden hinreichend
beschrieben. Die überaus positiven Zuschreibungen, die die
Deutschen für „ihre" kommunalen Unternehmen finden, zeigen,
dass diese Sichtweise überwiegend geteilt wird. Doch wenn dem
so ist, dann müssen die Bürger verstehen, dass diese als Selbstver-

ständlichkeit empfundenen Zusammenhänge ständig gefährdet sind. Dass sie aktiv verteidigt werden müssen gegen diejenigen, die aus Partikularinteressen heraus die reine Lehre des Kapitals predigen, den Kommunen sukzessive ihre Gestaltungskraft nehmen wollen.

4

Die populärsten Irrtümer zur Kommunalwirtschaft: Was ist wahr, was ist falsch?

Die kommunalpolitische und kommunalwirtschaftliche Fachzeitschrift UNTERNEHMERIN KOMMUNE widmete sich bereits in den Jahren 2011, 2012 und 2013 in einer Serie einigen Irrtümern zur Kommunalwirtschaft. Hier waren bereits die beiden Autoren beteiligt, die nun auch dieses Buch verantworten.[1] Hintergrund der Idee waren die vielfältigen Erfahrungen mit en passant und nonchalant eingestreuten Bemerkungen zur öffentlichen Wirtschaft. Oft unterhalb der Schmerzgrenze, aber immer hörbar und stets versehen mit einer kleinen Botschaft. Ihr könnt es nicht. Ihr seid per se zu schwach, zu sozial, zu wenig ambitioniert, zu wenig kreativ.

Und weil das auf so vielen Ebenen falsch war, speiste es einen ausgeprägten Ärger, der sich in der besagten Serie kanalisieren sollte.

Ärgerlich war, wie wenig faktische und exemplarische Substanz dahinter steckte, wie pauschale Behauptungen bar jeglicher Evidenz dennoch ihren Nachhall fanden, immer wieder kolportiert wurden. Wie Gutes – Nutzenstiftung für das Gemeinwesen – in Schlechtes – sozialistische Strukturen – umgedeutet wurde.

---

[1] Und engagiert mitgewirkt hat ebenfalls Falk Schäfer, für dessen Engagement für das vorliegende Buch sich die Autoren einleitend herzlich bedankt haben.

Mit welcher Arroganz die Protagonisten einer ultraliberalen Ideologie auch nach der weltweiten Finanzkrise im Jahr 2008 noch das Hohelied auf das freie Spiel der Kräfte sangen. Wie vollständig ignoriert wurde, dass kommunale Unternehmen nicht nur erfolgreich im Wettbewerb mithalten, sondern auch noch Impulse geben für eine ökologische Erneuerung der deutschen Versorgungswirtschaft. Wie eindeutige Lobbyinteressen hinter der vermeintlichen Sorge um funktionierende Wirtschaftskreisläufe verbrämt wurden. Wie unter Negation sämtlicher Markttheorien ein Oligopol der Großen Vier einem Polypol tausender regionaler Versorger vorgezogen wird und vor allem: Mit welcher süffisanten Attitüde dies seit Jahrzehnten immer mal wieder geschieht.

Dies gab Anlass, jede dieser Kolportagen auf ihren Wesensgehalt zu überprüfen. Das begann mit einer kleinen Beitragsserie in der bekannten Fachzeitschrift UNTERNEHMERIN KOMMUNE und mündete nun in dieses Buch.

4.1 Das kommunale Nagelstudio oder: Wie viele verbotene Pflanzen blühen tatsächlich in kommunalen Gärtnereien?

Öffentliche Amts- und Mandatsträger gelten als nicht besonders abenteuerlustig. Auf die entsprechenden Vorurteile fehlenden Unternehmergeistes, übertriebener Vorsicht und einer ineffizienten Beamtenmentalität werden wir in diesem Buch noch zu sprechen kommen. Erstaunlich ist aber, dass der weithin häufigste Vorwurf gegenüber der Kommunalwirtschaft das glatte Gegenteil thematisiert – und zwar das „Wildern" in Bereichen, die mit kommunaler Daseinsvorsorge so gar nichts zu tun haben. Landauf, landab werde mit kommunalen Nagelstudios, Weingütern,

Gärtnereien und vielen weiteren unpassenden Aktivitäten dem regionalen Mittelstand die Luft zum Atmen genommen.

Schaut man sich die Situation in der Realität an, überkommt einen jedoch der Eindruck, dass die neoliberalen Bedenkenträger gegen selbst erschaffene Gespenster kämpfen. Es fällt nämlich schwer, überhaupt Beispiele für diese Anwürfe zu finden. Es geht hier um Relevanz und Maß, nicht darum, ob kommunales Engagement bei der Daseinsvorsorge nicht unmittelbar zuordenbaren Bereichen gerechtfertigt sei, sondern vor allem darum, ob sich das entworfene Bild in der Praxis widerspiegelt. Gerade in strukturschwachen Regionen sollte aber auch die Frage erlaubt sein, inwiefern private Unternehmen überhaupt beeinträchtigt werden. Nämlich dann, wenn die Gewinnaussichten zu gering sind, dass sie sich für bestimmte Leistungen überhaupt interessieren. In diesen Fällen gibt es zwei Möglichkeiten. Entweder eine Leistung verschwindet komplett aus einem Ort oder aber die Kommunalen springen ein.

Dichtung und Wahrheit – oder „Wie weit reicht die Daseinsvorsorge"?

Kommunale Fitness- und Nagelstudios, Gärtnereien, Abschlepp- und Druckereiunternehmen bis hin zu kommunalen Reisebüros – verfolgt man die politische Debatte mögen solcherart Stilblüten recht mannigfaltig im Schatten der klassischen kommunalwirtschaftlichen Handlungsfelder gedeihen.

Dann scheint ein Wildwuchs an kommunalen Unternehmen zu existieren, die sich der Daseinsvorsorge atypischen Aufgaben und Annextätigkeiten zuwenden und somit in direkte Konkurrenz zum privatwirtschaftlichen Mittelstand treten. Gefolgert wird daraus eine Benachteiligung durch einen scheinbar übermächtigen Staat. Der Staat fordere Steuern und Abgaben ein, strebe zugleich aber Gewinne an, um defizitäre Kommunalbetriebe wie Schwimmbäder, Theater oder den ÖPNV zu stützen und quer zu subventionieren. Dies alles ginge zu Lasten des privaten Mittelstands. Auf den Punkt gebracht: Kommunen stoßen zunehmend in klassische Bereiche der Privatwirtschaft vor. Untrennbar mit dieser Debatte verbunden, ist die Frage, wo die Grenze zwischen zulässiger kommunaler Betätigung und einem Eingriff in den Markt der Privatwirtschaft verläuft und wer sie formuliert. Wo fängt das kommunale Geschäftsfeld an, wo hört es auf? Sollte diese Frage ideologisch beantwortet werden oder ist der Blick auf den Einzelfall zu richten? Kritiker haben den Begriff „Privat vor Staat" fast schon zum Dogma erhoben, doch können solch pauschale Aussagen auch in einem zunehmend differenzierter und komplexer werdenden Betätigungsfeld gelten?

Zum politischen Schlagwort aufgebauschte Einzelfälle
Das Klischee der kommunalwirtschaftlichen Schattengewächse zum Nachteil des Mittelstandes wird der Realität so selten gerecht, dass man selbst an der Existenz von Einzelfällen seine berechtigten Zweifel haben muss. Wir Autoren kennen kein einziges kommunales Nagelstudio. Nach eingehender Recherche soll es in den 1990er-Jahren in Mühlheim an der Ruhr eine kommunale Kneipe gegeben haben. Das stoppte kein Gericht, sondern die damalige nordrhein-westfälischen Landesregierung. In Bezug auf Gärtnereien ließ eine Entscheidung des Oberlandesgerichtes Hamm im September 1997 Kritiker glauben, die Stadt Gelsenkirchen wolle flächendeckend für blühende Landschaften sorgen. Tatsächlich schnitt das städtische Grünflächenamt nicht nur die städtischen Grünflächen, sondern stutzte auch Bäume in einigen privaten Gärten. Das Oberverwaltungsgericht (OVG) Münster musste 2003 zu einem kommunalen Fitnessstudio Stellung beziehen, das aber in Wirklichkeit gar nicht existierte (vgl. OVG Münster 2003). Vielmehr betrieb hier ein kommunales Unternehmen ein Parkhaus und vermietete dort befindliche Räumlichkeiten an einen Unternehmer, der diese wiederum für ein Fitnessstudio nutzte. Man versuchte damit, die Auslastung in den umsatzschwachen Abendstunden zu steigern. Das OVG gab dem

kommunalen Unternehmen Recht. Es komme bei der wirtschaftlichen Betätigung nicht auf den Charakter der konkreten Handlung, sondern auf den Charakter des Betriebes an. Im Übrigen sei in diesem Zusammenhang darauf hingewiesen, dass einem kommunalen Unternehmen immer dann eine wirtschaftliche Verwertung von Ressourcen offensteht, wenn die Ressourcen bereitgestellt werden müssen, um die Hauptleistung zu erbringen, diese aber ungenutzt blieben. Als markantes Beispiel dienen Busse und Straßenbahnen, die auch als Werbefläche dienen. Eine Nutzung dieser Fläche ist sinnvoll und effizient, um die Kosten zu senken. Dieser Fall unterscheidet sich jedoch von jenem Fall der „Gärtnerei", weil hier die Leistung an sich an Bürger verkauft wurde. Diese zwei Fälle sind strikt auseinander zu halten.

Dies sind nur einige wenige Beispiele[2] von allerdings auch sehr wenigen Fällen, in denen sich Gerichte mit als wesensfremd empfundenen kommunalwirtschaftlichen Tätigkeiten befasst haben. Es sind Einzelfälle von denen vereinzelt Betätigungen unterbunden wurden und in anderen Fällen die Kommunen Recht bekamen. Dass Gärtnereien, Fitness- und Nagelstudios die kommunalwirtschaftliche Landschaft prägen, ist mithin nicht haltbar. Dennoch wird der pauschale Anwurf unangemessenen Wilderns in privatwirtschaftlichen Revieren gebetsmühlenartig wiederholt. Und dass, obwohl die geschilderten Einzelfälle so nichtig und gering an Zahl sind, dass sie allein kaum die Relevanz aufbringen, von einer breiten Öffentlichkeit beachtet zu werden. Exemplarisch soll an dieser Stelle kurz auf eine Episode aus dem Hessischen Landtag eingegangen werden. Dort wurden im Jahre 2003 auch die kommunalen Nagelstudios thematisiert – ganz offiziell in einer öffentlichen gemeinsamen Anhörung des Innenausschusses mit dem Ausschuss für Wirtschaft und Verkehr im Hessischen

---

[2] Weitere Beispiele u. a. BGH Urt. vom 19. 6. 1986 in DÖV 1987, S. 164 (Bestattungen); HessVGH Beschl. vom 17. 1. 1996 in Hessische Städte- und Gemeindezeitung 1996, S. 212 (Dt. Städtereklame); OLG Düsseldorf Urt. vom 28. 10. 1999 in DÖV 2000, S. 157 (Autorecycling).

Landtag. Die FDP-Fraktion mit ihrem Vorsitzenden Jörg-Uwe Hahn hatte einen Gesetzentwurf zur Änderung des kommunalen Wirtschaftsrechts und anderer Rechtsvorschriften eingebracht. Bezug nehmend auf eine Veröffentlichung des Bundes Deutscher Steuerzahler zählte Hahn Nebentätigkeiten auf, mit denen kommunale Unternehmen angeblich unangemessen weit abseits ihres Kerngeschäfts der Daseinsvorsorge aktiv sein würden – kommunale Nagel- und Sonnenstudios, Autowaschanlagen etc. Auf die durchaus zu erwartende Nachfrage, welche konkreten Fälle aus Hessen denn bekannt seien, war man offenkundig nicht vorbereitet. Die Protagonisten der CDU-FDP-Landesregierung konnten keinen einzigen Fall benennen, der geeignet wäre, die von der FDP eingebrachten umfangreichen Gesetzesänderungen zu begründen (vgl. Hessischer Landtag 2003).

Wir sind überzeugt, dass hinter solchen Volten Partikularinteressen stehen. Verlässt die Kommune die klassischen Bereiche der Kommunalwirtschaft, Energieversorgung, Abfallentsorgung oder ÖPNV, so wird geradezu reflexhaft eine Unterwanderung unserer Wirtschaftsordnung durch kommunales Gewinnstreben unterstellt. Belegt wird dies mit einer weiteren Unterstellung: Dass kommunale Unternehmen eben nicht den üblichen Regeln der Wirtschaftlichkeit unterliegen. Dahinter steht eine diffuse Angst vor „zu viel Staat", den marktliberale Akteure grundsätzlich und ohne genauen und differenzierten Blick auf Fakten und Umstände ablehnen.

Ideologie und Sachlichkeit
Die Quelle der Falschbehauptung ist das eigene Interesse und ein Mangel an Anstand. Die Quelle jeden Irrtums ist die Unwissenheit. Sowohl in der Tagespresse als auch in Fachbeiträgen lässt sich in regelmäßigen Abständen von kommunalen Fitness- und Nagelstudios, Gärtnereien sowie mancherlei anderen Geschäftsfeldern lesen. Nach genauerer Recherche drängt sich der Eindruck auf, dass hier in hohem Maße ungeprüfte Fakten

und Sachverhalte Verwendung finden. Der Marktliberalismus der 1990er-Jahre scheint nicht mehr en vogue, doch seine ideologischen Versatzstücke haben stärkere Wurzeln geschlagen, als manche denken. Die Parole „Privat vor Staat" hat zugegebenermaßen eine gewisse Griffigkeit, doch wir sollten darauf achten, dass sie nicht als allumfassendes Dogma verwendet wird. Starre Glaubenssätze helfen selten weiter.

Es ist ein Irrtum, dass sich Kommunen zunehmend in Branchen und Betrieben engagieren, welche nicht mehr unmittelbar zur Daseinsvorsorge gezählt werden können. Den Kommunen wird durch den Gesetzgeber ein Rahmen für ihre wirtschaftliche Betätigung gegeben, den diese ausfüllen können, aber nicht durchbrechen dürfen. Wenn sich der Rechtsrahmen ändert, wie z. B. mit dem Gesetz zur Revitalisierung des Gemeindewirtschaftsrechts in Nordrhein-Westfalen, dann ist dies dem politischen Willen und nicht den fiskalischen Interessen der Kommunen geschuldet. Die Frage, wie weit der Bereich der Daseinsvorsorge zu ziehen sei, ist immer auch vor dem Hintergrund eines mehr oder weniger unbestimmten Rechtsbegriffs zu verstehen, dessen Auslegung auch von gesellschaftlichen und politischen Strömungen bedingt wird.

Welche Bedeutung haben nun diese besonderen wirtschaftlichen Engagements der Kommunen? Eine genaue Antwort fällt schwer. Belastbare Zahlen zu Größe, Umsatz, Gewinn und Marktsituationen liegen auch nach eingehender Recherche nicht vor. Statistische Erfassungen würden schon aufgrund der Unterschiedlichkeit der möglichen Betätigungsfelder vor großen Herausforderungen stehen. Auch der Versuch einer Negativabgrenzung in Form von Volumina, Kennzahlen und Statistiken der kommunalen Unternehmen, die nicht den klassischen Daseinsvorsorgesparten zuzuordnen sind, blieb erfolglos. Eine konturenscharfe Auseinandersetzung mit diesem Thema erfordert eine klare Fragestellung. Und auch dann kann die Analyse in dieser Tiefe wohl nur anhand einzelner kommunaler Unternehmen erfolgen. Das ist der Vorteil der Ideologie gegenüber der Wahrheit. Sie darf sich der Polemik bedienen und ungeprüfte Behauptungen in den Raum stellen. Will man sich jedoch an einer sachlichen Debatte beteiligen, verbieten sich ungeprüfte Hinweise auf ein ausuferndes Geschäft der Kommunen mit Maniküre, Sportübungen oder dem Trimmen der Hecken ihrer Bürger.

Kommunale Unternehmen stärken den Mittelstand

Die angeführten Polemiken sind Ausdruck einer vereinfachten und pauschalen Darstellung von Sachverhalten. Wenn solche Kritik ernst genommen werden soll, muss sie für jeden Einzelfall Nachweise über bestimmte gesetzlich normierte Voraussetzungen erbringen. Diese Voraussetzungen wurden über Jahre vom Gesetzgeber und der Rechtsprechung ausgeformt und weiterentwickelt. Hier sind Begriffe wie „Marktversagen", „Annextätigkeiten", „Tätigkeiten bei Gelegenheit" und Daseinsvorsorge zu nennen.

Zugegebenermaßen gab es, wie dargelegt, vereinzelt Fälle, in denen die Voraussetzungen für kommunales Wirtschaften nicht gegeben waren. Dies waren Einzelfälle in verschwindend geringer Anzahl und ohne Gewicht, sodass dadurch nicht ein ganzer Wirtschaftszweig verdächtigt werden kann.

Ebenfalls geben wir zu bedenken, dass auch kommunale Unternehmen einer gewissen Rentabilität und Effizienz unterliegen. Im Sinne leistungsstarker und moderner Kommunen kann und darf es nicht sein, dass sie aus althergebrachten ideologisch geprägten Denkmustern in ihrer Entfaltung behindert werden. Überall dort, wo die Voraussetzungen für Annextätigkeiten in Randbereichen der Daseinsvorsorge oder deren direkter Nachbarschaft vorliegen, müssen Kommunen wirtschaftlich aktiv werden dürfen. Effizienz der öffentlichen Hand heißt auch, unter Umständen bestehende Potenziale und Ressourcen auszunutzen. Die

Ansicht, kommunale Unternehmen sollten nur defizitäre Einrichtungen wie Schwimmbäder, Theater oder den ÖPNV unterhalten, ist überholt, undifferenziert, ungerecht und gefährlich. Denn in einer sich wandelnden und dynamischen Wirklichkeit sind auch die kommunalen Unternehmen längst angekommen.

Es wird Zeit, dass man sich der überkommenen Denkmuster in Schwarz und Weiß entledigt. Ideologien sollten in der Wirtschaft, insbesondere im Bereich der Kommunalwirtschaft, nur sehr begrenzten Raum erhalten. Stattdessen sollte man nach Synergien suchen und diese nutzen. Kommunale Unternehmen müssen verstärkt als Teil des Mittelstandes aufgefasst werden und nicht als dessen Konkurrenz. Die kommunale Wirtschaft investierte im Jahr 2014 insgesamt 8,68 Mrd. € (vgl. Verband kommunaler Unternehmen 2014). Somit stützt die Kommunalwirtschaft auch den Mittelstand und das Handwerk.

Ein weiterer Punkt, der sehr gerne übersehen wird, ist die Bedeutung der kommunalen Unternehmen zur Strukturentwicklung. Überall dort, wo die Möglichkeit zur kommunalwirtschaftlichen Betätigung eröffnet ist, sind je nach Umfeld und Gegebenheiten große Potenziale zur Strukturänderung, Stadtentwicklung sowie der Image- und Markenbildung oder eben der Daseinsvorsorge vorhanden. Im Falle einer zulässigen kommunalwirtschaftlichen Betätigung oder Beteiligung sollten sich die Kommunen und deren Funktionsträger der Verantwortung für die Bürger und für einen effizienten Betrieb ihres Unternehmens bewusst werden. Wie dargelegt, sind Einwände und Hinweise auf kommunale Fitness- und Nagelstudios in den meisten Fällen durch Gerichtsentscheidungen obsolet geworden und fallen darüber hinaus in concreto nicht ins Gewicht. Ärgerlich ist und bleibt jedoch die öffentliche Wahrnehmung, die unter diesen Übertreibungen und Polemiken leidet.

4.2 Innovation vs. Stagnation – Impulsgeber der ökologischen Erneuerung oder schwerfällige Bedenkenträger?

Kommunale Unternehmen würden träge dahindümpeln, würden mit der Mentalität von Bedenkenträgern und Hasenfüßen ständig ihre Regularien hin und her wenden und seien unfähig, sich selbst und die eigenen Abläufe zu erneuern. Offen vorgetragen werden solche Zuschreibungen – wenn überhaupt – nur noch bei den radikalsten Apologeten eines reinen Kapitalismus. Doch zwischen den Zeilen, im bewusst Ungesagten, in Andeutungen und Witzeleien werden diese Klischees auch heute noch gepflegt. Dann wird für eine private Beteiligung per se mit dem Umstand geworben, dass sich das Stadtwerk oder ein anderweitiger kommunaler Versorger mithilfe privatwirtschaftlichen Know-hows effizienter und innovativer aufstellen könne. Leider erschallt noch allzu selten die Gegenfrage, auf welchen sachlich-fachlichen Argumenten dieser so eindeutig formulierte Kausalbezug gründet. Tatsächlich sprechen einschlägige Studien eine deutlich andere Sprache. René Engelke und Markus Graebig von der Technischen Universität Berlin identifizieren in ihrer Studie eindeutig Stadtwerke und Regionalversorger als die Treiber von Innovationen auf dem Energiemarkt. Dies bestätige die investitionsökonomische These, dass Innovationen kleinteilig entstehen und viele kleine Akteure einen Innovationsprozess besser befördern können, als wenige große Einheiten. Dezentralität und Kundennähe von Stadtwerken würden auch durch die evaluierten Innovationsbereiche widergespiegelt (vgl. Engelke und Graebig 2013, S. 3). Andere Studien weisen in eine ähnliche Richtung bzw. zeichnen schlechtestenfalls ein differenziertes Bild.

Das Vorurteil einer mangelnden Innovationskraft kommunaler Unternehmen bildet sich nahezu ausschließlich in einer ideologisierten politischen Auseinandersetzung ab. Die Meinungen der Bürger und Kunden öffentlicher Unternehmen stehen diesem pauschalen Anwurf nahezu diametral entgegen. Im Vergleich der verschiedenen politischen und ökonomischen Institutionen sind es regelmäßig Stadtwerke und Sparkassen, die nach repräsentativen Umfragen das meiste Vertrauen für sich generieren können. Doch von interessierter Seite werden noch immer Kolportagen bemüht, die der kommunalen Wirtschaft das Signet der Trägheit, Konfektioniertheit und Provinzialität andichten wollen. In ihnen schlummere noch der Geist längst vergangener Tage, als der Postbeamte vom Schalter grüßte. Der Schwung einer modernen, vernetzten und globalisierten Welt hätte die kommunalen Unternehmen noch nicht erreicht. Sie seien noch immer ein Hort der Beschaulichkeit – weit entfernt von modernen Strukturen und Produkten.

Stabilität und Progressivität im Einklang
Spätestens seit der Liberalisierung der 1990er-Jahre finden kommunale Unternehmen im Spannungsfeld zwischen unternehmerischem Handeln und öffentlich-rechtlichen Maßgaben ihren eigenen, äußerst erfolgreichen Weg. Sie sind nicht nur sich stetig verändernden wirtschaftlichen Rahmenbedingungen ausgesetzt, sondern haben auch die an die öffentliche Hand adressierten rechtlichen Vorgaben zu bewältigen. Als Teil der mittelständisch geprägten Wirtschaft sind sie in ihrer Region präsent, entwickeln innovative Dienstleistungen und fördern Synergien mit den Bürgern und ortsansässigen Unternehmen zu Tage.

Aktuell scheint auch die politische Ebene diese Entwicklung zu erkennen, denn nicht anders ist es zu erklären, dass gerade die Stadtwerke zu den Trägern der Energiewende ausgerufen wurden, dass es gerade die Sparkassen sind, die dem Mittelstand aus der krisenbedingten Finanzierungskrise helfen sollen, dass es gerade die öffentlichen Verkehrs- und Energieunternehmen sind, die auch in puncto Mobilität die dringend notwendige ökologische Wende anschieben sollen. Kommunale Unternehmen haben den Bewusstseinswandel vom Verwalter hin zu einem modernen Dienstleistungsunternehmen längst vollzogen. Sie haben sich über vielfältige Umstrukturierungen in einem sich stetig verändernden Umfeld erfolgreich angepasst und besetzen mittlerweile Vorreiterrollen in Sachen Nachhaltigkeit und Effizienz.

Vorreiter für eine nachhaltige Versorgungswirtschaft

Die Aussage, kommunale Unternehmen seien tendenziell innovationslos, verschließt sich nahezu vollkommen einer rationalen Faktenexegese. Als sie noch Teil der kommunalen Verwaltung waren, mag der unreflektierte Vorwurf eine gewisse Rückkopplung mit der Realität aufgewiesen haben. Doch diese Zeiten sind lange vorbei. Stadtwerke sind kleinere bis mittlere betriebswirtschaftliche Einheiten, die sich die allgemeine Wertschätzung für die mittelständische Wirtschaft mehr als verdient haben. Sie sind ein unersetzlicher Pfeiler der deutschen Volkswirtschaft.

Heutzutage sehen sich kommunale Unternehmen und insbesondere Stadtwerke rasant wandelnden rechtlichen Rahmenbedingungen ausgesetzt. Was kommunale Unternehmen früher durch die Patronage der öffentlichen Hand erhielten, müssen sie heute – mit dem Fokus auf das Gemeinwohl – durch einen nachhaltigen Wandel führen. Diese Rolle zwingt sie geradezu zu einer stetigen Erneuerung von Produkten, Strukturen und der Ausrichtung des Unternehmens. Die Stadtwerke sind Vorreiter in Sachen Nachhaltigkeit und können so Antworten geben auf steigende Energiepreise. Sie forcieren dezentrale Erzeugungs- und Versorgungspotenziale, liefern Lösungen zur Steigerung der Energieeffizienz und bieten sich als Bündnispartner bei der Implementierung grüner Energiekonzepte an. Für Letzteres eignen sie sich besonders, weil sie Synergien zwischen Stadtentwicklung und ökologisch-dezentraler Versorgung heben und Impulse in Gemeinden und Regionen setzen können. Sie entwickeln die Voraussetzungen für die Entwicklung attraktiver Wirtschaftsstandorte, lebenswerter Gemeinden und Regionen, schaffen Arbeitsplätze und halten – mehr als alle anderen – die Wertschöpfung in der Region. Auch in Bezug auf die umweltpolitischen Zielsetzungen von Landes- und Bundespolitik sind kommunale Unternehmen ein verlässlicher Partner.

Die kommunale Energieversorgungswirtschaft agiert auf liberalisierten Märkten. Sie engagiert sich mittlerweile auf allen Wertschöpfungsstufen und mit einem vielfältigen Produktportfolio – von der Exploration, über die Erzeugung bis hin zum Vertrieb. Dabei gilt es, die Wirtschaftlichkeit und Nachhaltigkeit des Ressourcenzugangs zu sichern, Erzeugungskapazitäten aufzubauen und darum, innovative Lösungen für den Vertrieb zu entwickeln. Flächendeckend versuchen kommunale Unternehmen, technische Innovationen und Neuerungen zu entwickeln, zu testen und auf die Bedürfnisse ihres Unternehmens und der Region anzupassen. Diese Entwicklung betrifft sämtliche Unternehmensbereiche – in der „Tiefe" wie in der „Breite". Bei ÖPNV, der Abfallwirtschaft und bei der Energieerzeugung kann der Bürger die Innovationssprünge direkt nachvollziehen – moderne Blockheizkraftwerke, Photovoltaik-Anlagen, Kraft-Wärme-Kopplung, die Nutzung von Biogas, Geothermie und die Elektromobilität sind nur einige Stichworte, mit denen sich die Gegenthese von kommunalen Unternehmen als Vorreitern für eine umweltfreundliche und nachhaltige Versorgungswirtschaft erhärten lässt.

Vielfältige Ebenen der Kooperation
Der Mehrwert von interkommunalen Kooperationen oder anderweitigen strategischen Bündnissen ist dabei nicht zu unterschätzen. Sie lassen sich auf unterschiedlichsten Wertschöpfungsstufen realisieren, um gemeinsam zu einer „kritischen Masse" zu kommen. Die Vorteile sind Kostendegression, höhere Finanzkraft, Risikoverteilung und Know-how-Transfer.

Eine solche Kooperationsplattform ist etwa das Stadtwerke-Forum NRW – ein Zusammenschluss überwiegend kommunaler Unternehmen aus Nordrhein-Westfalen. Als gemeinschaftliche Plattform werden zukünftige Handlungsfelder kommunaler Unternehmen in Austausch und Beratung identifiziert, um in der Folge die Wettbewerbs- und Marktfähigkeit auszubauen. Ein steter Zufluss an Ideen und innovativen Lösungen wird gesichert, um mit den sich rasant verändernden Rahmenbedingungen der Branche Schritt halten zu können. Auch im Netzwerk der Thüga werden innovative Ideen gebündelt und koordiniert. Rund 100 kommunale Unternehmen der Energie- und Wasserbranche sorgen hier mit einer gemeinsamen Plattform für ein geeignetes Innovationsmanagement.

Ein weiteres Beispiel ist Smartlab, die Innovationsgesellschaft der Stadtwerke Aachen, Duisburg und Osnabrück. Sie entwickelt und vermarktet neuartige Konzepte, Dienstleistungen und Produkte im Bereich der Smart Energy und nutzt dafür unter anderem die Erkenntnisse ihrer Partner aus Wissenschaft und Wirtschaft. In der Folge lassen sich die so arbeiteten Innovationspotentiale auch an andere Energieversorger vermarkten.

Diese kleine Auswahl an Beispielen verdeutlicht den Stellenwert von Innovation und Entwicklung für das Geschäftsfeld kommunaler Unternehmen. Denkt man an die Kampagnen großer Automobilhersteller bei der Einführung der Elektromobilität, so kommen kommunale Unternehmen hier weitgehend ohne medialen Trommelwirbel aus. Doch gerade in Bezug auf Aspekte der Nachhaltigkeit und Ökologie sind kommunale Unternehmen die Motoren für eine moderne Versorgungswirtschaft. Sie helfen den Kommunen und Bürgern dabei, ihren Lebensraum zu gestalten und geben Antworten auf die Frage, wo genau die Demarkationslinie zwischen grünen Energien und herkömmlicher Erzeugung in den Regionen verläuft.

Kommunale Unternehmen sind innovativ mit dem nötigen Augenmaß. Insbesondere Energieversorgungsunternehmen dürfen keine unzumutbaren Risiken eingehen, denn sie sind das Nervensystem der deutschen Wirtschaft. Kommunale Unternehmen bilden die Grundlage der Daseinsvorsorge, sind Partner des Mittelstandes und Garant für lebenswerte Regionen und Städte. Stetige Innovationen lassen sich auf allen Ebenen nachvollziehen. Denn nur so können Wettbewerbs- und Leistungsfähigkeit erhalten und mittelbar auch die Regionen gestärkt werden. Innovationen in kommunalen Unternehmen mögen an manchen Stellen nicht so farbenfroh und offensiv beworben werden, jedoch sind sie umso verlässlicher und dauerhafter.

4.3 Allein nicht lebensfähig? – Steuerverschwendung oder kreativer Umgang mit knappen Finanzen?

Der Bund der Steuerzahler hat im Mai 2015 ein „Schwarzbuch" zur Kommunalwirtschaft veröffentlicht. Dieser Begriff wurde vermutlich gewählt, um eine in besonderem Maße faktische und sachliche Auseinandersetzung zu insinuieren. In der Überschrift heißt es selbstbewusst „Der Bund der Steuerzahler deckt auf". Und schon stellt sich die Vorstellung investigativ recherchierender Reporter ein, die ohne jede Rücksicht auf eigene und andere Eitelkeiten mit besonderer Vehemenz und großem Eifer gesellschaftliche Missstände anprangern. Im Text spiegelt sich dieser Anspruch allerdings nicht wider. Auf immerhin zehn Seiten fällt kaum eine Zahl und kein einziges Beispiel wird genannt. Dafür heißt es umso häufiger „manche", „häufig", „viele", „einige" etc. Das Pamphlet liest sich wie eine simple Aneinanderreihung pauschaler Behauptungen, die ohne jede faktische Grundlage und ohne jeden Verweis auskommen müssen. Tatsächlich vereinigt das Dokument nahezu jedes Klischee, mit dem sich die kommunale

Wirtschaft seit Jahrzehnten auseinandersetzen muss. Diese stehen allerdings derart nackt im Raume, dass einem fast mitleidig zumute werden kann. Nun ist der Bund der Steuerzahler allerdings nicht irgendeine Institution. Er schreibt sich auf die Fahnen, die hart arbeitenden Leistungsträger der Gesellschaft zu vertreten. Und an diesem Anspruch müssen wir ihn messen. „Bei genauerem Hinsehen entpuppt sich so mancher Sauna-Tempel, Fitness-Club, Freizeitpark oder Regionalflughafen als öffentliches Unternehmen" (Bund der Steuerzahler, Schwarzbuch 2015). – Wieso bei genauerem Hinsehen? Die öffentliche Familie ist nicht dafür bekannt, Beteiligungsstrukturen zu verschleiern. Unter Sauna-Tempel, Freizeitparks bzw. Fitness-Clubs werden vermutlich die öffentlichen Bäder subsumiert. Von diesen gibt es tatsächlich einige, vor allem dort, wo kein Privater auch nur im Ansatz über ein Engagement nachdenken würde. Öffentliche Bäder sind typische Nutznießer von Verbundstrukturen im steuerlichen Querverbund. Den Bund der Steuerzahler sollte es freuen, wenn auch im ländlichen Raum ein letzter Rest Freizeitinfrastruktur erhalten wird, die Eintrittspreise sozial verträglich bleiben und dafür kein einziger Steuereuro fließt. Einen typischen Freizeitpark à la Heidepark oder Phantasialand gibt es nicht in kommunaler Hand. Über den Sinn und den Unsinn von Regionalflughäfen ließe sich am konkreten Beispiel sicher trefflich streiten. Dass sie jedoch auch öffentliche Beteiligungen aufweisen, sollte kaum überraschen. Schließlich ist die Sicherung einer angemessenen Verkehrsinfrastruktur eine der Kernaufgaben der kommunalen Daseinsvorsorge. Der Bund der Steuerzahler nennt auf zehn Seiten kein einziges Beispiel und das hat sicher seine Gründe. Man kann nur mutmaßen, dass der Flughafen Kassel-Calden angesprochen ist. Hier haben sich die optimistischen Erwartungen der öffentlichen Betreiber (Land Hessen, Landkreis Kassel, Stadt Kassel, Gemeinde Calden) bislang noch nicht erfüllt. Allerdings erscheint es deutlich verfrüht, nach nur zwei Jahren Betrieb eine endgültige Bewertung vorzunehmen.

„Auch kommunale Kinos, Reisebüros oder Weingüter sind keine Ausnahme mehr" (Bund der Steuerzahler, Schwarzbuch 2015). Doch, genau das sind sie. Das kommunale Kino in Schwedt (Oder) ist ein solcher Einzelfall und dies mit gutem Grund. Weil es nämlich das einzige Kino weit und breit in der dünn besiedelten Uckermark ist, weil es dank der betriebswirtschaftlichen Kompetenz der Technischen Werke Schwedt dennoch ohne Zuschüsse auskommt, weil Schwedt (Oder) sich als ehemaliges industrielles Zentrum gegen Abwanderung, Überalterung und den damit verbundenen Verlust an Attraktivität stemmen will und weil sich schlicht und einfach kein Privater gefunden hat. Der Bund der Steuerzahler ist auch hier der falsche Absender von Beschwerdebriefen. Denn auch hier fließt kein einziger Steuer-Euro.

Der Kritiker mag einwenden, dass das Kino in Schwedt ein griffiges Beispiel sei, weil es sich um eine demografisch besonders gebeutelte Region handelt. Deshalb möchten wir seinen Blick auf eine größere Stadt, auf Mannheim, lenken. Auch dort gibt es ein „kommunales Kino", das von der Stadt unterstützt wird. In einigen Fällen werden nur Räumlichkeiten zur Verfügung gestellt, in anderen ein kaum kostendeckender Zuschuss gewährt. Vereine und Privatpersonen bringen sich zudem ehrenamtlich mit ein. Das Kino ist sehr klein und in Räumlichkeiten der Stadt untergebracht. Es zeigt fast ausschließlich Filme, die weder in den großen privatwirtschaftlich betriebenen Kinokomplexen noch in den „Programmkinos" laufen. Kein privatwirtschaftlicher Betreiber würde den unlukrativen Betrieb dieses Kinos ermöglichen. Hier geht es um kulturelle Förderung, die nur mit ehrenamtlichem Engagement und einem kleinen kommunalen Zuschuss möglich ist.

Abgesehen von der lokalen und regionalen Tourismusförderung – unstreitig eine kommunale und regionale Kernkompetenz im Standortmarketing – konnten auch nach intensiver Recherche keine kommunalen Reisebüros aufgefunden werden. Das kommunale Weingut in Radebeul mag keine Gewinne erwirtschaften, es ist aber auch das älteste Weingut Sachsens und Teil des Tourismuskonzeptes, mit dem die traditionsreiche Industriestadt Radebeul ihren Teil vom Kuchen des boomenden Elbtaltourismus generieren will. Ohne sich zu positionieren, sei gesagt, dass erstens die Kommunen speziell in den neuen Bundesländern Erstaunliches geleistet haben in der Tourismusförderung. Angesichts der weitgehenden Deindustrialisierung der vergangenen 25 Jahre ist Tourismus heute eine Schlüsselbranche im „Osten". Die deutlichen und kontinuierlichen Zuwachsraten hätten nicht erzielt werden können, wenn die Kommunen nicht mutig in ihre weichen Standortfaktoren investiert hätten. Daher sollten fairerweise und zweitens auch solche Beweggründe in eine Beurteilung kommunalen Engagements einfließen. Drittens gilt auch hier, dass es dieses Weingut ohne das Engagement der Stadt Radebeul heute nicht mehr geben würden. Und viertens ist Radebeul ein absoluter Einzelfall.

Grundsätzlich lässt sich auch der Bund der Steuerzahler dazu verleiten, den Begriff „Staatswirtschaft" eins zu eins auf die Kommunen zu übertragen – auch dies kein Ausweis besonderer Kompetenz. Die kommunale Ebene ist keine staatliche. Die Unternehmen gehören mittelbar den Bürgern selbst und kommen ihnen direkt zugute. Dagegen haben die Bürger selbst in der übergroßen Mehrzahl der Fälle überhaupt nichts einzuwenden. „Staatswirtschaft" weckt gewollt Assoziationen an die real-sozialistische Ära in einem Teil Deutschlands. Erinnern soll dieser Begriff an Fünf-Jahrpläne, Enteignungen und Misswirtschaft. Die kommunale Familie sollte sich wehren, wenn ihre Unternehmen unter diesem Bedeutungsmuster bewusst diskreditiert werden. Schließlich ist die kommunale Wirtschaft in den neuen Bundesländern erst vor etwa einem Vierteljahrhundert wiedererwacht. Davor hat es eine kommunale Selbstverwaltung und eine im besten Sinne kommunale Daseinsvorsorge im Osten Deutschlands nicht gegeben. Entwickelt wurden diese Strukturen unter der intensiven Mithilfe der kommunalen Spitzenverbände. Westdeutsche Kommunen haben an dieser Aufbauleistung einen erheblichen Anteil. Kommunale Wirtschaft ist deshalb alles andere als ein Erbe der DDR. Und sie ist spätestens seit der Phase von Deregulierung und Privatisierung in den 1990er-Jahren auch keine träge Monopolwirtschaft mehr. Kommunale Wirtschaft steht im Wettbewerb und ist in der Regel privatrechtlich organisiert. Sie garantiert Lebensqualität vor Ort und wird den Kriterien von Effizienz und Qualität mehr als gerecht. Wäre dem nicht so, würde sie im Markt ihre Kunden verlieren. Und wenn kommunale Unternehmen an einigen Orten und in einigen Branchen die Einzigen sind, die sich engagieren, so liegt dies nicht an einer staatlich verordneten Monopolstellung, sondern daran, dass sie im Sinne des Gemeinwohlgedankens und des Daseinsvorsorgeauftrags ihre Verantwortung für die Region wahrnehmen – sich für Aufträge interessieren (müssen) für die sich mangels Profitabilität kein anderer finden würde.

Weder Subventionen noch Staat
Der Bund der Steuerzahler und andere missverstehen Kommunalwirtschaft teilweise bewusst, teilweise aus Unwissenheit noch immer als Teil der Staatswirtschaft. Als Unternehmen, die gestützt durch finanzielle Mittel der öffentlichen Hand weder dem offenen Markt noch dem freien Wettbewerb verpflichtet ist. Das Gegenteil ist der Fall. Kommunalwirtschaft befindet sich weder in einem Dickicht aus Subventionen, noch ist sie als originärer Teil der Staatswirtschaft zu verstehen. Sie ist viel weniger Staat und viel mehr Wirtschaft, als es die Kritiker wahrhaben wollen. Um nicht in einer ideologiegeprägten Schwarz-Weiß-Diskussion alten Vorurteilen zu erliegen, sollen die Begrifflichkeiten deshalb schon zu Beginn eindeutig geklärt werden.

Eine eindeutige Definition des Terminus „Staatswirtschaft" existiert nicht und so lässt er sich nahezu beliebig als Kampfbegriff missbrauchen. Er kann die gesamte Wirtschaftsleistung eines Staates meinen oder den Teil der Volkswirtschaft, der Güter oder Dienstleistungen für die Allgemeinheit anbietet und hauptsächlich durch Steuern und Abgaben finanziert wird. Da wirtschaftliche Entscheidungen hier von staatlichen Stellen getroffen werden, wohnt dem Begriff in dieser Diktion die Komponente einer staatlich gelenkten Wirtschaftsplanung inne – im Sinne einer zentral und ex ante geplanten wirtschaftlichen Koordination von Produktion, Investition, Konsum oder Distribution. Abseits dieser gesellschaftspolitischen Facette beschreibt Staatswirtschaft heute vor allem die Existenz eines staatlichen bzw. öffentlichen Sektors einer Gesamtwirtschaft, der steuer- und abgabenfinanziert Dienstleistungen und Güter aktiv zur Verfügung stellt. Der Vorwurf der Subventionsbedürftigkeit bezieht sich wohl insbesondere auf diese Ausprägung des Begriffes. Schließlich wären Subventionen in einer Planwirtschaft gar nicht zu erkennen. Sie wären kein Zuschuss, sondern als Kosten systemimmanent.

Der Terminus Kommunalwirtschaft beschreibt in der Regel die wirtschaftliche Betätigung einer Kommune, die auch von einem Privatunternehmer mit Gewinnerzielungsabsicht, im Sinne eines kaufmännischen Geschäftsbetriebs, vorgenommen werden kann. Ausgenommen wäre demnach die unmittelbare Kommunalverwaltung (vgl. Hoppe 2007, § 4 Rn. 1 ff.; Cronauge 2006, Rn. 23 ff.). Ursprünglich zählten dazu auch die kommunalen Betriebe, doch diese Phase ist längst vorüber. Heutzutage wird Kommunalwirtschaft in erster Linie in der Form kommunaler Unternehmen betrieben, häufig in einer privatrechtlichen Gesellschaftsform. Das Spektrum reicht hier von Unternehmen, an denen die Kommune ganz oder teilweise Anteile hält, bis zu solchen, die sie lediglich verwaltet. Kommunalwirtschaft folgt also privat- und marktwirtschaftlichen Grundsätzen. Die Geschäftsführung der Unternehmen obliegt nicht staatlichen Stellen. Die finanziellen Mittel sind dem Finanzkreislauf der Unternehmen zuzuordnen und stellen damit keine öffentlichen Haushaltsposten dar. Im Zuge der Privatisierung öffentlicher

Aufgaben im Rahmen der Daseinsvorsorge und der dadurch bedingten Vergesellschaftung originärer Kommunalverwaltung können kommunale Unternehmen damit unmöglich als Staatswirtschaft beschrieben werden.

Wie andere Irrtümer bzw. interessengeleitete Behauptungen rührt auch der Anwurf der Staatswirtschaft aus einer Zeit, in der Kommunalwirtschaft noch originärer Teil der Kommunalverwaltung war. Da sich die Rahmenbedingungen bis heute grundlegend geändert haben, lassen sich solch tendenziöse Assoziationen nur mit fehlender Kenntnis aktueller Zusammenhänge bzw. mangelnder Branchenexpertise erklären.

Anders sieht es aus, wenn mit Pauschalbehauptungen bewusst und wider besseren Wissens bestimmte Stereotype bedient werden sollen, um in der politischen Diskussion die Spielräume kommunalwirtschaftlicher Betätigung weiter zurückzudrängen. So sollen überkommene Vorbehalte fruchtbar gemacht werden, um komplexe Zusammenhänge und Rahmenbedingungen auf einen sich angeblich ausschließenden Gegensatz „Privatwirtschaft vs. Planwirtschaft" zu reduzieren.

Die Absichten hinter solchen Argumentationen sind ebenso durchschaubar wie simpel. Es ist der Versuch einer bewussten Diffamierung. Den politischen wie ökonomischen Akteuren im Kontext der Daseinsvorsorge kann ein hinreichendes Maß an Kenntnis und Verständnis der unternehmensrechtlichen, wettbewerblichen und ökonomischen Zusammenhänge unterstellt werden, sodass mangelnde Expertise als Auslöser für unsachgemäße Behauptungen ausscheiden muss.

Interner Kapitaltransfer zwischen Verbundunternehmen ist keine Subvention

Im Sinne eines offenen Wirtschaftssystems, nach dem eine eigenwirtschaftliche Betätigung des Staates nicht generell untersagt ist, zeigt sich das Grundgesetz wirtschaftspolitisch neutral (vgl. Maunz und Dürig, 2011, Artikel 12, Rn. 412). Dies gilt ins-

besondere für den Bereich der Daseinsvorsorge – jene wirtschaftliche Betätigung der Kommunen, die der Befriedigung öffentlicher und sozialer Bedürfnisse dient. Der rechtliche Rahmen der
Bundesrepublik und der Länder schützt nicht per se vor staatlicher Konkurrenz (BVerwGE 39, 329, 336), sondern nur vor
Ausübung und Ausnutzung monopolistischer Stellungen, in
denen privatwirtschaftliche Betätigung unmöglich wird (BGHZ
82, 375, 397). Dennoch sind der wirtschaftlichen Betätigung
des Staates und auch der Kommunalwirtschaft klare Grenzen
gesetzt. So ist das wirtschaftliche Tätigwerden der Kommunen
an landesgesetzgeberische Vorgaben gebunden. Diese beinhalten
die Pflicht zur Erfüllung eines öffentlichen Zwecks, die Wahrung
der eigenen Wirtschaftlichkeit sowie die Einhaltung des Subsi-
diaritätsprinzips, vgl. z. B. § 107 Abs. 1 GO NW, § 91 Abs. 2,
3 BbgKVerf. Flankierend postulieren manche Gemeindeordnungen neben dieser sogenannten Schrankentrias die Beachtung weiterer Pflichten. So sind vor Gründung bzw. Beteiligung an einem
kommunalen Unternehmen wirtschaftliche Chancen und Risiken für die Kommune zu validieren und mögliche Auswirkungen der kommunalwirtschaftlichen Tätigkeit auf den ansässigen
Mittelstand und die Handwerkerschaft zu überprüfen, vgl. § 107
Abs. 5 GO NW, § 92 Abs. 3 BbgKVerf.

Des Weiteren wird gerne übersehen, dass es gerade in
der Kommunalwirtschaft um die Erfüllung eines wichtigen
öffentlichen Zwecks sowie um die Befriedigung von Bedürfnissen
der Allgemeinheit geht. Diese sozialwirtschaftliche Betätigung
dient nicht nur dem originären Verfassungsauftrag, sondern auch
und vor allem dem Bürger.

Von dem Begriff der „Kommunalwirtschaft" streng zu trennen
sind Subventionen. Denn diese sind direkte oder indirekte
finanzielle Beihilfen bzw. Formen von Einkommens- oder Preis-
stützungen, durch die ein finanzieller Vorteil gewährt wird.
Darunter fallen etwa Zuschüsse, Darlehen, Bürgschaften oder
Steuerermäßigungen. Ungeachtet der Art und den sich daran

anschließenden Anforderungen der Subventionen können diese nur privatwirtschaftlichen Unternehmen zugutekommen. Die Kommunen verwenden finanzielle Mittel des öffentlichen Haushalts lediglich, um die Gründung bzw. Beteiligung an einem kommunalen Unternehmen zu gewährleisten. Den eingesetzten öffentlichen Geldern stehen Anteile am Unternehmen und damit ein existierender und veräußerbarer monetärer Wert gegenüber. Es ist schlichtweg falsch, dies als Subventionen zu bezeichnen.

Möglicherweise fußt dieser Anwurf auch in einer Missinterpretation des sogenannten steuerlichen Querverbundes. Dieser ist im Regelfall bei Stadtwerken angesiedelt und versetzt diese in die Lage, die Verluste bestimmter defizitärer Sparten (Bäder, ÖPNV) mit den Erträgen aus der Energieversorgung auszugleichen. Die hier entstehenden steuerlichen Vorteile werden von Kritikern oft fälschlicherweise als „Subventionierung" gebrandmarkt. Zwar stellt eine Erleichterung der Steuerlast eine indirekte Subventionierung dar, im kommunalen Querverbund geschieht dies jedoch nur mittelbar durch die Gewinnverwendung der rentablen Sparten. Dieses Konstrukt steht generell jedem Mehrproduktunternehmen offen. Durch den internen Kapitaltransfer und die sich daraus ergebenden Synergien und Verbundvorteile steigt die Finanzkraft der kommunalen Unternehmen, was wiederum zu sinkenden Fremdkapitalkosten führen kann. Selbst wenn man diese mittelbare Steuerersparnis als Subvention betrachtet, ist das Motiv des Gesetzgebers doch umso gewichtiger. Der Querverbund dient der Bereitstellung und Sicherung eines umfassenden Angebots an kommunalen Dienstleistungen und Gütern, die für den Bürger unerlässlich sind. Gäbe es diesen Ausgleich von Gewinnen und unabwendbaren Dauerverlusten (ÖPNV, Bäder) nicht, hätte dies die Erosion der Dienstleistungsvielfalt und Qualität zur Folge. Synergien werden im Sinne der Garantie des gesamten Produktportfolios genutzt. So werden einzelne Dienstleistungen und Produkte geschützt, die im Sinne von Gemeinwohl und Daseinsvorsorge als überragend wichtiges Gemeingut erbracht werden.

Die Dienstleistungsvielfalt der Kommunalwirtschaft betrifft dabei nicht nur das Theater und die Schwimmbäder, sondern auch die Abfall-, Wasser- und Energiewirtschaft sowie den ÖPNV.

Vor dem Hintergrund der prekären Haushaltslage der Kommunen ist es aberwitzig, gefährlich und nicht einzusehen, warum Kommunen und Bürgerschaft nur defizitäre Sparten ihrer Kommunalwirtschaft betreiben sollen und durch eine „Rosinen-Pickerei" der Privatwirtschaft dauerhaft geschwächt werden sollten.

Zusammenfassend lässt sich sagen, dass der Begriff der „subventionierten Staatswirtschaft" konturenlos und undifferenziert, mithin nicht haltbar ist. Sowohl „Staatswirtschaft" als auch „Subventionen" gehören nicht zur kommunalwirtschaftlichen Nomenklatur. Rechtliche Spielräume unter dem Stichwort „steuerlicher Querverbund" stellen keine indirekten Subventionen dar, sondern bieten lediglich die Möglichkeit eines Kapitaltransfers zwischen Verbundunternehmen.

Fazit
Kommunale Unternehmen behaupten sich hervorragend im Wettbewerb. In der Energiewirtschaft können die Bürger wählen zwischen kommunalen Stadtwerken und privaten Energiekonzernen. Dass moderne kommunale Unternehmen in diesem liberalisierten Markt erfolgreich sind, ist ein weiterer Beleg für ihr wirtschaftliches und effizientes Handeln. Wenngleich man hier noch nicht von einem fairen Wettbewerb sprechen kann. Denn durch das Gemeindewirtschaftsrecht sind kommunalen Unternehmen in einigen Bundesländern enge Schranken gesetzt.

Wir müssen endlich die ideologisch geführte Diskussion „Privat vs. Staat" überwinden. Denn sie führt in eine Sackgasse. Die Abkehr vom „öffentlich-rechtlichen Schlendrian", wenn es ihn jemals gab, ist bei modernen Unternehmen der Kommunalwirtschaft längst Realität. Wer hier noch von subventionierter Staatswirtschaft spricht, hat die Zeichen der Zeit nicht erkannt.

4.4 Versorgungsstation für verkrachte Politiker oder brotloses Ehrenamt?

Es ist ein Klassiker unter den Vorwürfen an die öffentlichen Unternehmen, dass verkrachte, unfähige, vielleicht gar korrupte Politiker des lieben Friedens willen in öffentlichen Aufsichtsräten oder anderswo entsorgt werden. Dies solle dazu dienen, jene Personen heimlich, still und leise aus der Schusslinie zu bringen und ihnen keinen Anlass zu geben, öffentlich schmutzige Wäsche zu waschen. Diese Anwürfe kommen regelmäßig aus der FDP, aus den großen Industrie- und Wirtschaftsverbänden oder auch vom Bund der Deutschen Steuerzahler. Doch auch diese Wortbeiträge bleiben regelmäßig im Ungefähren, bei pauschalen Behauptungen ohne konkreten Bezug. Grundsätzlich, und dies sei vorangestellt, sind Korruption und Nepotismus Phänomene, die sich in allen Bereichen der Gesellschaft einstellen können. Im Vergleich mit anderen Nationen sehen sich die Deutschen selbst als nicht sonderlich verführbar und gefährdet. Doch nicht zuletzt die immensen Übertreibungen der globalen Finanz- und Wirtschaftskrise haben gezeigt, dass Gier und Selbstgefälligkeit auch hierzulande vorkommen. Dagegen ankämpfen lässt sich nur mit Aufklärung, Transparenz, Bürgerbeteiligung und ja – auch mit einer effizienten strafrechtlichen Verfolgung solcher „Missetaten". Weshalb jedoch noch immer kommunale Unternehmen von interessierten Kreisen als Ankerpunkte struktureller Korruption angesehen werden, ist nicht nachzuvollziehen bzw. lässt sich nur vor dem Hintergrund eigener Absichten erklären. Oft genug ließe sich das biblische Wort vom Splitter im Auge des anderen und vom Balken im eigenen Auge zitieren. Doch es ist natürlich unangemessen simpel, sich nur mit dem Verweis auf Fehlentwicklungen andernorts zu verteidigen. Im Hinblick auf die kommunale Ebene werden immer wieder die Aufsichtsratsposten in kommunalen Unternehmen zitiert. Und an dieser Stelle kann und soll gar nicht ausgeschlossen werden, dass es in knapp 11.000 Gemeinden, etwas mehr als 2000 kreisangehörigen und über 100 kreisfreien Städten sowie in fast 300 Landkreisen in Einzelfällen auch zu Fehlbesetzungen in den kommunalen Unternehmen gekommen sein kann.

Im kommunalen Unternehmen in einen bequemen Lebensabend?

Kommunale Unternehmen, insbesondere Stadtwerke, liefern nicht nur Energie und Wärme, sondern bieten ebenso wohlige Nestwärme für ausgediente Kommunalpolitiker – solche, die es sich zwischen parteipolitischem Filz und missinterpretiertem Lokalkolorit gemütlich machen. Ist der letzte Ton auf der politischen Klaviatur verklungen, retten kommunale Unternehmen und im Besonderen die Stadtwerke den „verdienten" Lebensabend mit gut dotierten und sicheren Anstellungen. So oder so ähnlich hört sich eines der Vorurteile an, mit denen die kommunale Wirtschaft konfrontiert ist. Deren Kritiker sehen in kommunalen Unternehmen noch immer Versorgungsanstalten für ausgediente Politiker, die fortwährend dem Einfluss der Kommunalpolitik und mithin parteipolitischen Interessen ausgesetzt sind.

Mit diesem Vorwurf ist der leise Zwischenton verknüpft, dass kommunale Unternehmen in einem Pseudowettbewerb ihr Geld im Schlafe verdienen, dass sie als verlängerter Arm der Kommunen und deren Dukatenesel wirken und dass sie sich es leisten können, auch ungeeigneten Kandidaten bequeme Pöstchen zu verschaffen.

Das sind die ältesten Klischees im Märchenbuch der Privatisierungsideologen. Diese Anwürfe tauchen immer wieder auf. Einige Protagonisten des neoliberalen Laissez-faire-Staates oder auch nur interessierte Kreise tragen sie wie eine Monstranz vor sich her. Eine inhaltliche Begründung bleiben sie jedoch stets schuldig.

Eine systematische und wissenschaftliche Aufarbeitung fehlt
Soviel vorab: Eine systematische und wissenschaftliche Auseinandersetzung mit dem Thema der parteipolitischen Patronage
in kommunalen Unternehmen fehlt. Gemeinhin wird die parteipolitische Ämterpatronage in zwei Kategorien unterteilt – in
Herrschafts- und Versorgungspatronage. In beiden Fällen umfasst sie die „Abhängigkeit von Einstellung, Beförderung sowie
Abberufung von Angestellten kommunaler Unternehmen von
unzuständigen und amtsfremden Einflüssen (politischer) Personen, Verbände oder Parteien" (Eschenburg 1961, S. 10). Hierbei
ist irrelevant, von welcher Seite dieser Einfluss ausgeht.

Die Kategorie der Herrschaftspatronage verengt diesen Zusammenhang auf die Besetzung von Führungspositionen
mit Personen des eigenen Vertrauens mit dem Ziel, (partei-)
politischen Einfluss sichern und steuern zu können. Der Vorwurf,
dem die kommunale Wirtschaft regelmäßig ausgesetzt ist, betrifft
eher die zweite Facette des Begriffes. Unter Versorgungspatronage
ist die Versorgung mit einem Posten oder einer Anstellung als
Dank für bereits erbrachtes (parteipolitisches) Engagement zu
verstehen. Die Grenzen zwischen den beiden Kategorien sind
naturgegeben fließend.

Politische Versorgungspatronage in einem kommunalen
Unternehmen könnte unter Umständen die positiven Nebenef-
fekte einer optimierten politischen Steuerung, einer besseren Koordination und einer erhöhten Rückkopplung mit den legitimie-
renden kommunalen Institutionen mit sich bringen. Politisches
Gespür ist für die Leitung eines kommunalen Unternehmens
sicher nicht von Nachteil. Die andere Seite der Medaille wäre
jedoch ein möglicher Vertrauensschwund in der Bevölkerung,
eine geringere Autonomie bei wirtschaftlichen Entscheidungen, Effizienzeinbußen und ein signifikanter Anstieg der Kosten
(vgl. Röber 2001, S. 6). Allerdings befasst sich dieser Beitrag mit
kommunalen Unternehmen. Und diese stehen im Wettbewerb,

unterliegen dem Zwang, sich am Markt kontinuierlich zu positionieren und marktkonform zu agieren.

Kommunale Unternehmen sind eben kein Teil der Verwaltung oder irgendein artverwandtes Substitut, sondern in der Mehrheit der Fälle Akteure eines wirtschaftlichen Wettbewerbs. Es ist daher ein Widerspruch, kommunalen Unternehmen das Wildern in privatwirtschaftlichen Gefilden zu unterstellen und ihnen gleichzeitig eine fehlende Professionalität in ihrem Personalwesen zu attestieren. Wäre die zweite Unterstellung wahr, bräuchte man sich hinsichtlich der ersteren nicht zu sorgen.

Uns ist kein Fall bekannt

Doch nun zur Sache: Dass die Führungsetagen in kommunalen Unternehmen als Versorgungsoasen für ausgediente Kommunalpolitiker dienen, ist schlichtweg falsch. Aus unserer langjährigen Berufserfahrung ist uns kein einziger Fall bekannt, in dem ein ausgedienter Kommunalpolitiker mittels politischer Steigbügelhalter in Amt und Würden „gehievt" wurde, um damit finanziell für sein kommunalpolitisches Engagement entschädigt zu werden. Richtig ist, dass sich kommunale Unternehmen im Gegensatz zu rein privatwirtschaftlichen Unternehmen in einem diffizilen Geflecht von Steuerungen, Aufträgen und Instrumentalfunktionen bewegen. Sie orientieren sich in erhöhtem Maße an politischen und sozialen Agenden und Zielsetzungen (vgl. Röber 2001, S. 8). Diese Ausrichtung stößt jedoch schon bei gemischtwirtschaftlichen Unternehmen an ihre Grenzen. Kommunale Unternehmen müssen öffentlichen Zweck und wirtschaftliche Betätigung in Einklang bringen. Sich unter diesen komplexen Voraussetzungen an einen sich ständig wandelnden Markt anzupassen, erfordert in höchstem Maße Professionalität, Effizienz und Neutralität. Dies ist das Bild, das kommunale Unternehmen in ihrer täglichen Arbeit von sich präsentieren. Mit einem professionellen Beteiligungsmanagement setzt sich dieser Ansatz auch in der kommunalen Verwaltung fort. Alle Kommunen wissen um die Zwänge des Marktes und des Wettbewerbes, denen „ihre" Unternehmen unterliegen. Darüber hinaus haben die kommunalen Eigentümer auch ein wirtschaftliches Interesse an einer effizienten und professionellen Führung des kommunalen Unternehmens. Denn sie sind es, die am direktesten das Feedback der Bürger spüren.

Die Antwort auf den Wettbewerb lautet Professionalität und Effizienz

Neubesetzungen von Führungspositionen in kommunalen Unternehmen erfolgen mittels Ausschreibungen und der Zuhilfenahme von Personalberatungen. Die meisten Stellen werden extern vergeben – an Bewerber mit langjähriger Berufserfahrung und mit einem hohen Maß an Branchenexpertise. In den übrigen Fällen wird auf Personen aus dem eigenen Unternehmen zurückgegriffen. Eine solche Herangehensweise ist zum einen Bestandteil eines strategischen und qualitätsorientierten Personalmanagements, zum anderen entspricht sie den Vorgaben des Kommunalwirtschaftsrechts und der Corporate Governance. In den vergangenen Jahren haben sich die rechtlichen, wirtschaftlichen, steuerlichen und technischen Anforderungen an kommunale Unternehmen derart erhöht, dass eine unprofessionelle Auswahl von Führungskräften schnell auf den wirtschaftlichen Erfolg des Unternehmens zurückschlagen würde, von Haftungstatbeständen ganz zu schweigen.

Das Vorurteil der Kommunalwirtschaft als politischer Versorgungsverein weist auch einen anderen fragwürdigen Aspekt auf. Schließlich werden Mandatsträger pauschal mit Zuschreibungen verunglimpft, die in Richtung Unprofessionalität, fehlender Führungsstärke und Ineffizienz tendieren. Der Gegensatz zwischen schlampiger Politik einerseits und überragender Kompetenz in der privaten Wirtschaft andererseits wird den Realitäten vor Ort nicht ansatzweise gerecht. Unseres Erachtens spricht nichts gegen die Besetzung von Führungspositionen mit ehemaligen Kommunalpolitikern – soweit deren Eignung ausreichend anhand allgemeingültiger Kriterien geprüft wurde und deren Arbeit objektiven Kontrollmechanismen unterliegt (so auch Transparency International 2000).

Lesenswert zu diesem Thema ist die Arbeit von Philip Wettengel (2005), der sich mit Ämterpatronage in den Ministerialbürokratien der Bundesländer beschäftigt. Gerade vor dem Hintergrund einer möglichen Versorgung mit gut dotierten Posten ist diese Arbeit von hohem Interesse. Allerdings kommt auch Wettengel zu dem Ergebnis, dass selbst in den Landesministerien, wo das Licht der Öffentlichkeit nicht so grell scheint wie in der Bundeshauptstadt, ein solches Phänomen kaum ausgeprägt ist. Nach eingehender empirischer Prüfung der Stellenentwicklung in den Länderministerien konnten Stellenwachstum und ein „Aufblähen" des öffentlichen Dienstes nach Regierungswechseln nicht gemessen werden – auch dann nicht, wenn die Vorgängerregierung besonders lange im Amt war. Auch die Haushalte weisen vor Wahlen keine signifikanten Verschiebungen der Stellenkegel auf. Ämterpatronage liegt also generell nicht in einem Maße vor, wie es manche Medien glauben machen wollen.

Eine empirische Untersuchung zu Günstlingswirtschaft in kommunalen Unternehmen gibt es nicht. Aktuell ist zu beobachten, dass kommunale Unternehmen die aktuellen Herausforderungen in Bezug auf demografischen Wandel und Energiewende deutlich systematischer und professioneller angehen als viele ihrer privaten Konkurrenten. Das liegt bestimmt nicht an schlechtem Personal.

Fazit

Kommunale Unternehmen sind heute modern und vor allem effizient geführte Unternehmen. Sie leisten Daseinsvorsorge auf höchstem Niveau und erbringen damit tagtäglich essentielle Leistungen der Ver- und Entsorgung für die Bürgerinnen und Bürger vor Ort. Gerade in der Energiewirtschaft müssen sie sich im stärker werdenden Wettbewerb behaupten. Damit sind höchste Anforderungen an das Personal verbunden – vom einfachen Mitarbeiter bis in die Führungsspitze. Die Vergabe von Posten erfolgt bundesweit. Den Zuschlag für eine ausgeschriebene Position bekommt derjenige mit der besten Qualifikation. Potentielle Bewerber werden auf Herz und Nieren geprüft. Dabei kommt es an auf fachliche Qualifikation, Erfahrung, aber auch auf Führungskompetenz. Die genaue Kenntnis des kommunalpolitischen Umfeldes ist hier sicherlich ein wichtiger Faktor. Wie bei allen Unternehmen, ob privat oder kommunal, ist die Kommunikation zum Eigentümer essentiell. Vom „Ruhekissen" für ehemalige Politiker kann also nicht die Rede sein.

Gerade Kommunalpolitiker bringen oft viele wichtige Voraussetzungen für Führungspositionen in kommunalen Unternehmen mit. In der Praxis sind sie jedoch eher selten als Geschäftsführer zu finden. Vielmehr füllen sie wichtige Posten in Aufsichtsgremien oder der Gesellschafterversammlung aus, wo sie weiterhin die Interessen der Bürger, also der kommunalen Eigentümer, vertreten.

4.5 Totengräber für die Privatwirtschaft oder Impulsgeber für den regionalen Mittelstand?

Letztlich haben alle Vorurteile, denen sich die kommunale Wirtschaft gegenübersieht, eine gemeinsame Stoßrichtung. Kommunalen Unternehmen sollen Legitimität, Befähigung und Nutzen abgesprochen werden. Mussten sich Stadtwerke und andere vor der Liberalisierung vieler Versorgungsmärkte vor allen anderen mit den Zuschreibungen der Trägheit und Ineffizienz herumschlagen, erschall nach der Liberalisierung vermehrt der Vor-

wurf, durch schiere Präsenz anderen Unternehmen die Luft zum
Atmen zu nehmen. Das erscheint logisch. Schließlich hätte eine
weitere Betonung der vermeintlich fehlenden Professionalität die
Gegenfrage ergeben, weshalb gerade die Stadtwerke sich im Wett-
bewerb hervorragend behaupten und überdies noch wesentliche
Impulse für die ökologische Erneuerung der Versorgungsstrukturen bei Wärme, Gas, Strom oder auch Verkehr setzen konnten.
Da war es plausibler, der kommunalen Wirtschaft pauschal ihre
Existenzberechtigung abzusprechen – das passte zum neoliberalen Zeitgeist der 1990er-Jahre mit seinem Dogma „Privat vor
Staat". Und tatsächlich haben viele Kommunen in dieser Zeit
Anteile oder gleich ganze Unternehmen veräußert. Interessiert
haben sich dafür meist international operierende Konzerne, oft
aber auch windige Finanzdienstleister. Die Erfahrungen waren
gemischt. Wo dies noch möglich ist, versuchen viele Kommunen die Privatisierungsorgien der Vergangenheit rückgängig zu
machen. Denn gezeigt hat sich dreierlei: Kommunale Unternehmen können sich im Wettbewerb hervorragend behaupten,
mit kommunalen Unternehmen verbindet sich eine erhebliche
Gestaltungskraft und kommunale Unternehmen geben eher Impulse für den regionalen Mittelstand, als dass sie selbigen an der
Entfaltung hindern.

Entfaltungshindernis für den Mittelstand?

Von Kritikern der kommunalwirtschaftlichen Betätigung ist
immer wieder zu hören, dass kommunale Unternehmen aus
einer Monopolstellung heraus auch abseits ihrer Kerngeschäfte
in fremden Gewässern fischen und dem regionalen Mittelstand
so die Luft zum Atmen nehmen. Steuerliche Quersubventionen
oder Zuschüsse zu Gütern und Dienstleistungen täten ein Übriges, um eine effizientere und günstigere Erbringung von Leistungen durch die Privatwirtschaft zu verhindern. Die gesetzlich und
historisch determinierte Vormachtstellung kommunaler Unter-

nehmen schmälere die Erwerbschancen kleinerer und mittlerer Unternehmen und verzerre den Markt…

Allein im Verband kommunaler Unternehmen (VKU) sind derzeit 1432 Unternehmen organisiert, die 245.000 Personen beschäftigen und 8,7 Mrd. € investieren (vgl. Verband kommunaler Unternehmen 2014). In diesen Größenordnungen verbietet sich jegliche Schwarz-Weiß-Malerei und so ist ein genauerer und differenzierterer Blick auf die einzelnen Schattierungen vonnöten. Das pauschale Vorurteil eines Entfaltungshindernisses für den Mittelstand wird, soviel ist sicher, stetig und vehement von Kritikern und selbsternannten Opfern der Kommunalwirtschaft vorgetragen. Die sehr intensive Diskussion zur Neufassung des Gemeindewirtschaftsrechts in Brandenburg hatte diesen Umstand wieder eindrucksvoll unter Beweis gestellt. Es ist allerdings schwer zu ermitteln, wo der Ursprung dieser pauschalen Zuschreibung liegt.

Auch nach eingängiger Recherche war es nicht möglich, einen anlassbezogenen Auslöser zu finden. Er muss allerdings aus einer Zeit stammen, als kommunale Unternehmen noch Eigenbetriebe der Kommunen waren und noch nicht in liberalisierten Märkten agierten.

ÖPNV auf dem Land und in der Nacht – wer macht das?
Projektionsfläche dieser pauschalen Zuweisung ist der Irrglaube, dass sich mittelständische Privatwirtschaft und die als „Staatswirtschaft" missverstandenen kommunalen Unternehmen gegenseitig ausschließen würden. Praxisrelevante Fragen werden dabei geflissentlich ignoriert. Eine konstruktive Herangehensweise hingegen würde bedeuten, nicht den Gegensatz zwischen beiden Wirtschaftssegmenten zu suchen, sondern Wege zu finden, wie Mittelstand und kommunale Wirtschaft zusammenarbeiten und ihren Aufgaben angemessen gerecht werden können. Kommunale Unternehmen sind dem Gemeinwohl verpflichtet und engagieren sich deshalb auch in Bereichen, die keine zweistelligen

Zuwachsraten versprechen. Der ÖPNV ist ein passendes Beispiel: Die Privatwirtschaft wird sich für einen flächendeckenden
ÖPNV in ländlichen Regionen und zu Tagesrandzeiten kaum
interessieren. Denn er ist unter keinerlei Umständen rentabel.
Nur dann, wenn Zuschüsse fließen, werfen Private ihren Hut
in den Ring. Und wenn ein kommunales Unternehmen in einer
ostdeutschen Industriestadt ein Kino betreibt, dann nur deshalb,
weil sich für diese Aufgabe kein privater Interessent gefunden
hat. Wir kommen nicht umhin, auch politische Gründe für die
pauschale Zuweisung zu identifizieren, dass kommunale Unternehmen den Mittelstand einschränken würden. Im besten Fall ist
es Unwissenheit, oft genug aber auch bewusste Diffamierung, die
von eigenen Partikularinteressen ablenken soll. Allerdings zeigt
sich angesichts der hohen Zustimmungsraten für die kommunale
Wirtschaft, dass die Suche nach einem Sündenbock immer weniger von Erfolg gekrönt ist. Generell erfordert eine ausgewogene
Betrachtung von wirtschaftlichen Zusammenhängen, Wechsel-
wirkungen, Rahmenbedingungen und politischen Vorgaben
mehr Mühe und Sachkenntnis, als der Griff in die ideologische
Mottenkiste.

Verpflichtung auf die Daseinsvorsorge

Zunächst einmal gilt es, verschiedene Sachverhalte und Probleme auseinanderzuhalten. Dass kommunale Unternehmen
im Bereich der Daseinsvorsorge eine die Privatwirtschaft hem-
mende Monopolstellung innehaben, ist schlichtweg falsch. Sie
stehen wie alle anderen Unternehmen im Wettbewerb. Einzige
Ausnahme ist die Versorgung mit Wasser. Diese wird vom Gesetzgeber besonders geschützt, in dem Wasser nicht als handels-
übliches Produkt qualifiziert wird, sondern als Lebensmittel,
dessen sichere und hochwertige Bereitstellung oberste Priorität
hat. Kommunale Unternehmen widmen sich auch Geschäftsfeldern, die zwar artverwandt sind, dem Kernbereich der Daseinsvorsorge jedoch nicht unmittelbar zugeordnet werden können.

Zu denken wäre hier an Energieberatung, die Installation von Photovoltaik-Anlagen und Heizungssystemen, Gebäudesanierung sowie im weiteren Sinne die Elektromobilität. Möglicherweise beziehen sich Kritiker auf diesen Umstand, wenn sie der öffentlichen Wirtschaft vorwerfen, den Mittelstand zu beschränken. Allerdings lässt sich dies in der Praxis kaum nachvollziehen. Zum einen existieren zwingende kommunalrechtliche Regeln der Gemeinde- und Kommunalordnungen, die jede wirtschaftliche Betätigung der öffentlichen Hand der Schrankentrias aus Leistungsfähigkeitsbezug, öffentlichem Zweck und Subsidiarität unterwerfen. Zum anderen ist jedes Stadtwerk als Teilnehmer am Wettbewerb zu einer effizienten Bereitstellung von Gütern und Dienstleistungen der Daseinsvorsorge verpflichtet. Die Übernahme von artfremden Geschäftszweigen stellt für kommunale Unternehmen in der Regel kein lohnendes Geschäftsfeld dar. Auch kommunale Monopole bestehen schon lange nicht mehr, was mit klaren Anforderungen in puncto Effizienz, Wettbewerbsrecht und Wirtschaftlichkeit verbunden ist. Es würde im Wettbewerb sehr schnell bestraft werden, wenn sich kommunale Unternehmen Geschäftsaktivitäten widmen würden, die sie künstlich subventionieren müssten. Auch der Einwand, dass kommunale Unternehmen angesichts ihrer Größe den Mittelstand an den Rand drängen, trägt kaum. Denn er könnte jedem größeren und etablierten privatwirtschaftlichen Unternehmen ebenfalls entgegengehalten werden, worauf die vehementen Kritiker der kommunalen Wirtschaft allerdings verzichten.

Im Wettbewerb sind alle gleich
Bei einer Analyse der Finanzströme und der Investitionen kommunaler Unternehmen fällt ins Auge, dass sie vielmehr wichtige Impulse für den Mittelstand vor Ort setzen. In vielen Regionen und Gemeinden sind kommunale Unternehmen Leuchttürme, die die Wirtschaftskreisläufe vor Ort maßgeblich antreiben und in Gang halten. Zudem würden wohl kaum mittelständi-

sche Unternehmen an ihre Stelle treten, wenn es die kommunalen Versorger nicht gäbe. Die essentiellen Dienstleistungen des täglichen Lebens würden stattdessen in die Hände großer, oft multinationaler Konzerne übergehen, die sich nur bei entsprechenden Gewinnaussichten engagieren und die sich im Sinne einer Gewinnmaximierung ausschließlich auf Rentabilität und Absatzchancen konzentrieren würden. Das ist der Unterschied zur sicheren, preisgünstigen und zuverlässigen Versorgung, für die kommunale Unternehmen stehen. Man kann bezweifeln, dass mit rein privaten Versorgungsstrukturen den Bürgern vor Ort oder auch nur dem lokalen Mittelstand in irgendeiner Form geholfen wäre. Denn kommunale Unternehmen tragen wesentlich dazu bei, den Finanzkreislauf regional auszurichten, damit auch kleinere und mittlere Unternehmen profitieren können. Als Arbeitgeber, Steuerzahler, Investor und Auftraggeber haben kommunale Unternehmen einen hohen Stellenwert für die Entwicklung der Region. Und genauso werden sie auch wahrgenommen. Nach aktuellen Umfragen der Institute forsa und emnid gehören kommunale Unternehmen zu den vertrauenswürdigsten Institutionen im Land. Auch der regionale Mittelstand sieht in ihnen nicht in erster Linie Konkurrenten, sondern stabile und zuverlässige Partner. Kommunale Unternehmen leisten einen unverzichtbaren Beitrag zur Sicherung von Arbeitsplätzen, geben Impulse für die ansässige Wirtschaft, investieren in die Infrastruktur, tragen zu Prosperität und Entwicklung bei, regen den Konsum an und stützen nicht zuletzt die Vereine vor Ort durch ein intensives Sponsoring. Als tragender Teil eines steuerlichen Querverbunds helfen insbesondere die Stadtwerke dabei, die notwendigen finanziellen Mittel und Sicherheiten aufzubringen, um die bestehende Infrastruktur und die Qualität von Daseinsvorsorgeleistungen weiter auf hohem Niveau zu erhalten.

Fazit

Kommunale Unternehmen sichern direkt, indirekt und induziert Arbeits- und Ausbildungsplätze in ihren Regionen. Investitionen und Aufträge werden dabei großvolumig an die umliegenden kleineren und mittleren Unternehmen vergeben. Dies geschieht stetig. Die kommunale Wirtschaft ist damit in ihrer Gänze einer der wichtigsten Impulsgeber für den Mittelstand. Wichtig wäre es, wenn insbesondere die Kammern diese Rolle der kommunalen Wirtschaft auch anerkennen würden. Kommunale Unternehmen sind auf das Angebot und das Fachwissen des Mittelstandes vor Ort angewiesen. Umgekehrt bietet ihr Umfeld vielfältige Anknüpfungspunkte für kleinere und mittlere Unternehmen. Und nicht zuletzt erwachsen aus der regionalen Verwurzelung gemeinsame Zielorientierungen für beide Seiten. Und so ist das Meinungsbild gegenüber kommunalen Unternehmen keineswegs so radikal, wie es die Vehemenz der vorgebrachten Kritik vermuten ließe. Macht man sich die Mühe und fragt die Gewerbetreibenden selbst, so werden kommunale Unternehmen in der übergroßen Mehrzahl als kompetente Partner, zuverlässige Versorger und als regionale Auftraggeber wahrgenommen. Das ist das Schöne an den vielfältigen Irrtümern zur Kommunalwirtschaft. Sie werden nur noch von sehr wenigen geteilt.

4.6 Satte Monopolisten ohne Markt und Wettbewerb oder Wasserversorgung auf höchstem Niveau?

Pro und Contra Kommunalwirtschaft: Garant für Regionalität, Nachhaltigkeit, Wirtschaftlichkeit und Versorgungssicherheit oder aber feiste Monopolisten, die die Bürger für die eigene Ineffizienz bezahlen lassen? Die Perspektiven in dieser Auseinandersetzung haben sich in den vergangenen 20 Jahren massiv verschoben. Im Zuge der Liberalisierung konnten kòmmunale Unternehmen beweisen, dass sie im Wettbewerb nicht nur mithalten können, sondern dabei auch wichtige Impulse für eine ökologische Erneuerung setzen können. Dass kommunale Unternehmen in diesem Zuge an Vertrauen und Renommee gewonnen haben, zeigen die einschlägigen Umfragen, in denen sie regelmäßig zu den vertrauenswürdigsten Institutionen in Deutschland gezählt werden. Während jedoch bei der Energie kommunale Unternehmen mittlerweile eine hohe Akzeptanz genießen, entspinnen sich für den Bereich Wasser/Abwasser noch immer intensive Debatten um die Rolle der Kommunen und ihrer Unternehmen. Die Wasserversorgung ist ein Sonderfall im kommunalen Aufgabenportfolio. Hier besteht grundsätzlich ein natürliches Monopol, egal ob der jeweilige Anbieter nun kommunal oder privat ist. Wasser ist zudem ein elementares und somit auch hochbrisantes Element. Die Parteinahme für private oder öffentliche Verantwortung hängt dabei nicht nur von der politisch-weltanschaulichen Einstellung ab, sondern auch von der gerade diskutierten Facette des Wasserthemas.

Im Jahre 2010 entschied der Bundesgerichtshof letztinstanzlich, dass Wasserversorger der „verschärften kartellrechtlichen Missbrauchsaufsicht" unterlägen und an der Forderung des Bundeskartellamtes nach einer Absenkung der Preise beim kommunalen Versorger enwag aus Wetzlar nichts zu beanstanden sei. Das Bundeskartellamt hatte die Wetzlarer Wasserpreise zuvor als unangemessen gerügt und eine rückwirkende Reduzierung um 29 % angemahnt. Mit dem spektakulären Sieg vor dem Bundesgerichtshof in Karlsruhe konnte sich das hessische Wirtschaftsministerium als wackerer Kämpfer gegen die „Abzockermentalität" kommunaler Monopolisten feiern. Wirtschaftsminister Dieter Posch pries den Richterspruch als „großen Sieg für die Verbraucher mit Signalwirkung über Hessen hinaus".

Nur wenige Monate später triumphierte der Berliner Wassertisch über den „Ausverkauf elementarster Bedürfnisse an die private Wirtschaft und an das Streben nach Gewinnmaximierung". 1999 veräußerte das Land Berlin 49,9 % der Berliner Wasserbetriebe an ein Konsortium aus Veolia und RWE. Ziel war weniger eine Professionalisierung der Berliner Wasserwirtschaft, sondern vielmehr ein satter Privatisierungserlös – dazu gedacht, den im nicht zuletzt durch die Berliner Bankenkrise arg gebeutelten Landeshaushalt zu sanieren. Aus dem privaten Engagement folgten zumindest in Berlin keine günstigeren Preise. Obwohl mit leicht zu förderndem Wasser reich gesegnet, hatte die Stadt einen vergleichsweise hohen Wasserpreis. Grund war die hohe Kapitalverzinsung, die den privaten Investoren von Seiten des Senats zugesichert worden war. Die Zeche zu zahlen hatten damit die Wirtschaft und die Bürger. 2011 gelang es dem Berliner Wassertisch erstmals in der Berliner Geschichte, eine Initiative zu einem Volksentscheid erfolgreich zu Ende zu führen. Gefordert wurde, die Details der Teilprivatisierungsverträge offenzulegen. Nun konnte jeder nachvollziehen, welche Garantien dem privaten Konsortium gegeben wurden. Im Ergebnis ist die Teilprivatisierung der Berliner Wasserbetriebe – des größten städtischen Wasserversorgungsunternehmens in Deutschland – wieder zurückgenommen worden.

Tatsache ist, dass sich die Wasserpreise in Deutschland von Gemeinde zu Gemeinde, von Stadt zu Stadt stark unterscheiden. Nach einer Studie der Bild-Zeitung aus dem Jahre 2010 war Trinkwasser in Augsburg mit 292 € pro Jahr für einen Vierpersonenhaushalt bei einem Durchschnittsverbrauch von 180 Kubikmetern am billigsten, in Essen mit 509 € am teuersten. In Hessen divergierten die Preise nach einer von der Industrie- und Handelskammer (IHK) Frankfurt in Auftrag gegebenen Untersuchung besonders stark – um bis zu 500 %. Dies kann nur zum Teil auf topografische Besonderheiten zurückgeführt werden. Der politische Faktor lässt sich nicht immer ausschließen. Politische Preise können aber sowohl zu hoch als auch zu niedrig sein. Zum einen könnten kommunale Amts- und Mandatsträger versucht sein, über erhöhte Wassergebühren andere defizitäre Bereiche der Daseinsvorsorge querzufinanzieren. Zum anderen könnten sie mit unangemessen niedrigen Preisen für die eigene Wiederwahl werben wollen.

Im Jahr 2013 wurde bekannt, dass die Europäische Union in die Formulierung ihrer neuen Konzessionsrichtlinie auch die Wasserversorgung einschließen werde. Viele kommunale Unternehmen und viele Politiker befürchteten, dass damit eine Pflicht zur europaweiten Ausschreibung einhergehen würde. Es formierte sich die erste EU-weite Bürgerinitiative der Geschichte. 1,5 Mio. Unterschriften konnten geworben werden. Sie richteten sich explizit gegen die Ausweitung der Konzessionsrichtlinie auf Wasserversorgung und Abwasserentsorgung. Der Druck auf den französischen EU-Binnenmarkt-Kommissar Michel Barnier wurde derart massiv, dass er noch im selben Jahr die Wasserversorgung aus der Novelle der Konzessionsrichtlinie herausnahm. In Zusammenhang mit der Privatisierungsdebatte sind auch die vielfältigen Engagements in die Kritik geraten, die der schweizerische Nahrungsmittelriese Nestlé insbesondere in Entwicklungsländern und in der dortigen Wasserversorgung entfaltet.

Wasser ist ganz offenbar ein derart hohes Gut, dass sich die Gemüter daran nicht nur abkühlen, sondern auch erhitzen können. Es nimmt eine Sonderrolle im Kanon der Daseinsvorsorge ein. Denn unter wettbewerblichen, polypolistischen Strukturen lässt sich eine effiziente Versorgung nicht gewährleisten. Und wenn wir uns bislang meist mit Wettbewerbsmärkten auseinandergesetzt haben, schadet es nicht, eine etwas anders gelagerte Facette des Daseinsvorsorgekanons zu beleuchten.

Es gibt keine guten Gründe
In den vergangenen zwanzig Jahren rollte eine Privatisierungswelle durch Deutschland. Post, Telekommunikation, Energie-

wirtschaft und Eisenbahn wurden in private Hände übergeben. Ordnungspolitiker und Vertreter der Privatwirtschaft feierten die unsichtbare Hand des Marktes als einzig selig machenden Ausweg. Selbst die heftigen Verwerfungen in der Finanzindustrie und die Unfähigkeit der dortigen Akteure, diese selbst zu korrigieren, konnten die Marktgläubigen nicht von ihrer Position abbringen. Nach den jüngsten Urteilen zu überhöhten Wasserpreisen wird nun wieder von Privatisierung gesprochen. Doch was hätte der Bürger davon?

Ein besonderes Gut

Konkurrenz und Wettbewerb haben in vielen Bereichen Innovation und Wohlstand ermöglicht. Sie bilden zu Recht einen integralen Bestandteil unserer Wirtschaftsordnung. Allerdings darf bezweifelt werden, dass das pauschal vorgetragene Dogma „Privat vor Staat" immer die richtige Lösung darstellt. Auch im Fall der Wasserwirtschaft gilt, dass eine einseitige Perspektive nur bedingt den gesamten Themenkreis erhellen kann. Auch in der Wasserwirtschaft ist das voraussetzungslose Beharren auf dem Privatisierungsdogma in erster Linie einer ideologischen Borniertheit geschuldet. Denn es verkennt vollständig die besonderen Voraussetzungen dieses Mediums.

Aktuelle Verfahren und der Beschluss des Bundesgerichtshofs

Einer der Auslöser der Diskussion um die Wasserpreise war eine Preissenkungsverfügung des Bundeskartellamts gegen die Berliner Wasserbetriebe. Es verfügte im Juni 2010, dass die Preise in den kommenden Jahren um etwa 17 % gesenkt werden müssen. Auch gegen die Stadtwerke Mainz wurde ermittelt, doch das Unternehmen kam einer Anordnung durch eigenes Handeln zuvor. Die Aktivität der Kartellämter in Wasserbereich ist eine recht junge Entwicklung. Erst im Februar 2010 entschied das Bundesverfassungsgericht, dass gegen missbräuchlich überhöhte Wasserpreise vorgegangen werden dürfe. Seitdem sehen sich die rund 6200 Wasserversorger schärferen Kontrollen ausgesetzt. Sie laufen Gefahr, schmerzhaft korrigiert zu werden, wenn ihre Preise stark von denen anderer Anbieter mit vergleichbaren Rahmenbedingungen abweichen.

Grundlage des Urteils war eine Preissenkungsverfügung der Hessischen Kartellbehörde gegen die Energie- und Wassergesellschaft enwag, deren Anteile mehrheitlich von der Stadt Wetzlar gehalten werden. Das Unternehmen wurde im Jahre 2007 aufgefordert, die Preise um 29 % zu senken. Drei Jahre später wurde dieses Vorgehen in der zitierten Grundsatzentscheidung des Bundesgerichtshofes bestätigt. Allerdings scheiterte die Behörde mit der Forderung, die Preise auch rückwirkend anpassen zu lassen.

Gerichtliche Auseinandersetzungen und behördliches Vorgehen in Bezug auf die Gestaltung der Wasserpreise haben sich seitdem intensiviert – eine Entwicklung, die vermutlich weiter anhalten wird. Die Flucht in das Gebührenrecht hilft dabei nur bedingt, da kartellbehördliche Preissenkungsverfügungen auch indirekt erheblichen Druck auf die Gebühren ausüben können. Die höchstrichterliche Rechtsprechung zu Preissenkungsverfügungen wird zu einer Konkretisierung der rechtlichen Rahmenbedingungen in der Wasserwirtschaft führen. Zusätzlich werden auch die Kartellbehörden ihre Expertise vertiefen, was einhergeht mit der Zunahme von statistischem Datenmaterial sowie einer wachsenden Regulierungstiefe. Schon jetzt ist aus den Verfahren deutlich herauszulesen, dass die Beweislastumkehr die Wasserversorger vor gewaltige Herausforderungen stellt, die nicht selten die gerichtlichen Auseinandersetzungen zu ihren Ungunsten ausfallen lassen. Das BGH-Urteil fordert eine ausführliche Dokumentation, aus der sich substanziell ableiten lässt, dass die Versorgungsunternehmen nicht von einer Überhöhung der Preise profitiert hätten und dass die Kosten daher höher sein müssten als bei anderen Wasserversorgern. Diese Kosten wiederum müssten aus Gründen resultieren, die nicht den Wasserversorgern zuzurechnen sind – etwa aus der topografischen Lage oder der geografischen Situation.

Diese werden jedoch nur insoweit in Anrechnung gebracht, als sie auch bei effizienter und rationeller Betriebsführung entstanden wären. Die Kartellbehörden stehen wiederum in der Pflicht, die Vergleichbarkeit der Wasserversorger und ihrer wirtschaftlichen Rahmenbedingungen darzulegen. Die kommunalen Wasserversorger sind deshalb seit langem um Transparenz bemüht, vergleichen überregional ihre Preise bzw. kalkulatorischen Ansätze und können nachweisen, daß bei Preisen und Gebühren alles mit „rechten Dingen" zugeht. Im Falle einer Erhöhung der Wasserpreise werden schon seit geraumer Zeit Preiskalkulationen und interne Kosten intensiv durchgerechnet. Auf dieser Basis werden schlüssige Datensammlungen zusammengestellt. Zwar kann kein Wasserversorger verpflichtet werden, Preise zu erheben, die nicht kostendeckend sind. Jedoch muss der Versorger in diesem Fall sämtliche Möglichkeiten der Effizienzsteigerung ergriffen haben. Diese Vorgehensweise ist das Extrakt der BGH-Entscheidung für die alltägliche Praxis der Wasserversorger. Die gerichtlichen Entscheidungen betreffen allerdings lediglich die Preisbildung und expressis verbis nicht den Ordnungsrahmen der Wasserversorgungswirtschaft. Daher eignen sich diese Fälle kaum als stichhaltige Argumente für eine Privatisierungsdebatte. Der Schluss vom Preis auf den Ordnungsrahmen hinkt und wird zu pauschal gezogen, wie nicht zuletzt der Vergleich mit anderen liquiden Medien zeigt.

Argumentation der Privatisierungsbefürworter

Die Vorkämpfer einer Privatisierung führen zumeist zwei wesentliche Argumente ins Feld: Auf der einen Seite beziehen sie sich auf einen klaren ordnungspolitischen Rahmen, der Machtkonzentration verhindern soll. So heißt es, dass die regionalen Monopole der ansässigen kommunalen Versorger dazu missbraucht würden, die Preise unangemessen zu erhöhen. Daneben zielt die Kritik auf eine vermeintliche Ineffizienz kommunaler Versorger. Effizienzsteigerungen ließen sich demnach nur durch die Kräfte des Marktes realisieren. Die Produktivitätssteigerungen sollen vor allem durch zentralere Strukturen realisiert werden. Die Planung soll vereinheitlicht, die Anzahl der Wasserwerke reduziert und die Vergabe von Aufträgen überregional organisiert werden. So könnten auch die Kundenorientierung verbessert und die Qualitätsstandards angehoben werden. Im Ergebnis ließen sich Wasserpreise senken und die Versorgungsqualität verbessern.

Warum eine Privatisierung in der Regel keinen Sinn macht
Diskutiert man allerdings die spezifischen Aspekte der Wasserversorgung in ihrer Tiefe und berücksichtigt dabei die Besonderheiten des Mediums Wasser, so erweist sich Privatisierung als Pseudoalternative. Letztlich ist das Wirtschaftsgut Wasser nicht vergleichbar mit Strom oder Gas. Während letztere weitestgehend homogen sind, weißt Wasser deutliche Unterschiede in der biologischen und chemischen Zusammensetzung auf. Deswegen können mehrere Wettbewerber mit unterschiedlichen Quellen kein gemeinsames Netz nutzen ohne gegen Hygienevorschriften zu verstoßen. Darüber hinaus lässt sich Trinkwasser nicht ohne Qualitätseinbußen über größere Distanzen verteilen und transportieren. Eine örtliche Wasserversorgung ist daher zwingend notwendig.

Übliche Effizienzsteigerungen allein durch Skaleneffekte können unter diesen Umständen nur bedingt generiert werden. Kosteneinsparungen ließen sich oft nur zu Lasten der Qualität realisieren. Es wird schwer werden bei einem verhältnismäßig kleinen Versorgungsgebiet und begrenzten Einsparmöglichkeiten ausreichend private Anbieter zu finden, um den Wettbewerb zu gewährleisten. Vielmehr ist davon auszugehen, dass das staatliche Monopol lediglich durch ein privates abgelöst wird. Das unter diesen Umständen noch Preissenkungen zustande kommen, darf bezweifelt werden. Selbst bei theoretisch vorhandenem Wettbewerb in einem Versorgungsgebiet wären Kunden aufgrund der Struktur des Marktes vertraglich langfristig an ein Unternehmen gebunden. An der aktuellen Marktstruktur würde sich daher in den seltensten Fällen etwas ändern.

Die Verbraucher werden im Rahmen dieser sehr theoretischen Debatte offenbar kaum zu Rate gezogen. Denn sie – das zeigen alle Studien – sagen, dass sie mit ihren Wasserversorgern zufrieden sind und hohes Vertrauen in die kommunalen Unternehmen setzen. Über 90 % der Befragten gaben an, zufrieden mit der Qualität ihres Leitungswassers zu sein. 86 % halten es sogar für das sauberste in Europa. Diese Zahlen geben wenig Anlass für eine Veränderung des aktuellen Systems. Gleiches gilt für die Diskussion über die Preise. 77 % der Verbraucher halten die Wasserpreise für günstig bis angemessen. Kaum eine andere Branche erzielt solche Top-Werte. Vor diesem Hintergrund verwundert es kaum, dass sich fast 75 % der Bürger zufrieden oder sehr zufrieden mit ihren Versorgungsunternehmen zeigen (vgl. Verband kommunaler Unternehmen 2012).

Besonders skurril wirkt die Debatte mit Blick auf die Neuen Bundesländer. In der ehemaligen DDR war die Wasserversorgung in 16 zentral geleiteten volkseigenen Betrieben organisiert. Nach der Wende wurden sie zunächst in Kapitalgesellschaften umgewandelt, um wenig später zerschlagen zu werden. Die Aufgabe der Versorgung wurde, wie im Westen üblich, den Kommunen übertragen. Dieses im Vergleich aufwändigere Versorgungssystem wurde u. a. mit Bürger- und Ortsnähe, Effizienzsteigerungen und höherer Qualität dezentraler Strukturen gerechtfertigt – alles Argumente, die heute für eine Privatisierung und Zentralisierung sprechen sollen. Es ist daher nachvollziehbar, wenn die Debatte bei kommunalen Entscheidern auf wenig Verständnis stößt.

Irrwege marktwirtschaftlicher Strukturen

Ein Beispiel kann zeigen, dass anerkannte marktwirtschaftliche Regeln nicht immer zu den bestmöglichen Ergebnissen führen. Im Zuge der forcierten Klima- und Umweltschutzdebatte seit Mitte des letzten Jahrzehnts sind Effizienzsteigerungen in aller

Munde. Auch im Zuge der Energiewende erklärten vor allem die Umweltminister Einsparungen von Energie zu einem Kernelement der Konzepte der Bundesregierung. Denn damit werde nicht nur Geld gespart, sondern auch die Umwelt geschützt. Aus der gleichen Argumentation heraus versuchen viele Deutsche, ihren Wasserverbrauch zu reduzieren. Dieses marktwirtschaftlich rationale Verhalten führt allerdings nicht zum gewünschten Ergebnis. Im Gegenteil: Durch den gesunkenen Verbrauch kommt es zu einer höheren Wasserrechnung.

Was auf den ersten Blick unlogisch erscheint, ergibt hinsichtlich der Kostenstruktur durchaus Sinn. Weniger als 20 % des Rechnungsbetrags ergibt sich tatsächlich aus dem verbrauchten Wasser. Allein 80 % des Preises werden zur Finanzierung der Betriebskosten herangezogen. Diese steigen überproportional an, je weniger Wasser durch die Leitungen fließt. Die geringe Durchspülung kann dazu führen, dass die Leitungen verkeimen oder korrodieren und damit höhere Kosten in der Wartung verursachen.

Zur Wahrheit gehört auch, dass nicht nur die Sparsamkeit der Verbraucher, sondern auch der demografische Wandel seine Spuren hinterlässt. Um trotz rückläufiger Nachfrage kostendeckend zu arbeiten, sind die Wasserversorger gezwungen, ihre Preise zu erhöhen. Der Verbraucher reagiert darauf mit weiteren Einsparungen. So führt selbst gut gemeintes marktwirtschaftliches Verhalten der Verbraucher nicht immer zu einem Nutzen für die Gemeinschaft. Gerade die Wasserwirtschaft gehorcht an vielen Stellen nur eingeschränkt den Regeln von Angebot und Nachfrage. Auch dies ist ein starkes Argument gegen die Privatisierung.

Das System funktioniert

Bestrebungen zur Privatisierung der Wasserwirtschaft machen nicht nur keinen Sinn, sie widersprechen den Zielsetzungen einer vollständigen und effizienten Versorgung. Die aktuellen Preissenkungsverfügungen der Kartellämter zeigen deutlich, dass das staatliche Kontrollsystem funktioniert und unangemessene Preissteigerungen verhindert werden können. Überhöhte Preise werden von den Kontrollstrukturen aufgedeckt und korrigiert.

Neben dem Instrument der staatlichen Preiskontrollen steht es den Versorgungsunternehmen offen, freiwillig Möglichkeiten zur Effizienzsteigerung zu ergreifen. Vor allem auf EU-Ebene wird die Kooperation mit privaten und öffentlichen Partnern forciert. Durch stärkere Einbindung von Privatunternehmen oder durch interkommunale Kooperationen können Effizienzpotenziale gehoben werden. Dies wird in einigen Kommunen bereits praktiziert. Statt sich in ideologischen Systemdiskussionen zu verlieren, wird hier an zukunftsweisenden Lösungen gearbeitet, die dem Verbraucher auch weiterhin eine sichere und hochwertige Wasserversorgung garantieren.

Hohe Qualität und Versorgungssicherheit zu angemessenen Entgelten

Trotz vieler Vorstöße hat sich bislang weder auf nationaler noch auf europäischer Ebene eine politische Mehrheit für eine Liberalisierung der Wasserver- und Abwasserentsorgung gefunden. Vielmehr entscheiden die Gemeinden selbst, wie die Trinkwasserversorgung und Abwasserentsorgung zum Wohl der Bürger vor Ort ausgestaltet und organisiert werden. Die Verantwortung auf kommunaler Ebene hat den Vorteil, dass bei strategischen Entscheidungen demokratisch legitimierte Organe einbezogen werden. Die Bürger sind somit mittelbar an der Organisation der Trinkwasserversorgung und Abwasserentsorgung beteiligt. Als natürliche Monopole unterliegen die Entgelte neben der direkten kommunalen noch zusätzlich einer externen Kontrolle durch Behörden und Gerichte. Die Interessen der Verbraucher sind folglich sowohl bei Gebühren als auch bei Preisen in jeweils eigenständigen Kontrollmodellen gewahrt.

Der beste Beweis dafür, dass die Wasserver- und Abwasserentsorgung in kommunalen Händen am besten aufgehoben sind,

sind die Sicherheit und die hohe Qualität zu angemessenen Entgelten. Erfahrungen aus anderen Ländern verdeutlichen, dass weder Privatisierung, noch ein verstärkter Ausschreibungswettbewerb um Versorgungsgebiete, noch eine Anreizregulierung Vorteile in Preis- und Versorgungsqualität erbringen. Im Gegenteil: Während beispielsweise die regulierte Wasserwirtschaft in England Schlagzeilen macht mit Versorgungsengpässen und einem erheblichen Investitionsstau in den Verteilnetzen, profitieren die Verbraucher in Deutschland von der Leistungsstärke der kommunalen Strukturen. Wasserverluste und längere Versorgungsunterbrechungen sind durch eine kontinuierliche ständige Optimierung der Technik und der Prozesse minimiert. Dadurch können die kommunalen Ver- und Entsorger Preise und Gebühren seit vielen Jahren überwiegend unter der allgemeinen Preissteigerungsrate halten. Die Modernisierungs- und Innovationsfähigkeit der kommunalen Wasserwirtschaft ist somit Garant für die Nachhaltigkeit im Sinne der Daseinsvorsorge und ermöglicht durch die notwendigen Infrastrukturen für Neubausiedlungen, Gewerbe- und Industrieansiedlungen überhaupt erst eine lokale Wirtschaftsentwicklung.

Verbraucher zeigen sich zufrieden
Diese Vorteile wissen auch die Verbraucher zu schätzen. 90 % der deutschen Verbraucher sind mit der Qualität ihres Leitungswassers zufrieden und mehr als 77 % finden die Kosten für Wasser preiswert bis angemessen. Frisches Trinkwasser aus der Leitung kostet deutlich weniger als einen Cent pro Liter und ist damit sicherlich das günstigste Lebensmittel[3] in Deutschland.

Damit die kommunale Wasserwirtschaft weiterhin Qualität, Versorgungssicherheit und ein gutes Preis-Leistungsverhältnis ge-

---

[3] Wasser gilt zu Recht als existentielles Lebensmittel und nicht als beliebiges Konsumgut, dessen Qualität durch Angebot und Nachfrage oder Überlegungen zur Preisgestaltung im Kontext mit der Güte des Produkts beeinflusst werden kann.

währleisten kann, braucht sie einen Ordnungsrahmen, der die kommunale Organisationsfreiheit auch zukünftig anerkennt. Jegliche Bestrebungen, durch eine Verschärfung des Wettbewerbs- und insbesondere des Vergaberechts, die Wasserwirtschaft durch die „Hintertür" doch noch zu liberalisieren, müssen zurückgewiesen werden. Kommunale Verantwortung und kommunale Dienstleistungserbringung sind für die Bürger Garanten bei der Versorgung mit ihrem wichtigsten Lebensmittel und einer umweltgerechten Entsorgung. Die kommunalen Strukturen der Wasserwirtschaft dürfen daher nicht ausgehöhlt werden.

4.7 Privilegien durch Traumkredite oder gefesselt in regulatorischen Finanzierungsvorgaben?

Wenn kommunale Unternehmen auch im Wettbewerb funktionieren, wenn sie dabei sogar Trends setzen, wenn sie nicht – wie von neoliberalen Auguren vorhergesagt – in liberalisierten Märkten untergehen, wenn Stadtwerke und Sparkassen trotz der regelmäßig unterstellten Defizite in Umfragen deutlich besser abschneiden als die Riesen der Energie- und Finanzindustrie, dann kann das nicht mit rechten Dingen zugehen. Weil nicht sein kann, was in einer marktliberalen, privaten Partikularinteressen verfallenen Ideologie nicht vorgesehen ist. Und so zeigt sich auch die IHK des Saarlandes bzw. deren Hauptgeschäftsführer Volker Giersch überzeugt, dass die „Expansionserfolge kommunaler Unternehmen überwiegend durch künstliche Wettbewerbsvorteile genährt werden" (Giersch 2015). Es sei zwar zumindest theoretisch denkbar, dass ein Unternehmen in Staatshand ähnlich erfolgreich geführt werden könne wie eines in privater Hand. In der Praxis gäbe es dafür jedoch kaum Belege. Trotz der vielfältigen Erfolge kommunaler Unternehmen bei der Bewältigung von Energiewende und demografischem Wandel erscheint es der IHK Saarland angemessen, in konzilianter, gönnerhafter Attitüde gewisse grundlegende Fähigkeiten zuzugestehen, gleichzeitig aber die natur- oder gottgegebene Überlegenheit der privaten Wirtschaft zu formulieren. Mit welcher Begründung eigentlich? „Privat vor Staat" reicht Giersch als Dogma aus. Glaubensgrundsätze werden formuliert, um daran zu glauben. Sie intellektuell herzuleiten, könnte Zweifel und Widerspruch provozieren. Es ist immer einfacher, absolute Wahrheiten zu formulieren.

Eingangs behauptet Giersch, dass 80(!) Prozent der kommunalwirtschaftlichen Leistungen nicht der Daseinsvorsorge zuzurechnen sind, verrät aber an keiner Stelle, wie er auf diese vollkommen realitätsferne Zahl kommt. In jedem Fall würden kommunale Unternehmen den privaten Mittelstand an seiner Entfaltung hindern. Und in der Lage dazu seien sie nur deshalb, weil ihnen vielfältige unfaire Wettbewerbsvorteile zugutekämen – soweit die pauschalen Behauptungen.

Unfairer Vorteil?
Die Teilnahme und Teilhabe kommunaler Unternehmen am marktwirtschaftlichen Geschehen wird von Teilen der Privatwirtschaft seit langer Zeit kritisch gesehen. Als Anknüpfungspunkt wird meist schlagwortartig der Verstoß gegen die Wettbewerbsneutralität angeführt. Diese Verstöße sollen sich neben der Bewirtschaftung lukrativer Geschäftsfelder auch im Bereich der Finanzierung abbilden, heißt es. Sobald sich eine oder mehrere Kommunen unabhängig von dessen Rechtsform an einem Unternehmen beteiligen, entstünde ein unmittelbarer Vorteil bei der Beschaffung von Kapital.

Nie versiegende Finanzquellen?
Kommunen als solche sind insolvenzfest und daher für Banken auf den ersten Blick attraktive Kreditnehmer. Ein Ausfallrisiko für Finanzierungen ist faktisch nicht vorhanden. Leistet ein Kredit-

institut eine Finanzierung muss es deshalb nach § 10 Kreditwesengesetz weniger Eigenmittelausstattung hinterlegen bzw. vorweisen. Dies wiederum führt zu geringeren Kosten auf Seiten des Kreditinstituts. Dieser Vorteil kann an den Kreditnehmer weitergegeben werden. Allerdings gilt dies nur für Kommunen. Es zeigt einen fatalen Denkfehler, diesen Sachverhalt automatisch auf kommunale Unternehmen zu übertragen und zu vermuten, dass kommunale Unternehmen von einem Zinssatz profitieren, der typischerweise nicht privaten Marktteilnehmern angeboten werden könnte. Bis zum Jahr 2007 wurden die Eigenmittelanforderungen an Kreditinstitute durch den „Grundsatz I" geregelt, welcher im Kontext der Rahmenvereinbarung „Basel II" einer Überarbeitung bedurfte. In der Solvabilitätsverordnung wurde die angemessene Eigenmittelausstattung von Kreditinstituten internationalen Regelungen konform gesetzlich verankert. Seitdem müssen Kreditinstitute Eigenkapital risikobasiert für eine Vergabe von Krediten bereithalten. Auch kommunale Unternehmen sind hiervon betroffen und werden in die Risikobewertung mit einbezogen.

Möglicherweise verleiten die wenigen Bürgschaften der öffentlichen Hand zu dem Fehlschluss, öffentliche Unternehmen würden in den Genuss einer nie versiegenden, selbstlosen und unkomplizierten Finanzierung kommen. Hier sei an dieser Stelle die Finanzierung der Nürburgring GmbH durch das Land Rheinland-Pfalz genannt. Dieses Beispiel macht jedoch auch deutlich, dass staatliche Beihilfen eben nicht in unbegrenzter Weise und ohne jegliche Hindernisse getätigt werden können. Die Europäische Kommission untersuchte vor einigen Monaten, ob die Finanzierungsmaßnahmen mit dem europäischen Beihilferecht vereinbar sind. Es bestanden erhebliche Zweifel, dass diese Zuweisungen zu marktüblichen Konditionen gewährt wurden. Ermittelt wurde letztlich ein Verstoß gegen das EU-Beihilferecht.

Aber auch in anderen Fällen, wie zum Beispiel beim Bau des Flughafens Berlin-Brandenburg, mag der Anschein entstehen, dass Finanzierungen grenzenlos vom Staat übernommen werden. Diese Beispiele – Nürburgring und BER – sind aber eben nicht auf kommunaler Ebene angesiedelt. Kommunen und ihre Unternehmen können offenbar besser mit Bürgergeld umgehen als Bund oder Länder. Festzuhalten bleibt aber, dass kommunale Unternehmen nicht in diese Kategorie fallen und nicht mit unbegrenzten Finanzmitteln ausgestattet sind.

Differenzierung nach der Rechtsform
Bei aller Kritik an manchen öffentlichen Fehlinvestitionen muss dennoch zwischen den Ebenen der Gesellschafter und der Gesellschaft differenziert werden. Gleiches gilt hinsichtlich der Rechtsform. Kommunale Unternehmen firmieren im Regelfall entweder als Gesellschaft mit beschränkter Haftung oder als Aktiengesellschaft. In der Praxis eher selten anzutreffen sind öffentlich-rechtliche Rechtsformen. In der übergroßen Mehrheit der Fälle gilt also das Prinzip der Trennung zwischen Gesellschafter und Gesellschaft.

Jede Art von Vorteilsgewährung der öffentlichen Hand an andere juristische Personen unterfällt dem Regime des Gemeinschaftsrechts. Aus einem unionsrechtlichen Blickwinkel betrachtet, liegt immer dann eine Beihilfe vor, wenn die Gewährung staatlicher Mittel an Dritte geeignet ist, den Wettbewerb zu verfälschen oder eine Wettbewerbsverfälschung zumindest zu ermöglichen. Dies wäre dann gegeben, wenn Kommunen Finanzierungen und Kapital zu gleichen Konditionen an ihre Gesellschaften weitergäben, wie sie sie ihrerseits erhalten haben. Doch auch Kommunen sind an Recht und Gesetz gebunden, müssen kommunalrechtliche und gemeinschaftsrechtliche Vorgaben sowie das Beihilferecht beachten und einhalten. Dies bedeutet, dass Finanzierungen nur zu marktüblichen Bedingungen gewährt werden können, womit die vermutete Übervorteilung der kommunalen Wirtschaft hinfällig wird.

Etwas anders verhält es sich bei den wenigen Anstalten des öffentlichen Rechts. Hier besteht eine vollumfängliche

Gewährträgerhaftung der Kommune. Im Haftungsfall hat die Kommune für die Verbindlichkeiten dieser Anstalt subsidiär zu haften. Kritiker sehen darin eine unangemessene Begünstigung dieser Unternehmensform. Anstalten des öffentlichen Rechts sind allerdings mit hoheitlichen Aufgaben ausgestattet, erheben hierfür Abgaben und Gebühren und unterliegen dem Deckungsprinzip der Aufgabenwahrnehmung. Es sind gerade die engen rechtlichen Fesseln, die diese Unternehmensform eher unattraktiv für die kommunale Wirtschaft erscheinen lassen. Zudem verbieten alle Kommunal- und Gemeindeordnungen Kommunen und Kommunalverbänden Beteiligungen in unbegrenzter Höhe. Folge ist, dass die überragende Mehrzahl aller kommunalen Unternehmen in einer Rechtsform firmiert, die eine Haftung der Gesellschaft bzw. der Gesellschafter in irgendeiner Art und Weise begrenzt. Die GmbH ist die mit deutlichem Abstand am häufigsten anzutreffende Rechtsform kommunaler Unternehmens. Die begrenzte Haftung lässt sich hier schon am Namen ablesen.

Ausgleich etwaiger Vorteile
Kommunen haben bei den Rechtsbeziehungen zu kommunalen Beteiligungsunternehmen zwingend das Beihilferecht zu beachten. Die hierfür einschlägigen Vorschriften wurden in den vergangenen Jahren deutlich verschärft und detailliert konturiert. An diesem Rechtsregime muss sich eine Kommune messen lassen – mit schwerwiegenden Auswirkungen auf Finanzierungen und Finanzinstrumente im kommunalen Bereich. Wird ein kommunales Unternehmen in der Rechtsform einer GmbH betrieben, so ist die Haftung durch die Stammeinlage beschränkt. Dementsprechend ist das Kreditrisiko dieses Unternehmens zu bewerten. Möchte das Unternehmen bei seinen kommunalen Gesellschaftern ein Darlehen aufnehmen, so muss die Kommune je nach Höhe des Darlehens gegebenenfalls ein Notifizierungsverfahren durchführen. Dieses stellt sicher, dass der gewährte Vorteil

markttypisch ist und keine ungerechtfertigte Wettbewerbsverzerrung vorliegt.

Begehrt ein kommunales Unternehmen dagegen eine Bürgschaft, so hat es eine Avalprovision als Ausgleich zu zahlen. Die Avalprovision soll als „marktübliches Entgelt" gerade diesen Vorteil im Sinne des Beihilferechts ausgleichen und somit einer Wettbewerbsverzerrung entgegenwirken. Dieser Grundsatz gilt nicht nur für die kommunale Wirtschaft sondern auch für jedes Privatunternehmen, das staatliche Bürgschaften in Anspruch nehmen möchte. Auch die Höhe einer Avalprovision wird durch das Beihilferecht geregelt. Die Bestimmung marktüblicher Sätze gestaltet sich oftmals schwierig, jedoch gibt es feste Elemente, die bei der Berechnung immer zu berücksichtigen sind. Hierzu gehört auch das individuelle Ausfallrisiko, welches sich angemessen widerspiegeln muss. Pauschal festgesetzte Prozentsätze können deshalb keine Anwendung finden, weil das Ausfallrisiko individuell und abhängig von Faktoren wie dem Zinssatz, dem Verwendungszweck und der finanziellen Situation des Kreditnehmers ist.

Eine kommunale Bürgschaft darf zudem nur noch maximal 80 % der Darlehenssumme abdecken. Eine Ausnahme für eine hundertprozentige Abdeckung stellen lediglich die Bereiche dauerhaft defizitärer Daseinsvorsorge dar und dies nur, soweit der Vorteil auf andere Weise abgesichert ist. Ein eventuell bestehender finanzieller Vorteil durch eine günstigere Finanzierung wird somit ausgeschlossen bzw. kompensiert. Gerade weil sich Kreditinstitute des Ausfallrisikos bei kommunalen Unternehmen bewusst sind, erfolgt auch eine Bewertung der Bonität des Unternehmens. Zudem stehen die Banken Kommunalbürgschaften sehr zurückhaltend gegenüber, da die beihilferechtlichen Risiken fatale Folgen mit sich bringen können; so kann ein kommunales Unternehmen zu Rückforderungen verpflichtet werden, wenn Verstöße gegen das Beihilferecht vorliegen. Kommunale Unternehmen können also keinesfalls leichter oder günstiger Kredite aufnehmen als Privatunternehmen. Konkret bedeutet dies, dass ein durch die Gesellschafter gewährter Vorteil marktangemessen sein muss. Bei den typischen Formen der Fremdfinanzierung, Darlehen und Bürgschaft, ist deshalb die Einhaltung der genannten Regelungsregime zu beachten.

Es kommt deshalb einer unzulässigen Verkürzung gleich, wenn eine Risikoübernahme einer Kommune, etwa durch eine selbstschuldnerische Bürgschaft oder Gewährträgerhaftung, mit einer wettbewerbsgefährdenden Risikoentlastung gleichgesetzt wird. Und bei der großen Mehrzahl kommunaler Unternehmen greift eh das Beihilferecht, da diese als Aktiengesellschaften oder als GmbH firmieren.

Finanzierungsmodelle breiter ausfächern

Eine aus Sicht privatwirtschaftlicher Konkurrenten begünstigende Gewährträgerhaftung für eine Anstalt des öffentlichen Rechts liegt in den seltensten Fällen vor. Wo sie vorliegt, gibt es keinen Raum für eine Bewirtschaftung durch private Anbieter. Schließlich befinden wir uns hier in einem dauerhaft defizitären Marktumfeld, für das private Unternehmen aus Renditeerwägungen keinerlei Interesse aufbringen. Dieser Vergleich muss daher als unangebracht verworfen werden. Des Weiteren verbieten Kommunal- und Gemeindeordnungen eine Haftung der Kommunen in unbegrenzter Höhe. Dies wiederum hat die direkte Folge, dass kommunale Unternehmen in der überwiegenden Mehrzahl die Rechtsform der GmbH wählen. Genau wie für Aktiengesellschaften ist das Beihilferecht hier eindeutig verfasst. Es verbietet jegliche Art der Begünstigung und der Wettbewerbsverzerrung.

Die Kreditvergabepraxis hat sich an eine Nullgewichtung öffentlicher Kredit- und Finanzierungsgeschäfte angepasst. Kreditinstitute werden, soweit sie es nicht schon getan haben, ihre Vergabepraxis ändern und an den rechtlichen Rahmen und die Finanzierungskosten anpassen. Die öffentliche Hand wird zwar weiterhin Kommunalfinanzierung betreiben und gestalten – Kommunen müssen jedoch mittel- und langfristig ihr Beteiligungs- und Finanzmanagement auf breitere Säulen stellen. So sind vor allem alternative Finanzierungsinstrumente auf ihre Praktikabilität hin zu untersuchen. Die prekäre Finanzsituation vieler Kommunen sowie die Staatsschuldenkrise tun ihr Übriges und können zu einer Novelle der Bankenregulierung führen. Kommunen sollten dies vorab beachten und ihre Kommunikation mit dem jeweiligen Kreditinstitut anpassen.

Fazit
Richtig ist, dass die meisten Stadtwerke über eine gute Bonität verfügen, unter anderem weil ihr Geschäftsmodell vergleichsweise wenig konjunkturabhängig ist. In den meisten Fällen ist der Mehrheitseigner eines kommunalen Energieversorgers eine öffentliche Gebietskörperschaft, was die Bonität heben kann. Falsch ist, dass kommunale Unternehmen allein deshalb bessere Kreditkonditionen bekommen als andere. Warum? Eine Vergabe von Finanzhilfen seitens der Kommunen an die Unternehmen ist europarechtlich verboten. Zusätzlich gibt es Rahmenbedingungen wie BASEL II, die auf die Bonität des Kreditnehmers abstellen, also des Energieversorgers und nicht des Anteilseigners, der Kommune. Die wettbewerbsrechtliche Neutralität ist damit sichergestellt.

4.8 Beamtenmentalität oder Abenteuerlust?

Bedenkenträgertum, fehlende Risikobereitschaft, stupide Routine zwischen Neun und Fünf, kaum Ideen, Service von oben herab. „Sie sind ineffizient, unmotiviert und überbezahlt. Sie sind da wo sie sind, weil sie es mit ihrer Arbeitseinstellung woanders nicht geschafft hätten." Es gibt kaum eine Berufsgruppe, über die es so viele Vorurteile gibt: Beamte.

Obgleich Mitarbeiter kommunaler Unternehmen in der absoluten Mehrzahl der Fälle in einem Angestelltenverhältnis agieren, wird auch ihnen noch von interessierter Seite Beamtenmentalität unterstellt. Allerdings zeigen sich auch Widersprüche zu anderen Unterstellungen. Wie etwa können derart lahme Gesellen der privaten Wirtschaft die Luft zum Atmen nehmen? Oder warum stürzen sich angeblich übervorsichtige, fantasielose Langweiler in wirtschaftliche Abenteuer abseits jedes Daseinsvorsorgeauftrags? Der Kanon der Unterstellungen sollte zumindest in sich schlüssig sind. Aber so viel Mühe ist die Kommunalwirtschaft wohl nicht wert...

Überbordende Bürokratie?

Deutschland sei, meinen viele, die Heimat der Bürokratie und Beamte würden dies geradezu personifizieren. Bürokratie und Beamtenstatus werden demgemäß in einer sehr negativen Konnotation als Ausgeburt mangelnder Dynamik, Ineffizienz und fehlender Kunden- bzw. Bürgerorientierung verstanden. Diese Vorurteile sind an vielen Stellen der Gesellschaft verbreitet. Vielerorts werden unter dem Begriff der Beamtenmentalität eine unzureichende Arbeitseinstellung und die Arroganz gegenüber den Anfragen von Bürgerinnen und Bürgern subsumiert.

Die Überzeugung, dass Beamte ihrer Tätigkeit nur deshalb nachgehen können, weil der Staat ein Monopol auf bestimmte Leistungen habe, ist bei vielen unumstößlich. Diese Plattitüde ist so einfach wie einleuchtend. Der Bürger kann Behörden nicht wechseln, kann sich Verwaltungsleistungen nicht aussuchen. Das weiß man – und das weiß auch der Beamte. Sie müssen demnach nicht effizient arbeiten, weil der Bürger auf ihn und nicht er auf den Bürger angewiesen sei. Diese Sichtweise wird ferner durch eigene, persönliche Erlebnisse bestärkt. Wer auf die Bearbeitung seines Bauantrages länger warten muss, als er ursprünglich angenommen hat, wird sich selbst sagen: „Ja, typisch Beamte. Woanders wäre das schon lange fertig. Aber dem kann es ja egal sein."

Hinzu kommt, dass der Staat, abgesehen vielleicht von Subventionsbescheiden, in der Masse der Handlungen mehrheitlich belastende Entscheidungen mitteilen muss. Wer gerade Post vom Fiskus mit der Aufforderung zum Ausgleich etwaiger Steuerschulden erhalten hat, wird, wenn auch nicht aus rationalen Beweggründen, dankbar alle Vorurteile, Sprüche und Witze über die unterstellte Unfähigkeit von Beamten der Finanzverwaltung aufnehmen. Dabei ist selbst dem überzeugtesten „Sprücheklopfer" bewusst, dass wir, im europäischen wie auch im globalen Vergleich, gute Erfahrungen mit dem deutschen Beamtenwesen gemacht haben. Wer diese Auffassung nicht teilt, sollte einmal einen Blick über die Grenzen, beispielsweise nach Süd- und Südosteuropa, werfen. Wie Staaten nach Jahren der staatlichen Misswirtschaft durch unorganisierte Kommunal- und Finanzverwaltungen aussehen, kann dort live und in Farbe betrachtet werden.

Der Irrtum geht aber noch weiter. Eine negativ verstandene „Beamtenmentalität" wird nicht nur Beamten, sondern gleich allen Personen zugeschrieben, die in irgendeiner Weise mit der Wahrnehmung öffentlicher Aufgaben betraut sind. Dies ist gegebenenfalls damit zu erklären, dass der verständige Bürger beim Kontakt mit einer Behörde gar nicht unterscheiden kann, ob es sich bei seinem Gegenüber um einen Beamten oder einen Angestellten handelt. Tatsächlich sind nur etwa 40 % der Stellen im Landes- und Kommunalbereich mit Beamten besetzt. Hier entfällt der überwiegende Teil auf Polizisten und Lehrer, die vielleicht mit eigenen auf die Berufsgruppe bezogenen Vorurteilen konfrontiert sind, aber nicht in erster Linie als Verwaltungsbeamte gesehen werden. Die meisten Verwaltungsmitarbeiter agieren letztlich als Angestellte des öffentlichen Dienstes (vgl. Statistisches Bundesamt 2011). Die Wahrscheinlichkeit, tatsächlich auf einen Staatsbediensteten zu treffen, ist also eher gering. Manchmal geht es jedoch noch weiter. Wenn auch Mitarbeitern kommunaler Unternehmen mangelnder Arbeitsethos unterstellt wird, sind meist schon klare politische Beweggründe im Spiel.

Dabei scheint es keine Rolle mehr zu spielen, ob es sich um Eigenbetriebe, Stadtwerke oder Sparkassen handelt. Es geht lediglich darum, öffentliche Wirtschaft allgemein zu diskreditieren. Die Mitarbeiter dieser Einrichtungen werden schon allein deshalb in den Verdacht gerückt, die negativen Klischees einer Beamtenmentalität zu erfüllen, weil kommunale Gebietskörperschaften als Gesellschafter dieser Unternehmen fungieren.

Mitarbeiter sind Motor der Innovation

Die Aus- und Fortbildung von Mitarbeitern liegt im Interesse jedes Unternehmens. Dies gilt mindestens in der gleichen Weise auch für Unternehmen der Kommunalwirtschaft, denn diese müssen auf einem immer komplexeren Markt bestehen. Sie müssen ergebnisorientiert wirtschaften und sich auf dem Markt unter den gleichen Voraussetzungen durchsetzen, wie alle anderen Anbieter auch.

Wer eine solide Stellung am Markt erreichen möchte, braucht leistungsstarke Mitarbeiter, die den Markt und die Menschen kennen, mit der Region fest verbunden sind, aber auch den Blick für größere Zusammenhänge haben und Nachhaltigkeit fördern.

Kommunale Unternehmen stellen attraktive Arbeitsplätze zur Verfügung. Sie richten sich am Grundsatz der Nachhaltigkeit aus und verfolgen einen gesellschaftlich sinnvollen Unternehmenszweck, indem sie die Bürger zuverlässig mit essentiellen Dienstleistungen des täglichen Bedarfs beliefern. Wohl auch deshalb würden grade einmal 19 % der Beschäftigten kommunaler Unternehmen erwägen, im Falle eines entsprechenden Angebotes in die Privatwirtschaft zu wechseln (dbb 2012). Attraktiv sind kommunale Unternehmen vor allem für junge Leute. So werden jährlich mehr als 10.000 Auszubildende in allen Berufsrichtungen angelernt. An dieser Stelle stellt sich die Frage, ob kommunale Unternehmen, die von Beamtenmentalität beseelt wären, überhaupt derart gut die Herausforderungen der Gegenwart meistern würden wie sie es im Verständnis ihrer Kunden tun. Ins-

gesamt wird die Arbeit kommunaler Unternehmen deutlich posi-
tiver bewertet als die der Privatwirtschaft. Die starke Bindung zu
den Menschen vor Ort manifestiert sich aber nicht nur in guten
Umfragewerten sondern auch ganz konkret in hohen Anschluss-
quoten. Vielleicht sind es eben jene großen Erfolge – erreicht
in liberalisierten Märkten und entgegen allen Vorhersagen –, die
nun unsachliche Anwürfe von interessierter Seite provozieren.
Die Facetten der Irreführung sind dabei vielfältig. Nicht nur dass
in kommunalen Unternehmen kaum Beamte arbeiten und dass
sie im Vergleich zur Privatwirtschaft ein enormes Vertrauen genießen – auch die Beamten selbst, ob nun in der Verwaltung oder
anderswo, werden mitnichten so negativ gesehen, wie es die Be-
fürworter einer Radikalprivatisierung aller Lebensbereiche gerne
glauben machen wollen.

Das Meinungsforschungsinstitut forsa, der dbb Beamtenbund
und die Tarifunion publizieren jährlich eine umfassende demo-
skopische Erhebung zu Kernthemen des öffentlichen Dienstes.
Daraus geht hervor, dass 76 % der Bundesbürger Beamte als
pflichtbewusst, 74 % als verantwortungsbewusst und 70 % als
zuverlässig wahrnehmen. Jene Bürger, die im vergangenen Jahr
eine Behörde aufgesucht hatten, reflektierten wie bereits in den
Vorjahren größtenteils positive Erfahrungen. 86 % sagten, dass
sie von den Mitarbeitern freundlich behandelt wurden. 84 %
hatten den Eindruck, dass die Mitarbeiter für ihre Tätigkeit gut
qualifiziert und ausgebildet waren und 69 % gaben an, dass ihre
Angelegenheit sofort bearbeitet worden sei.

Die Befragung zeigt auch, dass das Ansehen der Beamten seit
Beginn der Erhebung im Jahr 2007 kontinuierlich gestiegen ist.
Auch wer denkt, Beamte arbeiten lediglich auf ihren Ruhestand
hin, wird enttäuscht. Aus dem letzten Versorgungsbericht der
Bundesregierung (BMI. Versorgungsbericht 2013) geht hervor,
dass immer mehr Beamte bis zum Ende ihrer Dienstzeit arbeiten.
So ist das durchschnittliche Ruhestandseintrittsalter bei Beamten
und Richtern seit 1999 um 2,6 auf jetzt 61,6 Jahre angestiegen,

während es bei den sozialversicherungspflichtigen Arbeitsverhält-
nissen gesunken ist. Dies kann einerseits mit einer gestiegenen
Lebenserwartung zusammenhängen aber auch mit einer wachsenden Leidenschaft an der Berufsausübung.

Kommunalwirtschaft ist eine Erfolgsgeschichte
Die Erneuerung der Energieversorgung unter den Vorzeichen des
demografischen Wandels und der Energiewende stellt die wohl
größte infrastrukturelle Aufgabe unserer modernen Zeit dar.
Kommunale Energieversorger spielen dabei eine zentrale Rolle,
der sie nur gerecht werden können dank einer überdurchschnittlich leistungsstarken Belegschaft sowie Mitarbeitern, die bereit
sind, gemeinsam für ihr Unternehmen zu kämpfen. Der Erfolg
gibt den kommunalen Unternehmen schon jetzt Recht. Binnen
kürzester Zeit wurden komplexe und zukunftsfähige Geschäftsmodelle und Projekte entwickelt. Dies und vieles mehr haben in
erster Linie die Mitarbeiter geleistet, die auch in diesem Kontext
keine Spur von negativ verstandener Beamtenmentalität erkennen lassen.

Gewiss, zu Beginn des vergangen Jahrhunderts bestand die
Kommunalwirtschaft nahezu ausschließlich aus Regiebetrieben
der Gemeinden, mithin Gesellschaften, die weder de iure noch de
facto selbstständig waren. Es waren vielmehr lediglich abteilungs-
oder amtsähnlich ausgegliederte Organisationseinheiten der
kommunalen Verwaltung. Doch in den vergangen Jahrzehnten
hat die Kommunalwirtschaft eine große und anhaltende Trans-
formation erlebt. Mittlerweile ist es vielerorts zu einer bewährten
und nachhaltigen Praxis geworden, Tätigkeiten der Gemeinde in
einer Gesellschaft privatrechtlicher Form vorzuhalten oder dahin
zu überführen.

Diese Gesellschaften sind erfolgreiche Akteure auf einem
freien Markt. Sie nehmen wie rein privatwirtschaftliche Unternehmen am Wettbewerb um Kunden und Aufträge teil. Um hier
zu bestehen, müssen sie sich durch moderne Strukturen, effizi-

ente Arbeitsweisen und Kundennähe auszeichnen. Dass erfolgreiche kommunale Unternehmen attraktiv sind, bemerken nicht
nur die Kommunen als Träger. Die Entwicklung ist in den vergangenen Jahren sogar noch weiter fortgeschritten. Mittlerweile
sind häufig nicht nur die Gemeinden oder Kreise Gesellschafter
von Unternehmen der Kommunalwirtschaft. Inzwischen sind in
vielen Städten auch private Investoren strategisch beteiligt. Diese
haben ein natürliches Interesse an einer nachhaltigen Unternehmensstrategie, die ihre Investitionen langfristig sichert.

Kommunale Unternehmen erwirtschafteten in Deutschland
im Jahr 2014 einen Umsatzerlös von circa 111 Mrd. €. Allein
75 Mrd. € entfielen hierbei auf den Energieversorgungsbereich.
Dabei lag das Investitionsvolumen bei etwa 8,7 Mrd. €, die
hauptsächlich dem ortsansässigen Handwerk und Mittelstand
zukommen (vgl. Verband kommunaler Unternehmen 2014).
Wie viel von jedem umgesetzten Euro in der Region verbleibt,
war schon Thema in diesem Buch. Wer Nachhaltigkeit möchte,
muss sein Unternehmen strategisch und zukunftsorientiert
führen. Dies kann aber nur gelingen, wenn alle Mitarbeiter
einbezogen werden und durch ihr berufliches Engagement zur
Wertschöpfung beitragen.

Gestalter des Marktes
Kommunale Unternehmen gestalten mittlerweile den Markt
der Energieversorgung maßgeblich mit und setzen Maßstäbe
bei der Umsetzung der Energiewende. Dies wäre nicht möglich,
wenn unflexibel, ineffizient und inaktiv gearbeitet werden würde. Gerade größere kommunale Unternehmen haben schon vor
Jahren die Zeichen der Zeit erkannt und sich strategisch günstig am Markt positioniert, Chancen wahrgenommen sowie ihre
Organisation gestrafft und effizient ausgestaltet. Anhand der
Mannheimer MVV Energie AG lässt sich exemplarisch zeigen,
wie wenig negativ verstandene „Beamtenmentalität" in kommunalen Unternehmen steckt. MVV Energie AG war 1999 das

erste kommunale Unternehmen, das den Gang an die Börse wagte. Seitdem sind 14 Jahre vergangen, die genutzt wurden, um Organisationsstrukturen stetig zu optimieren und in Zukunftsmärkte zu investieren.

Wie kommunale Unternehmen langfristig den Wert ihres Unternehmens steigern, wie sie effizient und innovativ ihre Erzeugungskapazitäten ausbauen und ausrichten, lässt sich auch am Beispiel der Steag GmbH beobachten. Innerhalb dieser Erzeugerplattform wird Expertise gebündelt. Möglich wird ein schneller, umfassender und konzentrierter Know-how-Transfer, dank dem sich die kommunalen Energieversorger ganz auf den Absatz ihrer Produkte und Leistungen konzentrieren können.

Auch die Thüga AG passt in dieses Bild. Sie hat für ihre Stadtwerks-Beteiligungen eine innovative Effizienzplattform geschaffen, die die Nutzung vielfältiger Synergien ermöglicht. Eine gemeinsame strategische Ausrichtung sowie gemeinsame Investitionen verringern nicht nur Risiken. Sie steigern auch die Effizienz und verleihen den beteiligten kommunalen Unternehmen eine bessere Marktposition, ohne deren unternehmerische Eigenständigkeit zu beschneiden. Solch zeitgemäße und dynamische Konstruktionen wären mit einer „behäbigen Beamtenmentalität" sicherlich nicht realisiert worden. Kommunale Unternehmen sind nicht verlängerter Arm eines Staatsmonopols, dem der Bürger ohne Wahlfreiheit ausgeliefert ist. Die Bürger als Kunden haben die Wahl und nutzen diese. Das haben die Unternehmen längst erkannt.

Wer auch heute noch den kommunalen Unternehmen eine Beamtenmentalität unterstellt, hat schlicht keine Kenntnis der tatsächlichen Zustände. Oder er will es nicht besser wissen und stattdessen bar jeglicher Sachlichkeit politische Agitation betreiben.

Fazit

Engagierte und qualifizierte Mitarbeiter sind die Basis für jedes kommunale Unternehmen. Tausende Mitarbeiter leisten täglich hervorragende Arbeit und versorgen die Bürger vor Ort mit den

Leistungen der Daseinsvorsorge. Deshalb stehen bei der Einstellung neuer Mitarbeiter die fachlichen Qualifikationen im Vordergrund, aber auch Leistungsmotivation und Flexibilität. Heutzutage sind kommunale Unternehmen moderne und effiziente Unternehmen, die sich – besonders im Energiebereich – verstärkt am Markt behaupten und im Wettbewerb strategisch positionieren müssen. Das gelingt nur mit motivierten Mitarbeitern.

4.9 Hort der Ineffizienz oder Avantgarde nachhaltiger Unternehmensführung?

Dieses Kapitel ist ein nahtloser Übergang zu den vorherigen Ausführungen. Wenn nur graues, talent- und motivationsloses Personal seinen routinehaften Dienst schiebt, dann werden die entsprechenden Unternehmen auch nicht den nötigen Sexappeal entfalten, um interessante, interessierte und fantasievolle leitende Mitarbeiter für sich gewinnen zu können. Und so heißt es: Kommunale Unternehmen seien chancenlos, wenn es darum geht, im Kampf um die besten Köpfe zu bestehen. Man kann nicht ausschließen, dass es je nach Persönlichkeit und Anschauung unterschiedliche Definitionen zum Terminus „beste Köpfe" geben kann. Möglicherweise sind diejenigen, die sich auf dem Weg zum optimalsten Kopf selbst ganz weit vorn sehen und die Debatte um Führungskräfte aktiv prägen, gar nicht so gefragt bei den kommunalen Unternehmen. Nicht auszuschließen, dass es zu allen fachlichen Voraussetzungen noch ganz besondere Talente braucht, um Nachhaltigkeit, Gemeinsinn, Progressivität und betriebswirtschaftliche Effizienz miteinander zu vereinen. Das kann und schafft nicht jeder.

Ein heißer Wettbewerb

Kommunale Unternehmen stehen insbesondere in der Energiewirtschaft vor enormen Herausforderungen. Die aktuelle Marktsituation im Zuge von Liberalisierung und zunehmender Regulierung der Energiemärkte spiegelt sich schon seit längerer Zeit auch in der Personalpolitik der Unternehmen wider. Mit der Liberalisierung der 1990er-Jahre hat sich ein steigender Wettbewerbs- und Margendruck ergeben. Neue Akteure auf Seiten der Anbieter wie auch wechselwillige Verbraucher sorgen für eine wachsende Dynamik im Markt. Die Erwartungen der Kunden an das Produktportfolio sowie an Aspekte der Nachhaltigkeit, Ökologie und Preisgestaltung wirken sich auch auf die Personalpolitik der Unternehmen aus. Zudem zwingen technische Neuerungen, Novellierungen hinsichtlich regulatorischer Rahmenbedingungen und nicht zuletzt die Energiewende viele Entscheider der Kommunalwirtschaft zu einem ausgeprägten Umdenken.

Als unmittelbare Folge der Liberalisierung ist im gesamten Energiesektor ein sowohl qualitativ wie quantitativ heißer Wettbewerb um geeignete Fach- und Führungskräfte entbrannt. Der demografische Wandel und die Erwartungen der „High-Potentials" verschärfen diesen Druck zusätzlich hin zu einem „War for Talents". Daher verwundert es nicht, dass der Faktor Personal im Sinne einer langfristigen strategischen Entwicklung eine herausragende Stellung auf der Agenda kommunaler Unternehmen besitzt. Befeuert wird die Diskussion um das richtige Personal vor allem in Krisenzeiten – so bei herben Verlusten, einer gescheiterten Privatisierung oder einer drohenden Insolvenz eines privatrechtlich-organisierten kommunalen Unternehmens. In jedem dieser Fälle ist der Schuldige schnell ausgemacht: Es ist die Geschäftsführung, das falsche Führungspersonal oder schlicht das Management.

20 Jahre zu spät

Doch woher kommt die Einstellung, kommunale Unternehmen in liberalisierten Märkten noch immer mit dem Begriff des ineffizienten Managements zu assoziieren? Der Ursprung geht zurück auf die Zeit vor der Liberalisierung, in der kommunale Unternehmen noch in weitgehend monopolisierten Märkten agierten – ausgestattet mit einer umfassenden Marktmacht in der Region und konfrontiert mit überschaubaren wirtschaftlich-dynamischen Marktprozessen. Chancen, Risiken, Kunden und Umsatz blieben in der Regel unverändert. Vor diesem Hintergrund mag es durchaus Tendenzen zu Stagnation, Ineffizienz und mangelnder Innovation im Management gegeben haben. Angesichts der fehlenden wettbewerblichen Impulse entspräche eine solche Entwicklung allerdings auch den grundlegenden Markttheorien. Dass der Vorwurf aber nach fast 20 Jahren Liberalisierung auf kommunale Unternehmen gemünzt wird, muss als unpassend, wenn nicht sogar böswillig verworfen werden. Wer sich dieser Vorurteile heute noch bedient, hat entweder keine Kenntnis von den tatsächlichen Rahmenbedingungen und dem Marktumfeld der Kommunalwirtschaft. Oder er hat ein Interesse, die wirtschaftliche Betätigung von Kommunen pauschal zu diskreditieren.

Angleichung zwischen Kommunal- und Privatwirtschaft

Management als Funktion der Unternehmensführung ist das Anleiten und Führen von Mitarbeitern, denen im Unternehmen bestimmte Schlüssel- und Führungsfunktionen zukommen. Diese können strategischer, rechtlicher, betriebswirtschaftlicher oder technischer Art sein. Die Frage nach der Qualität des Managements beinhaltet aber auch, wie es gelingt, die Kommunen als Gesellschafter mit „ins Boot" zu holen. Gutes Management macht sich vor allem in der Retrospektive bemerkbar. Dann

wird deutlich, ob sich die getroffenen Entscheidungen als trag-
fähig, lohnend und praktikabel erweisen. Gerade bei kommunalen Unternehmen kommen neben dem Wachstum und der
Profitabilität weitere Zielorientierungen hinzu, nach denen der
unternehmerische Erfolg evaluiert wird. Die Einbettung des Geschäftsbetriebes in kommunale und kommunalpolitische Strukturen wirkt sich auch bei den Managementzielen aus. Wie in
der Privatwirtschaft findet auch im kommunalwirtschaftlichen
Bereich eine lebhafte und intensive Diskussion um Unterneh-
mensverfassung und Corporate Governance statt. Die besondere
Stellung kommunaler Unternehmen in der Gesellschaft und am
Markt lässt es kaum zu, Ineffizienzen im Geschäftsbetrieb entstehen zu lassen. Schließlich verbindet sich mit dem Einsatz öffentlicher Gelder ein immenser öffentlicher Druck.

Seit vielen Jahren ist festzustellen, dass sich die Anstellungs-
verträge in Kommunal- und Privatwirtschaft zunehmend an-
gleichen. Dies zeigt sich unter anderem in der Aufnahme von
Rahmenvereinbarungen zu Weiterbildung, Zusatzqualifikatio-
nen, Flexibilisierungselementen und Monitoringsystemen. Entscheidend ist jedoch, dass viele leitende Verantwortliche nun
auch in der Kommunalwirtschaft über variable Vergütungsver-
einbarungen verfügen, welche das vertraglich zugesicherte Fix-
gehalt ergänzen können. Eine solche Entwicklung ist das Ergebnis des bereits thematisierten zunehmenden Wettbewerbs- und
Margendrucks, dem kommunale Unternehmen in liberalisierten
Märkten gegenüberstehen. Kommunale Unternehmen können
dem Wettbewerb nur durch Professionalisierung und Innovation
begegnen. Damit haben sich die unternehmerischen Rahmenbedingungen auch aus dem Blickwinkel der Personalentwicklung
heraus deutlich verändert.

Erstaunliche Professionalisierung[4]

Wer heute zum Sprung in die Führungsetagen kommunaler Unternehmen ansetzt, wurde in liberalisierten Märkten sozialisiert, hat monopolartige Strukturen und deren Auswirkungen auf Unternehmen nie kennengelernt. In einem Monopolmarkt war es für das Management nicht nötig, ein Unternehmen an Chancen und Risiken auszurichten, Mitarbeiter effizient zu führen und sie zu einer umfassenden Marktorientierung anzuleiten. Dies änderte sich dramatisch mit der Liberalisierung der Energieversorgung. Angesichts eines gravierenden Mangels an Führungspersonal mit Erfahrung im Wettbewerb bestand zunächst ein enormer Wandel- und Aufholbedarf. Die Akteure sahen sich mit etlichen neuen Anforderungen und Notwendigkeiten konfrontiert. Sektorspezifisches Fachwissen sowie die Kenntnis des Marktumfeldes waren in vielen Fällen noch nicht ausreichend vorhanden. Dies betraf insbesondere den Vertrieb und das Produktmanagement. Daneben wuchsen die technischen oder juristischen Anforderungen. Die Ware Energie war zudem wenig emotionalisiert und unterschied sich kaum von den Produkten der Konkurrenz. In diese Lücke konnten nur Fachleute aus anderen Branchen stoßen, die Trends und Wirkungsmechanismen aus anderen Märkten auf die Energieversorgung übertrugen. Mittlerweile rücken Führungskräfte in leitende Funktionen kommunaler Unternehmen, die ihre berufliche Prägung nicht mehr in Zeiten des Monopols erhalten haben. Sie bewegten sich ausschließlich in einem liberalisierten Energiemarkt und kennen das spezifische Marktumfeld, die Rahmenbedingungen und die Notwendigkeiten eines modernen Managements.

---

[4] Dieser Abschnitt geht auf einen Namensbeitrag und ein Interview mit Dr. Klaus Aden, LAB & Company Düsseldorf GmbH zurück. LAB hat sich unter anderem auf die Suche und Bewertung von Führungskräften in der Energie- und Kommunalwirtschaft spezialisiert.

Die aktuelle Personalentwicklung und -akquise für das leitende Management in kommunalen Unternehmen lässt sich in drei Thesen zusammenfassen:

Erstens: Alle Unternehmen der Energiebranche agieren in einem Markt und müssen sich daher im Wettbewerb behaupten. Dies gilt auch für den Umgang mit der Energiewende, die nicht nur für kommunale Unternehmen zusätzliche und große Herausforderungen bereithält. Dass kommunale Unternehmen vor der Liberalisierung über eine Geschäftsführung verfügten, der man eine gewisse Beharrungstendenz und Trägheit nachsagen konnte, mag unter Umständen zutreffen.

Zweitens: Aktuell bemüht sich hochqualifiziertes und innovatives Führungspersonal verstärkt und signifikant um Anstellungen in kommunalen Unternehmen. Grund hierfür ist die nach den Krisen der letzten Jahre einsetzende Fokussierung auf Nachhaltigkeit und einen öffentlichen Mehrwert, der in der Daseinsvorsorge und der Gemeinwohlorientierung zu finden ist. Die Motivation für „die Guten" zu arbeiten, hat in den letzten Jahren deutlich zugenommen. Arbeitgeber, die ihren Mitarbeitern eine sinnstiftende Orientierung auch abseits von Gewinn- und Verlustrechnung ermöglichen, haben momentan einen sehr starken Zulauf. Hierzu gehören auch die kommunalen Unternehmen der Daseinsvorsorge. Dass diese bei Berufsanfängern nicht derart zentriert im Fokus stehen, darf nicht mit der Frage nach dem nötigen Führungspersonal für qualifizierte und effiziente Managementstrukturen verwechselt werden.

Drittens: Die Diskussion um eine Public Corporate Governance sowie um mögliche Haftungsrisiken bei Organentscheidungen ist in vollem Gange. Seit Beginn dieser Debatte hat sich die Sensibilität bei den Themen Personalqualität, Effizienz, Transparenz und Optimierung von Managementprozessen merklich erhöht. Aufsichtsgremien kommunaler Unternehmen sind in einem viel größeren Umfang bereit, Führungspersonal von außen anzuwerben, um das selbst empfundene Risikopotential im Hinblick auf eine „gute Unternehmensführung" zu minimieren. Allerdings muss gutes Führungspersonal in kommunalen Unternehmen auch über ein feines kommunalpolitisches Gespür verfügen, um einerseits den Transparenz- und Publizitätspflichten nachzukommen, aber auch im Dialog mit der Gesellschafterin Kommune bestehen zu können. Schließlich müssen außerhalb der Gewinn- und Verlustrechnung auch spezifisch kommunalpolitische Fragen beachtet werden. Hier geht es insbesondere um Aspekte der Nachhaltigkeit und um stabile Kundenbindungen, die den Unternehmen langfristig nutzen können.

Neu für viele kommunale (Energie-)Unternehmen ist allerdings, dass die teils dramatischen Marktveränderungen gelegentlich auch radikale Sanierungsmaßnahmen notwendig machen, die nicht selten einen Personalabbau einschließen. Diese „Kompetenz" ist bei einigen Mitgliedern des Managements noch nicht ausgeprägt, was im übrigen – das wäre die andere Seite der Medaille – auch für den sozialen Anspruch der Kommunalwirtschaft spricht.

Im Ergebnis kann der Kommunalwirtschaft, soweit sie sich im Wettbewerb befindet, eine umfassende Professionalisierung attestiert werden. Diese ist deutlich weiter vorangeschritten als es so manche Protagonisten und Lobbyisten der Privatwirtschaft annehmen wollen. Die Zeiten eines ineffizienten Managements sind lange vorbei. Dies erfordert schon allein das Marktumfeld, in dem sich kommunale Unternehmen befinden.

Fazit

Kommunale Unternehmen im Wettbewerb müssen sich in vielerlei Hinsicht an den Effizienzkriterien der Privatwirtschaft orientieren. Dies schlägt sich in Anstellungsverträgen nieder, aber auch in der Berücksichtigung von Corporate-Governance-Gedanken, einer Prozessoptimierung oder eines ausgewogenen Produktportfolios. Der Vorwurf, kommunale Unternehmen in liberalisierten Märkten verfügen über ein ineffizientes Management, ist haltlos, pauschal und entbehrt jeglicher Grundlage. Sicherlich sind auch kommunale Unternehmen nicht vor Fehlern gefeit. Ineffizientes Management kann sich die Kommunalwirtschaft noch weniger leisten als die Privatwirtschaft. Denn zusätzlich zum für alle gleichen Wettbewerbsdruck kommt hinzu, daß diese Unternehmen weit stärker im öffentlichen Focus stehen.

4.10 Fortsetzung der Gemeindeversammlung oder innovativ am Markt?

Kommunale Unternehmen sind Eigentum der Bürger der jeweiligen kommunalen Gebietskörperschaft. Diese Eigentümer haben Interessen, die sich auf diese Unternehmen beziehen. In diesem Sinne ließe sich zusammenfassen, dass die Bürger über ihre gewählten kommunalen Repräsentanten das „Was" vorgeben und den Unternehmen das „Wie" obliegt. Die Steuerung öffentlicher Unternehmen vollzieht sich also in einem politischen Kontext. Zu dessen Eigentümlichkeiten gehören unter anderem die Verteilung der Machtressourcen als Ergebnis demokratischer Wahlen mit ungewissem, oft wechselndem Ausgang, starke Interessengegensätze zwischen den Akteuren, häufig labile politische Mehrheiten und die Notwendigkeit des Findens politischer Kompromisse.

Der wesentliche Unterschied zwischen kommunalwirtschaftlichen Aufsichtsgremien und jenen der Privatwirtschaft besteht darin, dass nur kommunalwirtschaftliche Gremien zusätzlich auch als Instanz der demokratischen Mitwirkung und Kontrolle der Bürger fungieren sollen. Die kommunalen Aufsichtsratsmitglieder haben insofern nicht nur die Interessen des Unternehmens, sondern auch die der Eigentümer – also der Bürger – und die Funktion des Unternehmens für die Daseinsvorsorge zu berücksichtigen. Diese Funktion ist nicht statisch, sondern unterliegt dem ständigen demokratischen Meinungsbildungsprozess.

Mit diesen einführenden Bemerkungen wurde das vielfältige Geflecht von Einflüssen bei der Steuerung kommunaler Unternehmen lediglich angerissen. Doch anstatt in Ehrfurcht zu verfallen angesichts des Umstands, dass sich kommunale Unternehmen dennoch ausgesprochen gut in freien Märkten behaupten, wird einer der wesentlichen Wettbewerbsvorteile privater Unternehmen der kommunalen Wirtschaft auch noch zum Vorwurf gemacht. Hier heißt es, kommunale Unternehmen würden zersetzt durch die Kakophonie verschiedener politischer Interessen, sie würden politische Ziele der betriebswirtschaftlichen Effizienz unterordnen und der Streit der politischen Gremien würde eins zu eins in den Aufsichtsräten fortgesetzt.

Dieser Eindruck mag da und dort entstehen, doch auch private Unternehmen müssen eine angemessene Interessenvertretung ihrer Gesellschafter oder Aktionäre organisieren und auch hier zeigt sich – etwa in den Hauptversammlungen – oftmals ein sehr gemischtes Meinungsbild. Niemand würde jedoch auf die Idee kommen, dies als Indiz für privatwirtschaftliche Ineffizienz anzuführen. Vielmehr verbinden sich mit dem eingesetzten Kapital auch bestimmte Interessen. Einzige Besonderheit der kommunalen Wirtschaft ist, dass sich diese Interessen nicht ausschließlich auf das Kapital konzentrieren, sondern sich vor allem auf die Mehrung des Gemeinwohls beziehen. Was das ist, wird zum Teil in den rechtlichen Rahmensetzungen umrissen und obliegt dem politischen Meinungsbildungsprozess.

Nochmal: Es ist nicht leicht, sich hier zurechtzufinden, verschiedene Interessen sowohl im Hinblick auf das Gemeinwohl als auch hinsichtlich des wirtschaftlichen Fortkommens in Einklang zu bringen.

Im Zuge der Liberalisierung haben es die meisten Kommunen geschafft, für ihre Unternehmen klare Aufträge zu formulieren, deren Umsetzung innerhalb definierter Grenzen allerdings dem Management überlassen bleibt.

Eine rechtliche und politische Notwendigkeit
Durch die Bindung kommunaler Unternehmen an Vorgaben öffentlich-rechtlicher sowie zivilrechtlicher Natur entstehen im Unternehmensalltag bisweilen Modifikationen und Überlagerungen der einschlägigen gesellschaftsrechtlichen Vorgaben. Aus diesen wechselseitigen Verflechtungen zwischen der öffentlichen Hand und deren Gremien auf der einen Seite sowie den Organen „ihrer" Unternehmen wird der Anwurf abgeleitet, kommunale Unternehmen seien über Gebühr abhängig und fremdbestimmt. Kommunale Bürgervertretungen und deren Gremien würden sie zu Spielbällen politischen Zanks machen, dafür sorgen, dass in unternehmerische Angelegenheiten hineinregiert und somit die wirtschaftliche Autonomie gefährdet wird.

Kommunale Vertreter in den Unternehmensorganen sind Weisungen unterworfen, die zusätzlich mit umfassenden Berichts- und Informationspflichten verbunden sind. Vor allem diese Repräsentanten des kommunalen Gesellschafters, so der Anwurf, weisen einen unüberbrückbaren Interessengegensatz auf. Denn sie müssten einerseits den Interessen der Kommune und ihren Bürgern gerecht werden, andererseits aber auch das Unternehmensinteresse berücksichtigen. Doch auch andere Organe und nicht zuletzt die einzelnen kommunale Unternehmen, müssen immer wieder den Spagat zwischen unternehmerischen Erfordernissen und politischen Zielorientierungen meistern. Diejenigen, die diese Grundvoraussetzungen kommunaler Unternehmen für eine pauschale Kritik an der öffentlichen Wirtschaft nutzen, folgern daraus ein unwirtschaftliches Vorgehen, welches ohne Protektion am Markt nicht bestehen könnte. Gemeinwohlpräferenzen als Synonym für Unwirtschaftlichkeit? Das Gegenteil ist richtig. Die Kommunalwirtschaft schafft es ja gerade, öffentlichen Benefiz mit Effizienz zu verbinden.

Zwei unterschiedliche Rechtsrahmen

Sofern kommunale Unternehmen privatwirtschaftlich firmieren, sind sie dem Gesellschaftsrecht auf der einen und dem Kommunal- und Verwaltungsrecht auf der anderen Seite unterworfen. Beiden Rechtsregimen muss Genüge getan werden. Seit Bestehen des Aktien- und GmbH-Gesetzes gibt es Diskussionen um den Vorrang jener bei Wertungswidersprüchen und Kollisionen mit dem Kommunal-, Verwaltungs- und Verfassungsrecht für kommunale Unternehmen. Die Bandbreite reicht von einem strikten Vorrang des Gesellschaftsrechts ohne weitere öffentlich-rechtliche Modifikationen über eine Anwendbarkeit dieser Modifikationen dort, wo das Gesellschaftsrecht Raum bietet, bis hin zu einer kommunalrechtsfreundlichen Auslegung des Gesellschaftsrechts. Kondensationspunkte in den Diskussionen um Wertungswidersprüche und Friktionen waren über die Jahre hinweg immer auch die Kompetenzen und Einflussmöglichkeiten von Vertretern der öffentlichen Hand in den Gesellschaftsorganen. Womöglich führten und führen diese Diskussionen zu der Annahme, kommunale Unternehmen würden unter der Gremienlast leiden. Offenbar wird angenommen, dass sich mit weniger Bürokratie und Einflussmöglichkeiten der Kommunen eine Steigerung der Effizienz erreichen ließe. Die Realität aber zeigt: jedenfalls auf kommunaler Ebene können umfassende demokratische Mandatierungen und Wirtschaftlichkeit unter einen Hut gebracht werden.

Kommunaler Einfluss

Es gibt unverrückbare und grundlegende Vorgaben für kommunale Unternehmen. Es wäre doch geradezu grotesk und zutiefst undemokratisch, wenn die Eigentümer darauf verzichten würden, die strategische Ausrichtung des Unternehmens zu beeinflussen.

Demokratische Legitimation

Artikel 20 Abs. 2 S. 1 GG ist der Ursprung der Pflicht zur demokratischen Legitimation allen staatlichen Handeln. Der Satz,
dass alle Staatsgewalt vom Volke ausgeht, verlangt jedoch nach
Konkretisierung und Auslegung. Dabei gilt es zunächst die Be-
grifflichkeit zu definieren. Bei demokratischer Legitimation geht
es nicht um die Existenzberechtigung bzw. die Legitimation des
Staates, sondern um die Legitimation und Rechtfertigung allen staatlichen Handelns. Alle Akte staatlicher Gewalt müssen
sich auf den Willen des Volkes zurückführen lassen und diesem gegenüber verantwortet werden können. Dabei kann diese
Rückführung im Sinne einer Kausalkette zwischen Volkswille
und staatlichem Handeln auf unterschiedliche Weise hergestellt
werden. Dies ist möglich durch Wahl von Volksvertretern, durch
den Erlass von Gesetzen sowie durch Weisungen der Volksvertreter gegenüber der Exekutive. Elemente wie Akzeptanz, Ent-
scheidungsrichtigkeit oder Partizipation vermitteln noch keine
Legitimation. Jegliche Form staatlichen Handelns bedarf demokratischer Legitimation – ohne Berücksichtigung der Organisati-
ons- oder Handlungsform. Gemäß Artikel 28 Abs. 1 GG gelten
diese Anforderungen auch für Kommunen. Von dieser Pflicht
zur demokratischen Legitimation sind auch kommunale Unternehmen in Privatrechtsform erfasst. Auf kommunaler Ebene
wird dies durch die Garantie der kommunalen Selbstverwaltung
und die damit einhergehenden Freiheitsrechte ergänzt. Diese
zielen auf die Verwirklichung des Gemeinwohls und möchten
der Willensbildung in den Kommunen zur Geltung verhelfen.
Werden jedoch öffentliche Aufgaben der Daseinsvorsorge (mate-
riell) privatisiert bzw. in privatrechtlicher Form erfüllt, so haben
die Kommunen diese Tätigkeit zu verantworten und tragen im
Sinne der kommunalen Gemeinwohlabsicherung hierüber Sorge.
Diese Verantwortung manifestiert sich vor allem in der Implementierung von Steuerungs-, Regulierungs- und Kontrollrechten
sowie in Mechanismen zur Abwägung und in Evidenzkontrollen.

Praktisch heißt das auch: Wenn Unternehmen der Privatwirtschaft Aufgaben der Daseinsvorsorge übertragen wurden, und diese nicht mehr qualifiziert – im schlimmsten Falle gar nicht, etwa weil sie pleite sind – erfüllen, bleibt die Kommune in der Pflicht. Sie kann sich also nicht „vom Acker machen", wenn die Erbringung der Leistung z. B. nach rein betriebswirtschaftlichen Kriterien nicht mehr lukrativ genug ist.

Auch bei (materiellen) Privatisierungen ist die Kommune in der Pflicht, Steuerungs- und Kontrollmechanismen zu implementieren, die Transparenz, Effektivität, Angemessenheit sowie Aufgabenadäquatheit sicherstellen. Hauptsächlich geschieht dies mittels Steuerungs-, Berichts- oder Kontrollpflichten, mit denen erreicht werden soll, dass der kommunale Wille tatsächlich erfüllt wird. Diesen Pflichten hat die Kommune zu genügen. Sie muss auf deren Wirksamkeit und Durchsetzung achten. Regelmäßig sind solche Pflichten und Kontrollsysteme schon im Kommunalwirtschaftsrecht der einzelnen Bundesländer enthalten. Genau zu solchen Kontroll- und Steuerungsregimen gehören die angesprochenen kommunalen Gremien. Vor allem aber zwingen diese verfassungsrechtlichen Anforderungen die Kommunen dazu, ihr Recht einer Letztentscheidung bei Interessenkollisionen und Konflikten wahrzunehmen und wirksam durchzusetzen. Zwar steht Kommunen bei der Implementierung solcher Mechanismen ein angemessener Beurteilungsspielraum zu. Dieser Umstand darf jedoch nicht darüber hinwegtäuschen, dass vor allem bei privatisierten öffentlichen Aufgaben Kommunen die fortgeführte Aufgabenerfüllung überwachen, kontrollieren, begleiten und gegebenenfalls korrigieren müssen.

Schnittstelle zum Bürger
Für die Kommunen darf es keine Flucht in das Privatrecht geben. Dieser Satz ist sowohl in der akademischen Befassung als auch in der realen Praxis durchaus geläufig und wird oft zitiert. Die Installation von Gremien, das Abstimmungsverhalten von

kommunalen Vertretern, zu verfolgende Interessen aber auch Berichts- und Informationspflichten sind das Ergebnis von fundamentalen Verfassungsprinzipien, die lediglich durch das Kommunal- und Verwaltungsrecht konkretisiert werden und nicht disponibel sind.

Aus Sicht einer Kommune sind Beteiligungen an kommunalen Unternehmen herausragende Assets. Kommunen brauchen für die Steuerung und Kontrolle ihrer Unternehmen die in Rede stehenden und gesetzlich vorgeschriebenen Gremien. Solche Gremien tragen daneben zur Transparenz bei und erfüllen somit die Anforderungen einer guten Unternehmensführung in öffentlichen Unternehmen (*public corporate governance*).

Kommunale Gremien gehören zum Wesen und zum Alltag der kommunalen Wirtschaft. Sie dienen als Schnittstellen zum Eigentümer und zum Bürger. Sollte man an einzelnen Stellen Regelungen nicht anwenden oder aufweichen, hätte dies einen juristischen Dammbruch und massive Vertrauens- und Loyalitätsverluste der Bürger zur Folge. Davon profitieren kommunale Unternehmen jedoch in besonderem Maße.

Fazit

Kommunale Unternehmen sind häufig den Vorwürfen von Ineffizienz, Intransparenz oder fehlender Modernität ausgesetzt. Solche verkrusteten Strukturen sind längst aufgebrochen. Als Stabilitätsanker der deutschen Wirtschaft wirken kommunale Unternehmen heutzutage als moderne und vor allem effizient geführte Unternehmen. Gerade in der Energiewirtschaft müssen sich kommunale Unternehmen in einem stärker werdenden Wettbewerb behaupten. Innovative Finanzierungsstrategien oder Effizienz-Programme gehören daher zu ihrem Erfolgskonzept. Gleichzeitig sind kommunale Unternehmen im hohen Maße am Gemeinwohl orientiert und handeln im engen Dialog mit der Eigentümerin Kommune. Demokratische Mitbestimmung und Transparenz werden nicht zuletzt durch Aufsichtsgremien oder Gesellschafterversammlungen gewährleistet. Aufgrund ihrer mehrheitlich kommunalen Eigentümer stecken kommunale Unternehmen die von ihnen erwirtschafteten Gewinne in die Region – sinnvolle Investitionen, die privat finanzierte Unternehmen aufgrund der kurzfristigen Renditeerwartungen ihrer Anteilseigner nicht in Angriff nehmen würden.

4.11 Kommunaler Selbstbedienungsladen oder öffentliche Bessermenschen?

Sind kommunale Unternehmen ein Hort der Korruption?

Viele in Deutschland glauben, dieses Land sei per se unempfänglich für jegliche Form von Korruption. Dass Vetternwirtschaft, Selbstbedienungsmentalität und Betrug grundsätzlich Phänomene wärmerer und südlicherer Regionen seien. Tatsächlich ist Korruption in erster Linie keine Frage der Kultur, sondern eine knapper Ressourcen. Und so überrascht es kaum, dass das Ranking der Staaten im Corruption Perception Index von Transparency International zuallererst und vor allem anderen mit dem Bruttoinlandsprodukt pro Kopf korreliert. Deutschland gehört hier jeweils zu den besten zehn Prozent. Umgekehrt gilt, dass die Abwesenheit von Korruption eine zentrale Voraussetzung für soziale und ökonomische Entwicklung ist. Diese einfache Gleichung lässt sich nur in den wenigen Fällen außer Kraft setzen, bei denen der Einwohnerzahl nach kleine bis winzige Staaten über enorme natürliche Ressourcen verfügen.

In Deutschland, Europa und dem größten Teil vom Rest der Welt sind zuverlässige und vertrauenswürdige staatliche Strukturen eine notwendige Bedingung für wirtschaftlichen Erfolg.

Doch dies soll nicht darüber hinwegtäuschen, dass auch hierzulande immer wieder und gerne gemauschelt wird. Bis zum Jahr

2002 konnten Unternehmen im Ausland gezahlte Bestechungs-
gelder sogar von der Steuer absetzen. Auf diese Weise wurde die
Verführung zur politisch-gesellschaftlichen Dekadenz staatlich
sogar noch gefördert. Einerseits rufen Bundesregierung und
Europäische Union Griechenland auf, die grassierende Korruption
im Land zu bekämpfen – tatsächlich sind insbesondere Steuer-
betrug, Vetternwirtschaft und die Erschleichung öffentlicher
Aufträge noch immer signifikante Probleme der griechischen
Volkswirtschaft. Andererseits aber ermittelt die griechische Justiz
noch immer in einem umfassenden Korruptionsskandal rund
um den deutschen Industrieriesen Siemens. Mit Recht kann gefragt werden, warum sich ausgerechnet das seit Jahren am ökonomischen Abgrund stehende Griechenland mit seinen knapp elf
Millionen Einwohnern einen der höchsten Wehretats in der EU
leistet. Im vergangenen Jahrzehnt wurden Rüstungsgüter im Wert
von mehr als elf Milliarden Dollar importiert. Damit lag man in
den Jahren 2005 bis 2009 auf Platz fünf der Liste der größten
Rüstungsimporteure weltweit. Und schon wieder Deutschland:
ein Drittel der Rüstungsgüter wird von deutschen Unternehmen
bezogen. Auch hier lässt sich vermuten, dass Bestechung regelmäßig eine Rolle gespielt haben könnte. Gegen etliche deutsche
Rüstungsbetriebe wurden Verfahren angestrengt. Einige endeten
mit der Zahlung von Bußgeldern, andere laufen noch immer.

Mächtigen Konzernen tritt die Öffentliche Meinung oftmals
mit einer bemerkenswerten Nonchalance gegenüber, wenn es
darum geht, Handlungen im Dunstkreis der Korruption zu bewerten. Die Anstiftung zu kriminellen Handlungen wird – siehe
Griechenland – abgetan als lässliche Sünde, während die Verführ-
ten mit der ganzen Wucht der moralischen Entrüstung rechnen
müssen. Dahinter steckt ein reichlich naives Politikerbild von
der moralischen Überlegenheit gewählter Volksvertreter, das so
gar nicht korrelieren möchte mit der allgemeinen Politikverdros-
senheit im Land. Letztlich wird Gerechtigkeit nur dann Genüge
getan, wenn allen Beteiligten die gleiche Konsequenz entgegen-

gebracht wird. Und wenn das Handeln der Wirtschaft – ob privat oder öffentlich – auch nach moralischen Kriterien beurteilt wird. Vielleicht erinnern sich in Deutschland noch zu viele Menschen, wie sie privat gefahrene Kilometer geschäftlich absetzen oder anderweitig Steuern vermeiden. Der Wahlkreisabgeordnete von nebenan steht dann einfach auf Augenhöhe, was das Machbare betrifft: Was ich selber gerne tu, das traue ich auch anderen zu.........

Für die „Nieten in Nadelstreifen"[5] scheinen andere Maßstäbe zu gelten. Deren Welt ist ja auch eine ganz andere Welt. Und für uns, den „Otto-Normalverbraucher" nicht zugänglich. Deshalb diskutieren wir kaum über die Perversion, dass ein Vorstandsvorsitzender im Jahr das 250fache eines tüchtigen Facharbeiters, der in drei Schichten am Band malocht, verdient. Stattdessen ruhen unsere Argusaugen auf dem normalen Bundestagsabgeordneten, der locker auf 60 bis 80 Wochenstunden kommt, und dafür sicher auskömmlich, aber nun wirklich nicht üppig honoriert wird.

Hohe Erwartungen
Wenn wir soeben notiert haben, dass korruptive Handlungen der Privatwirtschaft kaum im Fokus stehen, und hier und da und sogar mit dem Verständnis der „kleinen Leute" rechnen können, konstatieren wir für die Kommunalwirtschaft das genaue Gegenteil. Auf der einen Seite sieht sie sich einer immensen Erwartungshaltung gegenüber, Tendenz sogar steigend: Die Arbeitsbedingungen sollen gut, die regionale Bindung ausgeprägt, das ökologische Verhalten vorbildlich und die Preise konkurrenzfähig sein. Darüber hinaus gelten verschärfte moralische Grundsätze.

Was privaten Unternehmen zugebilligt wird – wir haben Markt und Wettbewerb, da gibt es Recht des Stärkeren, so ist er eben, der Kapitalismus – kann in der öffentlichen Wirtschaft

---

[5] Das gleichnamige Buch von Günter Ögger erschien 1992 bei Droemer-Knaur in München.

schnell untragbar sein: Preise drücken, die interne Stellenkonkurrenz anheizen, Partnern etwas Gutes tun oder einfach nur einen größeren Dienstwagen fahren. Die Divergenz zwischen der Fülle kritischer Anwürfe und des dann doch hohen Renommees der kommunalen Wirtschaft lässt sich womöglich gerade durch diese unterschiedlichen Ansprüche erklären. Das ist legitim, gereicht vielleicht sogar zur Ehre, liefert aber auch einen Hebel, öffentliche Unternehmen gezielt zu diskreditieren. Diese sollen sich gemäß ihrem öffentlichen Auftrag von der schnöden Profitmaximierung absetzen. Öffentliche Unternehmen – so heißt es – agieren mit dem Geld der Bürger. Das trifft grundsätzlich zwar auch auf jeden privaten Anbieter von Daseinsvorsorgeleistungen zu. Der eher vage formulierte öffentliche Auftrag definiert aber einen besonderen Anspruch, der zumindest in liberalisierten Märkten sogar zum Wettbewerbsnachteil gereichen kann. Denn mit diesem Anspruch wird im Regelfall nur das kommunale Unternehmen konfrontiert. Wenn die Aufgabe von einem Privaten übernommen wird, scheint es akzeptabel, dass Subunternehmer involviert sind, die keinen Tariflohn zahlen. Von der Kommune und ihren Betrieben aber wird erwartet – und dies natürlich zu Recht – dass es sich an alle gesetzlichen Regeln hält und darüber hinaus unsere hohen moralischen Erwartungen erfüllt. Und das ist teuer, denn es geht um viel mehr als nur um den Lohn nach Vertrag. Wir wollen, dass über den Bedarf ausgebildet wird, wir wollen die Einhaltung aller Umweltstandards, wir fordern von unserem Wohnungsunternehmen sozial verträgliche Mieten und dass im Fußballverein unseres Kindes Jahr für Jahr ein neuer Satz Trikots von den Stadtwerken spendiert wird, kriegt maximal ein Häkchen. Machen wir uns manchmal Gedanken, wie es unter solchen Bedingungen möglich ist, dass die Kilowattstunde Strom unseres kommunalen Versorgers trotzdem noch billiger ist als die vom Großkonzern?

Doch zurück zur Korruption. An jedem deutschen Stammtisch erntet man 100%ige Zustimmung, wenn man den „Öffentlichen" besondere Korruptionsanfälligkeit unterstellt.

Dieses „Votum" ist ebenso allgemein wie nebulös. Denn was ist das eigentlich, das „Öffentliche"? Sind es der Staat, die Verwaltungen auf allen Ebenen, die Politik, die Staats- und Kommunalwirtschaft? Natürlich gibt es in diesem Bereich Vorteilsnahmen und natürlich auch Korruption. Ist sie dort aber größer oder kleiner als im privaten Bereich? Diese Frage kann schlüssig nicht beantwortet werden, denn beide Ebenen sind wie die berühmten Äpfel und Birnen. Richtig: Die kann man nicht vergleichen. Unter anderem deshalb gibt es zu dieser Frage weder Zahlen noch Fakten. Das hat selbst uns, den Autoren dieses Buches, den Atem verschlagen: Drakonische Generalschelte des „Öffentlichen" ohne jeden empirischen Beleg? Einmal mehr zeigt sich die Lebenskraft jenes perfiden Ausspruchs, dass jede Lüge geglaubt wird, man müsse sie nur oft genug wiederholen. Es gibt aber noch einen zweiten Grund: Weil die moralische Erwartungshaltung so hoch, ja bisweilen erdrückend ist, erfährt das „Öffentliche" auch besondere öffentliche Aufmerksamkeit. Und aus der „veröffentlichten Meinung" wird – dieses Phänomen ist uns geläufig, wird aber permanent unterschätzt – öffentliche Meinung. Im Land Brandenburg gab es von 2009 bis 2013, also in fünf Jahren, sechs Fälle von Vorteilsnahmen in der Kommunalwirtschaft. Dabei handelt es sich durchgängig um Bagatellvergehen, etwa die Teilnahme an einer Dampferfahrt, veranstaltet von einem Partner aus der Privatwirtschaft. Fünf Jahre, sechs Fälle. Die Quote pro Jahr dürfen Sie selber „ausrechnen". Die mediale Berichterstattung darüber allein in den gedruckten Medien füllt aber einen ganzen Ordner.

Warum haben wir uns ausgerechnet das Begriffspaar Kommunal- und Privatwirtschaft als Gegenstand eines Vergleiches zum Thema Korruption ausgesucht? Das ist schnell erklärt. Der Begriff der Öffentlichen Hand ist diffus und hat kein Pendant. Das gilt auch für öffentliche Amts- und Mandatsträger. Dazu gibt es schlicht keine adäquate Vergleichsgruppe im privaten Sektor. Also musste man getreu dem alten Grundsatz, dass nur Äpfel mit Äpfeln verglichen werden dürfen, Sachverhalte gegenüber stellen, die diesem strengen Erfordernis genügen. Und das ist im öffentlichen Sektor nur die Kommunalwirtschaft. Und zwar jener übergroße Teil, der privatrechtlich, also vor allem als GmbH oder AG, organisiert ist. Diese Kategorie hat ein „Gegenüber", nämlich die genauso konstituierte Privatwirtschaft. Mit dieser grundlegenden Kategorisierung war dem „Apfelgrundsatz" zwar notwendig, aber noch nicht hinreichend (Sie erinnern sich jetzt schemenhaft an Ihren Matheunterricht....) Genüge getan. Das musste in einem zweiten Schritt dahingehend gewährleistet werden, dass Unternehmen beider Eigentumsgruppen statistisch gewichtet wurden. Denn natürlich gibt es deutlich mehr Firmen in privatem als in kommunalem Besitz. Da wäre es ungerecht und nachteilig für den privaten Sektor, einfach nur die absoluten Zahlen zu vergleichen. Darüber lesen Sie im Detail auf den folgenden Seiten. Vorab nur dieses: Das, was Sie nun zur Kenntnis nehmen, ist eine öffentliche Premiere. Denn im vorliegenden Buch werden die Ergebnisse der erstmals in Deutschland vorgenommenen vergleichenden Bestandsaufnahme zur Korruption in Kommunal- und Privatwirtschaft erstmals auch öffentlich publiziert. Seien Sie gespannt!

Erstmalig belastbare Ergebnisse
Zunächst aber eine kleine juristische Einführung: Denn auch der Vergleich zwischen Kommunal- und Wirtschaft hinkt, nur ein klein wenig, aber er hinkt. Und zwar zuungunsten der Kommunalwirtschaft. Der Geschäftsführer einer GmbH aus der Privatwirtschaft wird unter den Stichworten Korruption und Vorteilsnahme anders behandelt als sein Kollege, der die Geschäfte eines Stadtwerkes führt. Die kommunale Führungskraft existiert nämlich quasi doppelt, einmal im Sinne des GmbH-Gesetzes mit allen dort definierten Rechten und Pflichten. Zum anderen aber ist er auch noch „Amtsträger". Damit existiert er genauso öffentlich wie etwa sein Bürgermeister, und für solche Zeitgenossen werden auch viel strengere juristische Maßstäbe definiert. Das ist vom Grundsatz her auch in Ordnung. Wer öffentliche Verantwortung

trägt und damit auch besondere Befugnisse hat, für den müssen viel strengere Regeln gelten. Das hat nach unserem Verständnis zunächst eine übergreifende moralisch-ethische Dimension und macht den Unterschied zu einer Bananenrepublik.

Aus der Moral folgt das Strafgesetzbuch. Und weil wir uns da nicht im Detail auskennen, haben wir Frank Winter gefragt. Seines Zeichens als Oberstaatsanwalt verantwortlich für die Bekämpfung der Korruptionskriminalität im ganzen Land Brandenburg. Die gleichnamige, von Frank Winter seit 2002 geleitete Behörde, hat ihren Sitz im idyllischen Neuruppin. Wie schön's da ist, hat Fontane beschrieben. Oberstaatsanwalt Winter wiederum liest in seinem Arbeitsalltag Schriftsätze und Akten, die im deutlichen Kontrast zu den klaren Seen und endlosen Wäldern in diesem Teil der Mark Brandenburg stehen.

Oberstaatsanwalt Winter erläutert zum Thema „Ungleichbehandlung" folgendes: Die Paragraphen 299f im Strafgesetzbuch haben Bestechlichkeit und Bestechung im geschäftlichen Verkehr zum Gegenstand und gelten grundsätzlich für Kommunal- und Privatwirtschaft gleichermaßen. Anders die Paragraphen 331 ff. Diese stellen korruptives Verhalten – Vorteilsannahme und Bestechlichkeit – von Amtsträgern unter Strafe. Leitende Mitarbeiter in der Kommunalwirtschaft werden teilweise strafrechtlich wie Amtsträger behandelt, unterfallen also den „schärferen" Korruptionstatbeständen. Und in dieser Konstellation kann es schon Gegenstand von Ermittlungen sein, wenn eine großzügige Einladung zum Essen überhaupt nur angenommen wird. Selbst dann, wenn der Einlader damit keinen konkreten Zweck verfolgt – etwa nach dem Motto, ich lade Dich in ein teures Restaurant an, dafür musst Du mich aber bei der nächsten Vergabe eines Auftrages berücksichtigen – sondern nur im Sinn hat, zu einem potentiellen Auftraggeber gute Stimmung zu schaffen.

Verlegen wir diesen Vorgang in die Sphäre der privaten Wirtschaft, hat das in der Regel noch keine juristische Relevanz. Denn der Tatbestand des Paragrafen 299 ist als Antragsdelikt ausgestaltet, wird also bei leichteren Verstößen nur auf ausdrücklichen Strafantrag des Geschäftsherren oder eines Konkurrenten verfolgt. Schon deshalb müssten die Fallzahlen in der Kommunalwirtschaft höher sein. Mehr Möglichkeiten zu fehlen, also auch mehr Fälle. Wir werden jetzt sehen, ob diese Annahme zutrifft. Zuvor dürfen wir aber noch einmal Oberstaatsanwalt Winter zitieren, der uns auf weitere Sachverhalte aufmerksam gemacht hat. Zum einen weist er auf die Begriffe „Hellfeld" und „Dunkelfeld" hin. Juristen wissen, was damit gemeint ist. Für uns war das Fachchinesisch. Deshalb haben wir uns vom Oberstaatsanwalt erläutern lassen, was damit gemeint ist: Das Hellfeld betrifft alle Verdachtsfälle (dazu gehört auch der ernsthafte Verdacht), die den Ermittlern bekannt werden. Man kann davon ausgehen, dass solche Vorgänge in der Kommunalwirtschaft schneller in den Fokus der Strafverfolgungsbehörden geraten. Und zwar zum einen, weil sie häufiger Gegenstand von Hinweisen sind. Zum anderen, weil jeder ernst zu nehmende Hinweis zum Gegenstand einer Ermittlung gemacht werden muss. Denn es handelt sich soweit die Paragrafen 331 ff. in Betracht kommen um Offizialdelikte. Zu deutsch, es muss ermittelt werden.

Was den Ermittlern nicht bekannt wird, das ist das Dunkelfeld. Das ist bekanntlich bei Korruptionsdelikten besonders groß. Aber es darf auch angenommen werden, dass es in der Privatwirtschaft größer ist.

Zu den Fakten. Zunächst zeigen wir sie in einer ersten Bestandsaufnahmen für das Land Brandenburg. Von 2009 bis 2013 gab es dort sechs Fälle von Vorteilsnahmen in der Kommunalwirtschaft. In der Privatwirtschaft wurden unter den Überschriften Bestechung und Bestechlichkeit 56 Delikte erfasst. Das ist das 9,3 fache. In den Medien fand sich dazu aber so gut wie nichts. Was passiert, wenn von wenig viel Notiz genommen wird, und von viel nichts? Der Leser oder Fernsehzuschauer bekommt ein schiefes Bild. Nein, viel schlimmer: die Realität steht auf dem Kopf. Und weil dieses extreme Missverhältnis zwischen Wirklichkeit und medialer Reflektion auch noch unser Vorurteil von der per se korrupteren Kommunalwirtschaft bestätigt, verfestigt sich der Verdacht. Obwohl das Leben doch eine ganz andere Sprache spricht.

Gleichwohl sind alle Lampen auf den öffentlichen Sektor gerichtet. Damit bleibt die Realität im viel größeren Feld des Privaten im Nebel. Bertolt Brecht hat das in seiner „Dreigroschenoper" viel besser formuliert: „Denn die einen sind im Dunkeln und die andern sind im Licht, und man sieht die im Lichte, die im Dunkeln sieht man nicht."

Dass es genauso funktioniert, haben wir Ihnen gerade für das Land Brandenburg bewiesen. Sechs Fälle in der Kommunalwirtschaft. Alle sechs in der Dimension einer angenommenen Einladung zum Essen und ohne Zusammenhang mit einer pflichtwidrigen Diensthandlung, also etwa einer konkreten Bevorzugung. Wir wiederholen: in der Privatwirtschaft hätte es dazu nicht einmal eine Ermittlung gegeben.

Aber diese Vergehen standen im Scheinwerferlicht und es gab auch Medienecho. Die 56 Verfahren in der Privatwirtschaft wiederum blieben praktisch ohne jede journalistische Beachtung. Was der normale Erdenbürger und Medienkonsument daraus schließt? „Die Kommunalen sind korrupter." Nach dem gleichen Mechanismus der bloßen Augenscheinnahme hat sich über Jahrtausende die Vorstellung gehalten, dass unsere Erde eine Scheibe sei.

Wir zitieren diese Zahlen und Fakten aus einer empirischen Bestandsaufnahme, die es so noch nie zuvor in Deutschland gegeben hat. Und die war mehr als überfällig. Denn die Wissenschaft hatte bis dahin, das war das Jahr 2015, keine Antwort auf die Frage, ob Korruption in kommunalen Unternehmen qualitativ oder quantitativ stärker ausgeprägt ist als in der Privatwirtschaft.

Welche Schlussfolgerung zieht jemand, der kommunalwissen-schaftlich unterwegs ist, wenn er einen derart weißen Flecken auf der wissenschaftlichen Landkarte entdeckt? Er schreitet zur Tat. Im konkreten Fall formulierte er die wissenschaftliche Aufgabe, „goss" sie in das Thema einer Masterarbeit und motivierte im Masterstudiengang Kommunalwirtschaft an der Hochschule für nachhaltige Wirtschaft Eberswalde[6] einen seiner Studenten, einen Volljuristen, der Wissenslücke mit einer Masterarbeit zu Leibe zu rücken.

Ziel war es, Delikte in der Kommunal- und in der Privatwirtschaft gegenüber zu stellen und der Frage nachzugehen, ob tatsächlich Unterschiede in der Korruptionsbelastung zwischen Kommunal- und Privatwirtschaft belegbar sind.

Nun wird's ein wenig wissenschaftlich. Das können und wollen wir Ihnen nicht ersparen. Wer gegen zumeist aus dem Bauchraum kommende Zuwidmungen und Vorurteile zur Kommunalwirtschaft anschreibt, der kann dies nur erfolgreich tun, wenn er Fakten, nichts als Fakten akribisch vor dem geschätzten Leser ausbreitet. Nochmals: Empirisch basierte Veröffentlichungen zur Ausprägung von Korruption in der öffentlichen und in der privaten Wirtschaft gab es nicht, erst recht nicht vergleichend zwischen beiden Eigentumsformen. Diese höchst erstaunliche Erkenntnis stand am Anfang einer bemerkenswerten studentischen

---

[6] An der Hochschule für nachhaltige Entwicklung Eberswalde (FH) besteht seit 2010 der deutschlandweit einzige Studiengang, in dem der akademische Abschluss eines „Master of arts" der Kommunalwirtschaft erworben werden kann. Es handelt sich um einen berufsbegleitenden Studiengang mit akademischen Zugangsvoraussetzungen. Die Mastergraduierung wird in drei Semestern mit insgesamt sieben Präsenzwochen an der Hochschule und hohen Fernstudienanteilen erreicht: http://www.hnee.de/de/Studium/Master-Studiengaenge/Kommunalwirtschaft/Masterstudiengang-Kommunalwirtschaft-E5281.htm.

Arbeit, die im Folgenden vorgestellt wird.[7, 8] Zwar widmete sich eine Reihe von Veröffentlichungen der Korruption im öffentlichen Umfeld, doch auch die Strafverfolgungsstatistik bot nicht die Möglichkeit, den Kreis der Abgeurteilten und Verurteilten nach ihrer Zugehörigkeit zu einem kommunalen Unternehmen in privater Rechtsform bzw. einem entsprechenden Unternehmen aus der Privatwirtschaft zu differenzieren. Auch hier also das „Aha-Erlebnis", dass viel gemutmaßt be- und verurteilt wird, aber ohne belastbare Faktenbasis. Und natürlich immer mit der Hauptstoßrichtung öffentliche Hand.

Helmut Görling untersuchte anhand von Presseveröffentlichungen zwischen 2007 und 2010 die Ausprägung von wirtschaftskriminellen Straftaten. Neben Bestechlichkeit und Vorteilsnahme (§§ 331 ff. StGB) wurden auch Betrug (§ 263 StGB) und Untreue (§ 266 StGB) berücksichtigt. Ein knappes Drittel der Taten entfiel auf den öffentlichen Sektor. Da die Studie aber ausschließlich auf Pressartikeln fußte, blieb unklar, in welchem Verfahrensstadium sich die thematisierten Korruptionsfälle befanden. Typischerweise wird in den Medien über Korruptionsfälle bereits mit dem Bekanntwerden eines Verdachts berichtet. Ob dieser sich im Zuge der Ermittlungen bestätigt und zu einem repressiven Verfahrensabschluss führt, bleibt offen. Der größte Fehler von Görling aber besteht darin, dass er die sogenann-

---

[7] Die eigenständige empirische Bestandsaufnahme wurde von Martin Jehle im Rahmen einer 2014 vorgelegten Masterthesis an der Hochschule für nachhaltige Entwicklung Eberswalde, Masterstudiengang Kommunalwirtschaft, realisiert. Wissenschaftlicher Betreuer und Erstgutachter dieser Thesis war Prof. Dr. Michael Schäfer, einer der Autoren des vorliegenden Buches. Jehle, Martin: Compliance in öffentlichen, insbesondere kommunalen Unternehmen. Voraussetzungen, Bedingungen und Besonderheiten im Zusammenhang mit einer empirischen Untersuchung zu Korruptionsstraftaten in kommunalen Unternehmen in privater Rechtsform im Vergleich zur Privatwirtschaft, Hochschule für nachhaltige Entwicklung Eberswalde (FH), 2015.
[8] Das vorliegende Kapitel basiert auf den Untersuchungen und Befunden der Masterthesis von Martin Jehle. Auf die Kennzeichnung jeder einzelnen Aussage per Fußnote wird im Folgenden verzichtet.

te Hell-/Dunkelfeld-Problematik komplett ignoriert. Selbst ein Nichtfachmann weiß, dass die öffentliche Aufmerksamkeit – das sogenannte Hellfeld hatten wir schon erwähnt – im Bereich der öffentlichen Hand überproportional groß ist. Schon ein anonymer Hinweis reicht für mediale Aufmerksamkeit. Und wenn es in der Zeitung steht, dann muss der Staatsanwalt ermitteln. Ob er will oder nicht. Sobald ein Amtsträger involviert ist – und das ist auch der Geschäftsführer eines Stadtwerkes – wird selbst eine üble Denunziation bis zum Beweis des Gegenteils zum Offizialdelikt.

Kennzeichnend für amtliche Statistiken ist, dass sie zwar auf tatsächlich festgestellten Fällen beruhen, aber entweder bereits bei der Darstellung der Delikte nicht spezifisch genug sind oder nicht nach Wirtschaftsbereichen differenziert wird. Immerhin ist es möglich, anhand der Strafverfolgungsstatistik Aussagen über das Aufkommen von Straftaten bei Korruption und Vorteilsnahme zu treffen.

Der Blick in die Literatur brachte also keinerlei verwertbaren Erkenntnisse über die Korruptionsanfälligkeit in Kommunal- und Privatwirtschaft. Damit fiel die Entscheidung zu einer eigenen empirischen Untersuchung, wie sie zuvor noch nirgendwo vorgenommen wurde.

Dies geschah in dem Bewusstsein, dass es zur „Natur" der Korruption gehört, heimlich und im Verborgenen stattzufinden. Korruptives Verhalten zeichnet sich dadurch aus, dass „Geber" und „Nehmer" zu Lasten eines Dritten zusammenwirken. Ein konkreter Schaden wird in der Mehrzahl der Fälle nicht bemerkt. Meist gibt es kein sichtbares „Opfer", das den Sachverhalt zur Anzeige bringt und damit die Strafverfolgung auslöst. Es ist also von einer erheblichen Dunkelziffer auszugehen, also von Korruptionsdelikten, die den Strafverfolgungsbehörden nicht bekannt sind und somit auch statistisch nicht erfasst werden.

Auch beim Thema „Dunkelziffer" muss zwischen Kommunal- und Privatwirtschaft unterschieden werden. Alle Scheinwerfer sind auf die Kommunalwirtschaft gerichtet und die sitzt quasi schon auf der Anklagebank bevor real überhaupt etwas passiert ist. Das ist das bekannte Phänomen der Vorverurteilung: zuerst wird gehängt, geteert und gefedert und anschließend geprüft. In einem Klima, in dem man die „Flöhe husten hört", muss die Dunkelziffer deutlich geringer sein, als dort, wo das Wort vom „im Dunkeln lässt sich gut munkeln" gilt. Um das alles aber zu beweisen, bedurfte es einer intensiven Kooperation mit den Strafverfolgungsbehörden. Der Verfasser der Masterthesis versuchte mit Unterstützung seines wissenschaftlichen Betreuers bundesweit Justizministerien und Staatsanwaltschaften für eine wissenschaftliche Zusammenarbeit zu gewinnen. Diesem Ansinnen wurde im Land Brandenburg und Freistaat Thüringen entsprochen.[9] Immerhin in zwei Bundesländern konnte also der Frage nachgegangen werden, wo mehr Korruptionsstraftaten zur Anzeige gebracht wurden – bei den Privaten oder bei den kommunalen Unternehmen.

Ausgangsposition und Rechtsrahmen
Korruption kann seinen strafrechtlichen Niederschlag in der Verletzung verschiedener Strafnormen finden. Bei den speziellen, auf die Sanktionierung korruptiven Verhaltens abzielenden Strafvorschriften handelt es sich für den Bereich der Kommunalwirtschaft häufig um die §§ 331 bis 334 StGB (Straftaten im Amt), seltener um die §§ 299 f. Für den Bereich der Privatwirtschaft handelt es sich im Regelfall immer um die §§ 299 f. StGB (Bestechlichkeit und Bestechung im geschäftlichen Verkehr). Korruptionsstraftaten nach den genannten Paragraphen werden

---

[9] Warum sich die Justizministerien der anderen 14 Bundesländer unserem Ansinnen aus unterschiedlichsten Gründen verweigerten, wäre Thema eines zweiten Buches. Wir waren und sind jedenfalls der Ansicht, dass es doch eigentlich ein erhebliches öffentliches Interesse daran geben müsste, Sachverhalte zur Korruption aufzuklären. Wer Compliance fordert, und das tun Exekutive, Legislative und Judikative unisono und mit ganzer Kraft, der sollte mit ebensolcher Intensität auch die Aufklärung befördern.

sowohl in Thüringen als auch in Brandenburg von einer Schwerpunktstaatsanwaltschaft verfolgt. Somit ließen sich beide Bundesländer in ihrer Gänze erfassen.

Die Forschungsfrage verlangt zwingend danach, Privat- und Kommunalwirtschaft zunächst einmal definitorisch abzugrenzen. Als Kommunalunternehmen galten Kapitalgesellschaften, die sich zumindest überwiegend in der Hand einer Kommune oder eines Landkreises befinden. Zur Privatwirtschaft wurden folglich alle Unternehmen gezählt, die sich überwiegend in privater Hand befinden. Das schließt eine überwiegend kommunale aber auch im weiteren Sinne öffentliche Beteiligung – etwa der Bundesländer oder des Bundes – aus.

Strafrechtliche Ermittlungsverfahren sind immer personenbezogen oder täterorientiert. Der zur Anzeige gebrachte Sachverhalt bildet die Grundlage, um zu ermitteln, ob eine oder mehrere Personen, die auch noch „unbekannt" sein können, eine oder mehrere Straftaten begangen haben. Sofern tatsächliche Anhaltspunkte festgestellt werden, handelt es sich um Beschuldigte im strafprozessualen Sinne mit den entsprechenden Möglichkeiten der Staatsanwaltschaft, aber auch mit den Rechten der Betroffenen. Ermittlungsverfahren können unterschiedlich enden. Freisprüche und auflagenfreie Verfahrenseinstellungen wurden grundsätzlich nicht gezählt. Berücksichtigt wurden lediglich Fälle, in denen eine Verurteilung erfolgte, ein rechtskräftiger Strafbefehl erging oder die mit einer repressiven Einstellung unter Auflagen endeten. Dies musste zumindest für einen der Beschuldigten zutreffen. Betrachtet wurden alle Fälle in Brandenburg und Thüringen in den Jahren 2009 bis 2013. Das nennt man eine Vollerhebung. Im statistischen Sinne ist dies das Nonplusultra, denn die Betrachtung aller Fälle in einem vergleichsweise langen Zeitraum von fünf Jahren lässt keinen Spielraum für Interpretationen. Neudeutsch heißt das: Die Zahlen und Fakten sind belastbar.

Die Straftatbestände der §§ 331–334 StGB gehören zu den „Amtsträgerdelikten". Diese erfassen korruptives Verhalten (Vorteilsnahme/Bestechlichkeit bzw. spiegelbildlich Vorteilsgewährung/Bestechung) in der öffentlichen Sphäre, also im Bereich der Verwaltung des Staates, seiner Gebiets- und sonstigen Körperschaften sowie anderer Einrichtungen. Man möge an dieser Stelle folgendes beachten: wenn im Volksmund die Annahme, die Öffentlichen seien besonders korrupt, formuliert wird, dann gehören zu dieser Behauptung auch der Griff in die Firmenkasse, der klassische Betrug. Diese Delikte haben mit Korruption und Vorteilnahmen nichts zu tun. Es gibt für diese Art von Fällen keine belastbaren Fakten für den Vergleich von Kommunal- und Privatwirtschaft. Es ist gleichwohl zu vermuten, dass es ähnliche Relationen in den Fallhäufigkeiten geben könnte wie bei den Korruptionsstraftaten.

Das Gesetz stellt den personalen Bezug zum Amtsträger in den Mittelpunkt, der „Nehmer" sein muss. Auf der „Geber"-Seite kommt es darauf nicht an. Amtsträger im klassischen Sinne sind Beamte und andere Angehörige des öffentlichen Dienstes. Allerdings ist der Begriff dehnbar und entwicklungsoffen, denn gemäß § 11 Abs. 1 Nr. 2 Buchstabe c) StGB ist Amtsträger auch, wer bei einer „sonstigen Stelle" Aufgaben der öffentlichen Verwaltung unbeschadet der zur Aufgabenerfüllung gewählten „Organisationsform" wahrnimmt. Daraus hat sich in Rechtsprechung und Literatur die Auffassung herausgebildet, dass auch Angehörige kommunaler Unternehmen in privater Rechtsform teilweise strafrechtlich als Amtsträger zu behandeln sind (funktionaler Amtsträgerbegriff). Mithilfe der §§ 331 f. StGB soll neben der Sanktionierung korruptiven Verhaltens auch dem besonderen Vertrauen Rechnung getragen werden, das Amtsträgern und ihren Entscheidungen in einem demokratischen Rechtsstaat von der Allgemeinheit entgegengebracht werden darf.

Die §§ 299 ff StGB (Bestechung und Bestechlichkeit im geschäftlichen Verkehr) hingegen beziehen sich auf jedermann, der in einem geschäftlichen Betrieb angestellt oder von einem solchen beauftragt ist bzw. der eine solche Person besticht. Auf die Eigenschaft des Amtsträgers kommt es beim „Nehmer" nicht an. Rechtsgut der Strafvorschrift ist der Schutz des Wettbewerbs vor Manipulation durch korruptives Verhalten und damit verbundener Verfälschung des Leistungsgedankens zulasten eines Marktteilnehmers. Darüber hinaus sollen die Volkswirtschaft und damit die Allgemeinheit vor den Auswirkungen von Bestechung und Bestechlichkeit im geschäftlichen Verkehr bewahrt werden. Diese bestehen nämlich typischerweise in Qualitätsverlusten und/oder Preiserhöhungen.

Wer steht öfter vorm Kadi?
In den fünf Jahren zwischen 2009 und 2013 wurden in Brandenburg insgesamt sechs Korruptionsverfahren im eingangs definierten kommunalwirtschaftlichen Bereich geführt. Jedes dieser sechs Verfahren hatte den Vorwurf der Vorteilsnahme zum Gegenstand und jedes endete gemäß § 153a StPO mit einer Einstellung gegen Geldauflage. Die den Ermittlungsverfahren zugrundeliegenden Sachverhalte waren im niederschwelligen Bereich angesiedelt. Beispielhaft genannt seien die Teilnahme an einer Dampferfahrt im Rahmen der Betriebsfeier eines anderen Unternehmens oder die Annahme einer Einladung zu einem Restaurantbesuch. Für das Segment der Privatwirtschaft wurden 56 Fälle gezählt. Damit entfielen 90,3 % der Fälle auf die Privat- und 9,7 % auf die Kommunalwirtschaft.

In Thüringen gelangten nach den skizzierten Kriterien und im genannten Zeitraum sechs Fälle aus der Privat- und 34 Fälle aus der Kommunalwirtschaft in die Betrachtung. Dies entspricht Anteilen von 15 bzw. 85 %.

Das Verhältnis der Beschuldigten aus Kommunal- und Privatwirtschaft hat für sich genommen nur wenig Aussagekraft, sondern ist in Relation zur tatsächlichen Relevanz dieser Wirtschaftsbereiche zu betrachten. Da es hier zuvorderst um Personen geht und weil durchschnittliche Umsatzzahlen für die definierten Kategorien, wenn überhaupt, nur sehr umständlich recherchiert werden können, wurden die jeweiligen Beschäftigtenzahlen in Kommunal- und Privatwirtschaft als geeignetes Ansatzkriterium erachtet. Dies erfolgte in der Art, dass zum einen die Beschäftigtenzahlen der Gesamtwirtschaft für Kapitalgesellschaften und zum anderen die entsprechenden Zahlen für die Kommunalwirtschaft ausgewiesen wurden.

Brandenburg	
a) Kommunalwirtschaft	
Anzahl der Unternehmen	544
Anzahl der Beschäftigten	35.960
b) Gesamtwirtschaft	
Anzahl der Beschäftigten	311.356

Für den Bereich der Privatwirtschaft war zu berücksichtigen, dass sich die gelieferten Daten auf die Kapitalgesellschaften der Gesamtwirtschaft an sich bezogen, also auch diejenigen Unternehmen enthielten, welche sich in kommunaler Trägerschaft befinden. Von daher war genau die Menge an Kommunalunternehmen sowie die entsprechende Beschäftigtenzahl, die die Gewichtungsgrundlage für diesen Bereich darstellt, in Abzug zu bringen. Auf das privatwirtschaftliche Segment entfielen im Sinne der Untersuchung 273.356 Beschäftigte in den Bundesländern.

Die Gewichtung erfolgte in der Art, dass für jeden Bereich das Verhältnis von Beschuldigten zu Beschäftigten ermittelt wird und sodann beide Verhältniskoeffizienten gegenübergestellt werden.

	Beschuldigte	Beschäftigte	Beschäftigte je Beschuldigter
Kommunalwirt-schaft	6	35.960	5993
Privatwirtschaft	56	273.356	4881

Damit kommen in Brandenburg auf einen Beschuldigten aus der Kommunalwirtschaft 1,23 Beschuldigte aus der Privatwirtschaft. Für Thüringen ergab sich folgendes Bild:

a) Kommunalwirtschaft	
Anzahl der Unternehmen	443
Anzahl der Beschäftigten	31.452
b) Gesamtwirtschaft	
Anzahl der Unternehmen	13.433
Anzahl der Beschäftigten	311.778

	Beschuldigte	Beschäftigte	Beschäftigte je Beschuldigter
Kommunalwirt-schaft	6	31.435	5239
Privatwirtschaft	34	278.826	8040

Damit kommen in Thüringen auf einen Beschuldigten aus der Privatwirtschaft 1,53 Beschuldigte aus der Kommunalwirtschaft.

Die absoluten Zahlen für Korruptionsverfahren sind sehr überschaubar. Sowohl in Brandenburg als auch in Thüringen wurde zwischen 2009 und 2013 nur sechs Mal gegen Angestellte kommunaler Unternehmen ermittelt. Diese Vollerhebungen in zwei Flächenländern können für das gesamte Bundesgebiet durchaus als repräsentativ gelten. Auch deshalb, weil das Kriminalitätsauf-

kommen in Deutschland sehr gleichmäßig verteilt ist, ist die Annahme zulässig, dass dies auch für Korruptionsstraftaten gilt.

Selektive Wahrnehmung?
Die bemerkenswerten Ergebnisse der quantitativen Erhebung
wurden mit Methoden der qualitativen Sozialforschung evaluiert. Die Leiter der Korruptionsschwerpunktstaatsanwaltschaften
in Thüringen und Brandenburg wurden anhand eines Leitfadens
zu den Hintergründen ihrer Arbeit und zur grundlegenden Forschungsfrage interviewt. Beide verwiesen auf die ausgeprägte
Hell-Dunkelfeld-Problematik und formulierten die Hypothese,
dass das Anzeigeverhalten in der Kommunalwirtschaft deutlich
ausgeprägter sei als in der Privatwirtschaft. Gründe hierfür seien
sowohl in der Kontrolle durch die Verwaltung als auch im starken Bezug zwischen Kommunalwirtschaft und Bürger zu sehen.
Vor diesem Hintergrund dürfte das Dunkelfeld im Bereich der
Privatwirtschaft (deutlich) größer sein, als im Bereich der Kommunalwirtschaft.

Bei der Bewertung qualitativer Unterschiede ist zudem auf
einen wesentlichen rechtlichen Unterschied hinzuweisen. Im
Bereich der Kommunalwirtschaft finden wegen des von der
Organisationsform unabhängigen, sogenannten funktionalen
Amtsträgerbegriffs auch die §§ 331 und 332 StGB Anwendung.
Diese sind – anders als § 299 StGB – nicht als Antragsdelikte
ausgestaltet, weshalb im Bereich der Kommunalwirtschaft auch
leichtere Vergehen angezeigt und verfolgt werden.

Die Masterthesis zeigte, dass die eingangs zitierte Stammtisch-
„Weisheit" von einer höheren Fallzahl an Korruptionsstraftaten
bei kommunalen Unternehmen ein Märchen ist. Eine Vollerhebung anhand tatsächlicher Strafverfahren in zwei Bundesländern und in einem Zeitraum von fünf Jahren zeigte für den
Vergleich zwischen Privat- und Kommunalwirtschaft keine
signifikanten Unterschiede. Die Interviews mit den zuständigen

Oberstaatsanwälten sowie die Betrachtung des rechtlichen und regulatorischen Rahmens vermittelten jedoch vielfältige Indizien für ein deutlich stärker ausgeprägtes Dunkelfeld bei der Privatwirtschaft. Und auch qualitativ bewegten sich die zwölf in die Zählung aufgenommenen Fälle aus der Kommunalwirtschaft am unteren Rand der Wahrnehmungsschwelle und endeten größtenteils mit einer Einstellung gegen Auflagen. Für die meisten der angeklagten Grenzübertretungen muss daher angenommen werden, dass eine Strafbarkeit nicht bewusst angenommen wurde und dass sie daher im Bereich der Fahrlässigkeit anzusiedeln sind.

Zusammenfassend kann festgestellt werden:

Erstens wird die regelmäßig behauptete besondere Korruptionshäufigkeit der kommunalen Wirtschaft in der umfassend ausgewerteten wissenschaftlichen Literatur nicht belegt.

Zweitens findet sich in der gesamten Literatur keine wissenschaftlich seriöse und belastbare Aussage zur Quantifizierung der Korruption in kommunalen Unternehmen. Statt einer exakten Bestandsaufnahme werden empirisch nicht belegte Behauptungen aufgestellt, in inhaltlich-methodisch unzulässiger Weise die öffentliche Verwaltung mit der Privatwirtschaft verglichen oder aus dem Umfang von Presseveröffentlichungen zu Korruptionsstraftaten im privaten und öffentlichen Sektor Aussagen zur tatsächlichen Fallhäufigkeit in beiden Sektoren abgeleitet.

Drittens konnte nachgewiesen werden, dass das Fehlen einer empirischen Datenbasis der gravierendste Mangel aller bisherigen Forschungen zum Vergleich von Korruptionsstraftaten in der Kommunal- und Privatwirtschaft war.

Viertens konnte erstmals genau diese Datenbasis für den Vergleich von Korruptionsfällen in der Kommunal- und Privatwirtschaft bereitgestellt werden. Die Erhebung dieser Daten beispielhaft für die zwei Flächenländer Brandenburg und im Freistaat Thüringen und zwar jeweils vollständig für einen Fünfjahreszeitraum kann als repräsentativ für Deutschland insgesamt gelten.

Fünftens zeigte die Auswertung der Zahlen, dass eine größere Korruptionsbelastung der Kommunalwirtschaft gegenüber der Privatwirtschaft nicht gegeben ist. Durch zusätzliche wissenschaftliche Befragungen konnte belegt werden, dass die Kommunalwirtschaft deutlich stärker im Focus der Aufmerksamkeit steht, was das Aufdeckungsrisiko natürlich deutlich erhöht. Mithin kann sogar auf eine geringere Korruptionsanfälligkeit geschlossen werden. Zudem zeigen die Auswertungen für Brandenburg und Thüringen, dass die Schwere der Fälle im Bereich der Kommunalwirtschaft signifikant geringer ist als in der Privatwirtschaft.

Kommunale Unternehmen verfolgen einen besonderen Auftrag. Ihnen kommt im Vergleich zu privaten Unternehmen eine herausgehobene Bedeutung zu. Durch die Weiterentwicklung des Beteiligungsmanagements und die Anpassung kommunalrechtlicher Regelungen wurden Rahmenbedingungen geschaffen, die zur Vermeidung von Wirtschaftskriminalität beitragen. Gleichwohl sollte die Kommunalwirtschaft auf diesem Stand nicht verharren. Die Ausweitung und Intensivierung von Compliance-Systemen könnte die allgemeine und vor allem die unbewusste Korruption weiter reduzieren. Kommunale Unternehmen verwalten nicht ihr eigenes Vermögen, sondern fungieren als Treuhänder kommunalen Eigentums. Deshalb ergreift die Kommunalwirtschaft alle möglichen Maßnahmen, um das Vermögen der Gemeinschaft bestmöglich zu schützen und zwar unabhängig von der Deliktsanfälligkeit privatwirtschaftlicher Mitbewerber.

Fazit

Die empirische Bestandsaufnahme hat wissenschaftliches Neuland betreten und belastbar und repräsentativ für einen zentralen Aspekt einer objektiven Bewertung der Kommunalwirtschaft wertvolle Erkenntnisse geliefert. Auf dieser belastbaren, wissenschaftlichen Grundlage sind im Fazit auch einige Wertungen nicht nur zulässig, sondern sogar dringend geboten:

• Die auch in Sachen Korruption in jeder Beziehung unzulässige Stigmatisierung der Kommunalwirtschaft ist in diesem Segment besonders verwerflich. Denn am Ende geht es um Menschen, die in Verdacht geraten. Dem oft anonymen Hinweis an die Behörde folgt häufig der Anruf bei der Tageszeitung. Im schlimmsten Falle kann das sogar dazu führen, dass Ermittler – wenn nach erster Prüfung und nach richterlicher Entscheidung dies geboten scheint – im Unternehmen körbeweise Akten einsammeln. Das alles geschieht oft im Blitzlichtgewitter der Medien: die Schlagzeilen, die scheelen Blicke der Nachbarn, das Mobbing sogar der Kinder. Wer nimmt nach dieser Tortur noch zur Kenntnis, wenn nach anderthalbjährigen Ermittlungen das Verfahren eingestellt wird?

• Das Scheinwerferlicht auf die Kommunalen erstrahlt schon dort, wo nach unserem Rechtsverständnis die absolute Unschuldsvermutung gelten muss. Schon die Tatsache, dass die Gattin eines leitender Mitarbeiter eines kommunalen Unternehmens im Berliner KaDeWe erspäht wurde, könnte eine anonyme Anzeige auslösen. Das ist keine Spekulation, das ist die Realität. Dass im konkreten Fall mit dem Hinweis auf den KaDeWe-Besuch die Maschinerie nicht in Kraft gesetzt wird, hat uns der für alle Korruptionsstraftaten im Land Brandenburg zuständige Oberstaatsanwalt Frank Winter, dem Sie schon am Beginn dieses Kapitels begegnet sind, erläutert. Wir hören von ihm aber auch die Zahl, dass etwa 40 % der Anzeigen, die in seiner Behörde landen, anonym sind. Er weist aber zu Recht darauf hin, dass es zu einseitig wäre, dies nur als Beleg dafür zu werten, dass Korruption ein Tummelplatz für Denunzianten sei. Anonymität sei hier und da auch ein Schutzraum. Der eine oder andere, der Ruchbares anzeigt, muss nämlich auch Sanktionen der Täter befürchten.

• Gerade kommunalwirtschaftliche Führungskräfte stehen unter besonderer Beobachtung von Zeitgenossen, die mit missionarischem Eifer etwas bekämpfen, was es – wir haben es ausführlich bewiesen – real ja gar nicht nennenswert gibt. Und die wenigen Einzelfälle „verdienen" diese geballte Aufmerksamkeit einfach nicht. Es gibt genügend reale Schauplätze, an denen Engagement, die Welt zu retten, zumindest aber zu verbessern, angesagt ist. Die Kommunalwirtschaft als „Hort von Korruption" gehört mit absoluter Sicherheit dazu nicht. Weil die Weltretter zum Stichwort Korruption bei den Kommunalen nichts finden, wird erfunden: Was muss einen anonymen Anrufer geritten haben, der mit folgender Schilderung die Ermittlungsmaschinerie in Gang brachte: ein Bürgermeister habe als Vorsitzender des Aufsichtsrates des Stadtwerkes nach der Sitzung an einem kostenlosen Abendessen teilgenommen. Da er dafür nichts bezahlt habe, sei ihm ein geldwerter Vorteil erwachsen, und es müsse angenommen werden, dass er selbigen in seiner Einkommenssteuererklärung nicht ausgewiesen habe. Der Denunziant hatte Recht: der Imbiss (ein paar belegte Brötchen nebst Kaffee) der nach einer sechsstündigen Aufsichtstagung in der Stadt des Minderheitsgesellschafters – fünf Autostunden vom Wohnsitz des Bürgermeisters entfernt (der trat nach dem Imbiss noch die Heimreise an, war weit nach Mitternacht zu Hause und saß früh um sieben schon wieder am Schreibtisch) – gereicht wurde, erschien bei keinem der Teilnehmer in der Steuererklärung. Ermittelt aber wurde wegen Steuerhinterziehung. Natürlich siegten am Ende Wahrheit und Vernunft. Entschuldigt hat sich aber Niemand. Und kommunale Führungskräfte müssen auch weiterhin damit leben, dass sie viel, viel häufiger in das Visier von Beschuldigern geraden als ihre privaten Kollegen und zwar mit Anwürfen, die nicht einmal ansatzweise einen realen Hintergrund haben.

- Ja, auch in kommunalen Unternehmen gibt es Korruption. Wir erinnern uns: sechs Fälle, alle leichter Art, von 2009 bis 2013 in Brandenburg. Dort gab es 2015 auch eine Verurteilung in einem schweren Fall. Eine kriminelle Liaison eines leitender Mitarbeiter in einem Stadtwerk und seinem Pendant in einem Privatunternehmen. Jawohl das sagen wir zunächst „politisch korrekt": jeder Fall ist einer zuviel, ob sechs leichte in fünf Jahren oder ein schwerer im Jahr 2015.

- Aber wir sagen auch, dass die Kommunalwirtschaft angesichts der gezeigten „Dimensionen" auch selbstbewusst und stolz darauf sein kann, dass Korruption und Vorteilsnahme dort wirklich nur die berühmte Ausnahme von der Regel ist.

- Dass es „schwarze Schafe" gibt, das kann niemand aus der Welt schaffen. Und es wäre geradezu töricht und wirklichkeitsfremd, dies für die Kommunalwirtschaft auszuschließen.

- Es sind dort aber extrem wenige. Das wurde mit der Untersuchung bewiesen, und wir haben uns über das Ergebnis sehr gefreut.

- Warum die Kommunalwirtschaft so „sauber" ist, konnten Sie in vorherigen Kapiteln nachlesen: sie ist die transparenteste und demokratisch am besten kontrollierte Wirtschaftsform in unserem Land. Ihre leitenden Mitarbeiter müssen Nutzen stiften und Mehrwert für Kommune und Region generieren. Damit gelten für ihre Auswahl – siehe Kap. 5 am Ende dieses Buches – ganz andere Kriterien als für jene, die den Auftrag haben, die Profite in die maximale Höhe zu schrauben. Koste es was es wolle.

- In Brandenburg gibt es 544 kommunale Unternehmen in privater Rechtsform. Dort arbeiten 35.960 Mitarbeiter. Müssen wir angesichts der gerade geschilderten Faktenlage – sechs leichte Verfehlungen in fünf Jahren – wirklich jeden unter Generalverdacht stellen? Natürlich nicht. Aber wir stellen schon fest, dass nicht zuletzt die „veröffentlichte Meinung" für eine tiefe Verunsicherung bei diesen engagierten und redlichen Beschäftigten sorgt. Und Blüten treibt. Ein Bürgermeister, den ich seit vielen Jahren kenne und wegen seines moralischen Formats schätze, verweigerte mir erst kürzlich, dass ich in der Kantine unserer Hochschule den Ein-Euro-Kaffee für ihn an der Kasse mit übernehmen wollte. Dabei hatte er in der Pause zuvor das Gleiche für mich getan......

Wer sich nur dadurch, dass er falsche Behauptungen und sei es nur am fröhlichen Stammtisch, kolportiert, trägt dazu bei, dass sich dieses Klima der Verunsicherung verstetigt. Damit sich das ändert, liefern wir mit diesem Buch die Fakten. Auch um es denen schwerer zu machen, die nach der bewährten Methode „haltet den Dieb" auch von den eigenen Verfehlungen ablenken.

4.12 Sozialer Auftrag oder unangemessener Altruismus?

Kommunale Unternehmen operieren mit dem Geld der Bürger, ziehen es ihnen geradezu aus der Tasche. Sie unterbreiten damit Geschenke, die niemand will und erwarten auch noch Dank dafür. Eines voraus: Diese Sichtweise ist eine geradezu zynische Umkehr der Realitäten. Unwillkürlich stellt man sich den Absender dieser ideologiegetrübten libertären Parolen vor und empfindet nicht allzu viel Sympathie. Spätestens seit Ludwig Erhard ist es Konsens in der bundesrepublikanischen Marktwirtschaft, dass Adam Smiths unsichtbare Hand des Marktes eben nicht alle Probleme löst. Dass marktwirtschaftliche Prozesse grundsätzlich eine gute Allokation ökonomischer Potentiale ermöglichen, dass sie aber durch einen regulatorischen Rahmen und solidarische Systeme flankiert werden müssen, nämlich dort, wo eine optimale Marktkonstellation nicht erreicht wird oder gar nicht möglich ist. Ohne solidarische Systeme würde unsere Gesellschaft nicht funktionieren. Und tatsächlich wollen nur wenige in einem Land leben, in der jede und jeder, stark oder schwach, reich oder arm, stets nur sich selbst überlassen bleibt.

Geschenke an die Bürger – mit deren Geld?

Diejenigen, die kommunale Unternehmen als sozialistische Systeme diskreditieren, outen sich nicht nur selbst als wenig sozial, sie zeigen darüber hinaus, dass sie bei allen ideologischen Scheuklappen das Wesen von Kommunalwirtschaft nicht verstanden haben. Denn rein ökonomisch ergibt sich keinerlei Sonderstellung der kommunalen gegenüber der Privatwirtschaft. Kommunale Wirtschaft nimmt an den allgemeinen Austauschbeziehungen der Märkte teil, sie ist in die nationale und internationale Arbeitsteilung integriert, sie rekrutiert ihre Beschäftigten auf dem allgemeinen Arbeitsmarkt und sie unterliegt den allgemeinen Regeln des Marktes und den Mechanismen der Regulierung. In nahezu allen Feldern der Leistungserbringung stehen kommunale Unternehmen im Wettbewerb mit der Privatwirtschaft. Einzige Ausnahme ist der Wasserbereich wegen des bestehenden natürlichen Monopols. Und kommunale Unternehmen agieren nicht mit dem Geld der Bürger, sie gehören ihnen. Nicht anders als die privaten Konkurrenten finanzieren sie sich im täglichen Wettbewerb durch die Entgelte, die sie für ihre Leistungen und Produkte erhalten. Dabei sind sie erheblichen Einschränkungen unterworfen, die im Wesentlichen auf dem von den Ländern gesetzten Gemeindewirtschaftsrecht beruhen. Im Rahmen der Schrankentrias sind kommunale Unternehmen im Regelfall auf die Gemeindegrenzen beschränkt, sie müssen nachweisen, dass sie ihre Leistungen besser erbringen als private Mitbewerber und sie sind gezwungen, den öffentlichen Zweck ihrer Betätigung zu belegen. Diese Behinderungen widersprechen zwar dem Wettbewerbsgedanken, doch den Marktideologen scheint dies nicht genug. Sie wollen öffentliche Unternehmen per Dekret verbannen. Die Prioritäten scheinen klar. Zuvorderst geht es um die Ausschaltung jeglichen Gemeinsinnes und erst dann um die Funktionsfähigkeit von Märkten. Ganz wichtig scheint zu sein, „Geschenke an die Bürger" zu verhindern. Man fragt sich warum? Geschenke sind doch eigentlich ganz schön. Weil auch die kommunalen Unternehmen nicht Ende Dezember mit einem prall gefüllten Rucksack durch Lande und Städte ziehen, muss der Terminus des „Bürgergeschenks" mit dem gemeinnützigen Auftrag übersetzt werden, den sie auch verfolgen. Die Idee dahinter ist die Aufrechterhaltung einer grundlegenden sozialen, kulturellen und ökonomischen Infrastruktur für alle Menschen vor Ort und zu angemessenen Preisen. Wenn ein Stadtwerk im steuerlichen Querverbund ein öffentliches Bad am Leben hält, dann hilft es nicht denen, die sich einen Pool und einen privaten Schwimmlehrer für die Kinder leisten können. Es ist vielmehr ein Angebot an die Masse der Bürger, an genau jene, die mit Entgelten und Gebühren ihre Unternehmen auch am Leben erhalten. Wenn von den im Wettbewerb erwirtschafteten Gewinnen bei Strom und Gas der ÖPNV gestützt wird, profitieren nicht jene, die eines oder mehrere Autos im Haushalt nutzen können, sondern jene, die für ihre täglichen Wege auf ein grundlegendes Mobilitätsangebot zu angemessenen Preisen angewiesen sind. Von immer mehr ÖPNV profitieren im übrigen alle, ob weniger oder besser verdienend, durch eine sauberere Umwelt. Auch die privaten Konkurrenten finanzieren sich durch das Geld der Bürger. Die einzigen Unterschiede zu den kommunalen Wettbewerbern sind, dass sie eben keine „Geschenke" verteilen, indem sie gemeinnützige Ziele verfolgen, und dass sie im Gegensatz zu ihren kommunalen Konkurrenten in ihrer wirtschaftlichen Entfaltung – wenn überhaupt – nur geringen regulatorischen Einschränkungen unterliegen.

Effizienz bedingt Nutzenstiftung

Nutzenstiftung ist das Ziel kommunalwirtschaftlicher Betätigung. Grundlegende Voraussetzung, dass dieses auch nachhaltig verfolgt und erreicht werden kann, ist eine hohe Effizienz und die Erwirtschaftung von Überschüssen. Diese Überschüsse, in privatrechtlich konstituierten kommunalen Unternehmen die Gewinne, werden in erster Linie als Investitionen benötigt, damit die Leistungen nachhaltig und langfristig auf hohem Niveau erbracht werden können.

Konsens besteht darüber, dass Gewinne, die nicht in den Bestand und gegebenenfalls auch die Erweiterung der Kapazitäten zur Erbringung von Leistungen der Daseinsvorsorge investiert werden müssen, ausschließlich im Rahmen der jeweiligen kommunalen Gemeinschaft für die Erfüllung pflichtiger und freiwilliger Aufgaben genutzt werden. Neben dem Primat der Nutzenstiftung ist diese Verwendung der Gewinne im Interesse des Gemeinwohls ein weiterer zentraler Aspekt im Selbstverständnis der Kommunalwirtschaft.

Die Kommunalwirtschaft hat auf allen Wettbewerbsmärkten den Status eines legitimen Marktteilnehmers. Die Einhaltung der dort geltenden Regeln ist der übergreifende Maßstab für diese Einordnung. Nur deren Verletzung würde Sanktionen rechtfertigen. Die Gleichrangigkeit der Marktteilnehmer beginnt nicht erst bei der EU-normierten Liberalisierung. Schon in den Anfängen der Daseinsvorsorge hat es eine Trägervielfalt gegeben. Angesichts von Unzulänglichkeiten in der Versorgung mit Wasser erlangten die kommunalen Unternehmen im Laufe der Zeit jedoch ein Übergewicht. Aus aktueller Sicht schließt der sanft beginnende Wiedereinstieg in öffentliches Eigentum die Nutzung marktförmiger Mechanismen keineswegs aus. Sie werden vielmehr als Voraussetzung begriffen, um sich in einem Umfeld erwerbswirtschaftlicher Konkurrenz behaupten zu können.

Kommunen und deren Unternehmen stehen als Marktteilnehmer vor einer ganzen Reihe von zusätzlichen Herausforderungen, die ihr Agieren im Wettbewerb eher erschweren, mithin also die privaten Akteure bevorteilen. Ein Aspekt ist die Bereitstellung von Infrastruktur als Basis für alle wirtschaftlichen Aktivitäten überhaupt, also auch für deren Gewinnerzielung, ohne dass dazu eigenes Investment erforderlich wäre (vgl. Libbe 2008, S. 6). Ein weiterer ist die Tatsache, dass Kommunen und Staat in allen Bereichen der Daseinsvorsorge ungeteilte Verantwortung wahr-

nehmen müssen. Auch dann, wenn die Aufgaben nicht durch
staatliche oder kommunale Unternehmen, sondern privat erfüllt
werden, bleibt die Gewährleistungsverantwortung bestehen. Das
beinhaltet auch, dass die Kommunen jederzeit einspringen müssen, wenn der private Leister vor allem wegen mangelnder Ren-
tierlichkeit der Leistungserbringung seine Tätigkeit einstellt.

Gemeinwohlorientiert und trotzdem konkurrenzfähig
Kommunale Unternehmen leisten einen erstaunlichen Spagat
zwischen der Behauptung am Markt und der Nutzenstiftung
als Primat kommunalwirtschaftlicher Betätigung. Die Ideolo-
gen einer reinen Privatwirtschaft sollten sich fragen, warum deshalb kommunale Unternehmen derart gut am Markt bestehen,
obwohl sie erstens zahlreichen Fesseln unterworfen sind und
zweitens ihre Überschüsse häufig in andere defizitäre Bereiche
der Daseinsvorsorge investieren. Gerade in strukturschwachen
Regionen interessieren sich private Unternehmen schlichtweg
nicht mehr für die Erbringung von Daseinsvorsorgeleistungen.
Die berühmten zweistelligen Renditen sind dort nämlich nicht
zu erreichen. Und wenn kommunale Unternehmen vor Ort Bäder, Kinos, schnelles Internet oder touristische Leistungen vor-
halten, dann allein deshalb, weil diese Angebote sonst ersatzlos
wegfallen würden. Die Bundesregierung hat sich im Sommer
2015 wieder eindeutig zum Grundsatz der gleichwertigen Le-
bensbedingungen bekannt. Das wird jedoch zur Chimäre mu-
tieren, wenn gesellschaftliches Leben in bestimmten Regionen
zusammenbricht. Wer bleibt denn noch, wenn weder digital
noch real im öffentlichen Raum eine Vernetzung mit anderen
möglich ist? Die Folge wäre der unausweichliche Niedergang
ganzer Regionen. Die Grundsätze des Ultraliberalismus wurden
schon derart oft widerlegt, dass es schwerfällt, den Protagonisten
eines freien Spiels der Kräfte weltanschauliche Überzeugungen
zu unterstellen. Vielleicht ist es auch nur blanker Egoismus und
vollständige fehlende Selbstreflexion, die dazu verleiten, die viel-

fältigen Aufgaben der kommunalen Wirtschaft zu diskreditieren. Wer sozial als Schimpfwort versteht, Solidarität und Ausgleich als altruistisches Gefasel abtut, dem fehlt es vielleicht einfach an demokratischem Format. In den vergangenen zwei Jahrzehnten haben sich in Deutschland sowohl Schichten als auch Regionen immer weiter ausdifferenziert. Auch die alte Bundesrepublik war deutlich egalitärer als das vereinigte Deutschland heute. Dabei war es die Grundlage ihres Erfolges, dass in marktwirtschaftlichen Strukturen Menschen und Regionen zusammengehalten werden konnten. Heute zeigt sich ein anderer Trend. Und wenn kommunale Unternehmen ihren Teil tun, um hier gegenzusteuern, dann verdient dies Hochachtung und keine Häme. Nicht zu vergessen ist in diesem Zusammenhang, dass sie sich dennoch hervorragend im Markt behaupten.

4.13 Kommunal ticken in privater Rechtsform oder die Form bestimmt den Inhalt? – Warum eine kommunale GmbH in erster Linie kommunal ist

Sogar die Wikipedia-Macher, die doch so streng auf Präzision und Korrektheit achten, sind diesem populären Irrtum aufgesessen. Dort lesen wir unter dem Stichwort „Deutsche Bahn", dass dieses Unternehmen „im Zuge der Bahnreform im Januar 1994 in eine private Rechtsform überführt und damit privatisiert wurde"[10]. Der Kundige erkennt den Fehler sofort: Die Überführung des Staatsunternehmens Bundesbahn in die private Rechtsform einer Aktiengesellschaft wird gleichgesetzt mit dem Begriff einer

---

[10] Internetrecherche am 12. August 2015: https://de.wikipedia.org/wiki/Deutsche_Bahn.

eigentumsrechtlichen Privatisierung. Dabei sind das doch zwei
komplett unterschiedliche Vorgänge. Der eine besteht darin, dass
man eine im Verwaltungskorsett angesiedelte wirtschaftliche Betätigung in eine privatrechtliche Struktur überführt. Auf Details
müssen wir hier nicht eingehen. Die vielfältigen Möglichkeiten,
die Privat- und Handelsrecht bieten – von GbR, KG, GmbH
& Co. KG, einer KG auf Aktien oder der klassischen Aktiengesellschaft haben wir zumindest schon gehört – finden im Bereich der Kommunalwirtschaft nur spärlich Anwendung. Dort
ist der „Klassiker" die GmbH, und erst mit großem Abstand folgt
die AG. Auf diese beiden Gesellschaftstypen können wir uns bei
unseren kommunalwirtschaftlichen Betrachtungen fortan beschränken.

Warum aber dominiert die GmbH? Der Grund ist ganz
einfach: Diese Rechtsform entspricht dem richtigen Gebot,
kommunale Risiken zu begrenzen, am besten. Deshalb sind auch
die allermeisten kommunalen Unternehmen Gesellschaften mit
beschränkter Haftung (GmbH). In einigen Fällen steht vor dem
großen „G" ein kleines und das bedeutet „gemeinnützig". Diese
gGmbH sind Organisationen etwa im Bereich der kommunalen
Alters- und Gesundheitsvorsorge und werden steuerlich be-
günstigt, weil Erträge nicht Dritten nutzen, sondern dem zumeist sozialen Unternehmenszweck dienen.

Die Aktiengesellschaft ist in der Kommunalwirtschaft viel seltener anzutreffen, in erster Linie bei großen Stadtwerken, etwa
die Stadtwerke Rostock AG, oder kommunalen Regionalversor-
gern wie beispielsweise die Wemag mit Sitz in Schwerin. Aber
auch die Größe ist letztendlich kein Kriterium für eine bestimmte Rechtsform. Die Stadtwerke München als größtes seiner Art
in Deutschland und sogar in ganz Europa sind eine Gesellschaft
mit beschränkter Haftung. Warum die AG als kommunales
Unternehmen nicht der Favorit ist, ist schnell erklärt. Aktiengesellschaften unterliegen dem Aktienrecht. Und das verleiht dem

Aufsichtsrat und dessen Mitgliedern eine herausragende Stellung. Wer in diesem Gremium sitzt, darf ganz allein entscheiden. Weisungsrechte? Fehlanzeige, und was im Aufsichtsrat beredet und beschlossen wird, unterliegt der Schweigepflicht. Was hatten wir als einen der größten Vorteile der Kommunalwirtschaft notiert? Ihre Transparenz, und ihre demokratische Mandatierung durch den Bürger bzw. durch die von ihm gewählten Gremien wie Stadt- und Gemeinderäte oder Kreistage. Solche Tugenden kann man auch unter dem Dach einer AG, die sich vollständig in kommunalem Besitz befindet, installieren. Aber die juristischen Hürden sind hoch. Die Experten streiten erbittert, ob ein Stadtrat den von ihm in einen Aufsichtsrat entsandten Vertreter Weisungen zum dortigen Stimmverhalten geben kann.

Warum überhaupt private Rechtsformen in der Kommunalwirtschaft?

Am 1. Februar 2012 schrieb die „Sächsische Zeitung": „Das Votum der Bürger gegen eine Privatisierung der beiden großen Städtischen Krankenhäuser in Dresden ist amtlich. Laut dem am Mittwoch veröffentlichten amtlichen Endergebnis stimmten 84,23 % für den Vorschlag von SPD und Linker, nach dem die Krankenhäuser Dresden-Friedrichstadt und Dresden-Neustadt Eigenbetriebe der Landeshauptstadt bleiben sollen. Nur 15,77 % votierten mit Nein. Die Wahlbeteiligung lag bei 37,1 %, sechs Prozent davon waren Briefwähler. Das nötige Quorum von etwa 108.000, das einem Viertel der Stimmberechtigten entspricht, wurde übertroffen. Bei dem Bürgerentscheid waren fast 431.700 Stimmberechtigte aufgerufen zu entscheiden, ob die Krankenhäuser fusioniert und in eine private Rechtsform überführt werden sollen. SPD und Linke waren dagegen. Sie warnten vor einer Ausrichtung der Häuser auf maximalen Gewinn, vor niedrigeren Gehältern und den Einstieg in die Privatisierung. CDU, FDP, Grüne und Bürgerfraktion verwiesen hingegen auf steigende finanzielle Verluste. Eine Fusion sollte die Häuser wirtschaftlicher machen, neue Kredite sollten in die Modernisierung fließen" (Sächsische Zeitung 2012).

Auch in diesem Pressebeitrag begegnet uns in Reinkultur jener Irrtum, mit dem wir dieses Kapitel am Beispiel der Deutsche Bahn AG eröffnet hatten. Wochenlang hatte eine Bürgerinitiative unter der Überschrift „Gegen Krankenhausprivatisierung" die Dresdner mobil gemacht. Aber wer hatte von den 84,23 %, die mit Nein gestimmt hatten, wirklich verstanden worum es geht? Eine solche, in die Tiefe gehende Meinungsumfrage hat es leider nicht gegeben. Wir würden aber jede Wette darauf eingehen, dass das Gros der Neinsager meinten, es gehe um den Verkauf von zwei Städtischen Krankenhäusern an einen privaten Investor: etwa einen der großen Krankenhauskonzerne oder gar eine der sogenannten „Heuschrecken", die nur am Profit, aber nie am Gemeinwohl interessiert sind. Darum aber ging es mitnichten, wie uns die „Sächsische Zeitung" erst im zweiten Absatz – wer liest überhaupt bis dorthin? – „aufklärt". Beide kommunalen Häuser, die bis dato (und leider auch bis heute) als Eigenbetriebe unter dem Dach der Stadtverwaltung geführt werden, sollten nämlich – so der Plan des Landeshauptstadt – zu einer Einrichtung verschmolzen werden und dies als GmbH. Unkommentiert referiert die Zeitung die Argumente von Gegnern und Befürwortern. Eine kommunale GmbH, das ist Teufelszeug, so die einen, denn dort gebe es nur ein Ziel, nämlich maximalen Gewinn, und der werde u. a. dadurch erzielt, dass Löhne und Gehälter gekürzt werden. Die anderen begründeten ihr Ja zur Fusion betriebswirtschaftlich und gesundheitspolitisch.

Auch dieses Beispiel zeigt, dass sich das Pro und Contra nicht an starren politischen Linien festmachen lässt. Die kommunal geprägten Grünen und eine Bürgerfraktion in einem Boot mit FDP und CDU, deren Motto im Regelfall ebenfalls „Privat vor Staat" lautet! Genau diese Melange aber hatte Recht: Natürlich ändert sich an der grundlegendsten Kategorie unseres Wirtschaftssystems – das ist das Eigentum – gar nichts, wenn aus zwei kommunalen Eigenbetrieben eine GmbH wird, die ebenfalls zu 100 % der Stadt und damit deren Bürgern gehört. Denn unabhängig von der Rechtsform existiert doch für dieses Eigentum ein elementares Ziel und eine ebensolche Idee: Daseinsvorsorge. Allerdings muss man die in einer modernen Industriegesellschaft und für Leistungserbringer, die im Wettbewerb stehen, auch so effizient wie möglich organisieren. Was nutzt es dem Bürger, wenn die beiden kommunalen Eigenbetriebe eine rote Zahl nach der anderen produzieren und dem Untergang entgegenstreben? Denn der Kompensation dieser Verluste durch die Kommune sind zu Recht enge Grenzen gesetzt. Dauerhaft geht das gar nicht. Dem stehen vor allem die Paragraphen des Wettbewerbsrechts entgegen. Und selbst wenn der Verlustausgleich sogar auf Dauer möglich wäre – Überall ist die kommunale Finanzdecke zu kurz, und wenn die Verluste der Krankenhäuser aus dem Haushalt ausgeglichen werden müssen, gibt es Abstriche beim ÖPNV, der Kultur oder der Unterstützung des Breitensports.

Im Übrigen: Auch kommunale Unternehmen, egal in welcher Rechtsform, müssen bei Strafe ihres Unterganges Gewinn machen. Darüber lesen Sie ausführlich im folgenden Kap. 4.14.

Doch zurück zu den Gründen, die für kommunalwirtschaftliche Betätigung in privatrechtlichen Strukturen sprechen. Zunächst zu einer grundsätzlichen Unterscheidung. Kommunen sind zum einen hoheitlich tätig. Wir erleben das als Bürger, wenn wir eine Baugenehmigung beantragen, uns am neuen Wohnsitz registrieren lassen oder das Formular für einen neuen Pass ausfüllen. Solche Vorgänge, sie werden auch Verwaltungsakte genannt, sind in den sogenannten Kernverwaltungen einer Stadt, Gemeinde oder Landkreises angesiedelt, und sie sind deshalb hoheitlich, weil sie nur vom Staatswesen exekutiert werden dürfen. Auch wenn wir für den Aufwand, der dabei entsteht, im Regelfall eine Gebühr oder Abgabe entrichten müssen, sind diese Rechtsakte ausdrücklich keine wirtschaftliche Betätigung. Dass sie gleich-

wohl effizient erbracht werden müssen, sei an dieser Stelle ausdrücklich betont. In den meisten Kommunen wird das genauso
praktiziert. Sarkastisch könnte man sagen, dass das Zuviel an Bürokratie im Regelfall zumindest schnell und qualifiziert exekutiert
wird. Das Gros der vielfach überflüssigen und zu komplizierten
Verordnungen und Regeln ist im Übrigen gar nicht auf dem „Mist
der Kommunen gewachsen", sondern existiert als gesetzliche Vorgabe von Bund und Ländern.

Auch wenn das Wort „Dienstleistungen" vielerorts groß geschrieben wird, ticken modern arbeitende und IT-basierte Verwaltungsorganismen nach ganz anderen Regeln als ein modernes Unternehmen. Hoheitliche Vorgänge müssen grundsätzlich
durch viele Hände, und ebenso viele Augen müssen darauf schauen, dass Recht und Gesetz auf Anhieb eingehalten, und nicht erst
durch Gerichtsurteile hergestellt werden.

Hoheitliches gehört also in eine Verwaltung und Wirtschaftliches in ein Unternehmen. Aus den grundsätzlich verschiedenen
Aufgaben folgen unterschiedliche Strukturen und Funktionalitäten. Auch hier bestimmt also wie immer der Inhalt die Form.
Hier konnten die Kommunen von der Privatwirtschaft lernen.
Unser kapitalistisches Wirtschaftssystem ist auf allerhöchste
Effizienz ausgerichtet. Nichts darf das eigentliche Ziel, Erwirtschaftung von maximalem Gewinn und Profit, behindern. Private Unternehmen werden nach genau diesen Erfordernissen auf
Höchstleistung getrimmt. Wer den Anschluss verpasst, bleibt
auf der Strecke und beschert im Todeskampf nur noch Konkursverwaltern lukrative Jobs. Diese harten, ja unbarmherzigen Regeln des Marktes gelten seit Ende des vergangenen Jahrhunderts
auch für fast alle Bereiche der wirtschaftlichen Betätigung der
Kommunen. Deshalb mussten sie sich ähnlich organisieren wie
die Privaten, mit denen sie im Wettbewerb stehen. Das ist der
Hauptgrund dafür, dass Kommunen das Wirtschaftliche aus der
Kernverwaltung – das war zu Zeiten von Daseinsvorsorgemonopolen mit dem damit verbundenen hoheitlichen Ansatz auch der

richtige Ort – in Unternehmen verlagert haben, die nach privat-rechtlichen Prinzipien funktionieren. Nur auf diese Weise konnte sichergestellt werden, dass die Daseinsvorsorge für uns alle auch unter harten Wettbewerbsbedingungen funktioniert. Viele namhafte „Experten" hatten für diese Liberalisierung beispielsweise ein großes „Stadtwerkesterben" prophezeit. Das Gegenteil trat ein. Die kommunalen Energieversorger sind die Innovationsführer in der Energiewende, sie erfüllen ihren Versorgungsauftrag und generieren Erträge. Die aber „landen" in den Kommunen und nicht in den Taschen der Reichen und Superreichen. Privatrechtlich ist also nicht gleich privat, wenn Kommunen und deren Bürger als Eigentümer fungieren.

Hoheitliche vs. private Rechtsform: Es gibt noch eine andere Seite

Erinnern wir uns. 2014 begann und im Juni 2015 endete er: Der längste Tarifstreit in der Geschichte der Deutschen Bahn seit Ende des zweiten Weltkriegs. Streiks legten immer wieder weite Teile des Schienenverkehrs in ganz Deutschland lahm.

Im ersten Halbjahr 2015 legten auch Postler und KindergärtnerInnen über ungewöhnliche lange Zeiträume ihre Arbeit nieder. Leistungen, die wir zu Recht in den Kanon der Daseinsvorsorge einordnen – öffentliche Mobilität und Kommunikation oder auch die gesetzlich verbriefte Kinderbetreuung – waren plötzlich nicht mehr verfügbar. Das war ein Schock, über den plötzlich in Deutschland vor allem deshalb so intensiv diskutiert wurde, weil er lang andauerte und gleichzeitig mehrere Bereiche betraf, in denen es salopp formuliert „ans Eingemachte" ging.

Die öffentliche Debatte erschöpfte sich aber leider vorwiegend darin zu philosophieren, ob eine kleine, von einem streitbaren Sachsen geführte Lokführerschaft das Recht hat, mit einem Arbeitskampf den Zugverkehr in Deutschland zum Erliegen zu bringen. Deshalb blieb auch eine Frage weitgehend unbeachtet, die die Gewerkschaft Ver.di an ein hohes Gericht stellte: Verstößt

die Deutsche Post gegen einen Beschluss des Bundesverfassungs-
gerichts, indem sie Beamte – solche gibt es dort aus Behörden-
zeiten noch etliche – quasi als Streikbrecher eingesetzt habe. Zu
allgemeinen Verständnis: Beamte haben kein Streikrecht, wohl
aber die Pflicht, ihrem Dienstherren dort zur Verfügung zu stehen, wo er es für nötig hält.

Ob das aber auch für Arbeitsplätze zutrifft, die gerade bestreikt
werden, ist umstritten. Das Bundesverfassungsgericht hatte 1993
für die damalige Bundespost verfügt, dass diese nicht den Einsatz von Beamten auf bestreikten Arbeitsplätzen anordnen darf.
Damit sollte verhindert werden, dass der Staat in Arbeitskämpfen
bessergestellt sei als private Arbeitgeber.

Natürlich gehören elementare Kommunikationsleistungen zur
Daseinsvorsorge. Genauso wie der öffentliche Schienenpersonen-
verkehr oder die Pflicht zur Betreuung unseres Nachwuchses in
Kindergärten. Ich habe Postzusteller, Lokführer und Angestellte
kommunaler Vorschuleinrichtungen aus dem viel größeren Kanon der Daseinsvorsorge deshalb herausgegriffen, weil sie alle in
jüngster Zeit mit ihren Streiks diese Leistungen der Daseinsvorsorge erheblich eingeschränkt haben.

Das Verbot der Karlsruher Richter, Postbeamte bei Streiks ein-
zusetzen, ist aber vor allem hinsichtlich seiner Begründung nicht
plausibel. Die Juristen wollten nur vermeiden, dass private Wettbewerber bei Streiks benachteiligt werden. Das ist schon deshalb
verwunderlich, weil zum Zeitpunkt des Urteils die Post noch
eine Behörde und die Briefzustellung ein hundertprozentiges
Monopol war. Ein zweite Anmerkung ist unvermeidbar: In der
fragwürdigen Logik des Urteils, wonach Beamte bei Streiks nicht
die Leistungen von im Ausstand stehenden Angestellten übernehmen dürfen, hätte es doch längst auch ein Urteil geben müssen, das den Einsatz beamteter Lokführer verbietet. Denn auf der
Schiene gibt es inzwischen Wettbewerb. Und trotzdem schafft es

die DB bei Streiks der Lokführergewerkschaft regelmäßig 30 % der Züge mit Beamten im Führerstand zum Rollen bringen.

Ob Briefträger oder Lokführer – bald sind sie alle in Pension, und insofern muss uns die Unlogik Karlsruher Urteile nicht weiter umtreiben.

Nach unserem Verständnis geht es um eine ganz andere und viel grundlegendere Frage. Und die hatte der Staat im Sinn, als er vor langer Zeit entschied, Aufgaben der Daseinsvorsorge „hoheitlich" und damit von Beamten erledigen zu lassen.

Wie haben wir alle über diese Beamten und deren Mentalität geflucht. Und wurden „erhört". AG statt Behörde. Privatrechtlich und am besten auch gleich an die Börse. Gottlob hat es damit bei der DB AG nicht geklappt. Aber bestreikt werden darf sie. Das ist zu Recht eines der höchsten Verfassungsgüter. Dessen Einschränkung ist, wenn überhaupt, nur in dieser höchsten Rechtskategorie zulässig. Darüber lohnt es sich nachzudenken. Denn die zeitweilige Nichtverfügbarkeit von elementarer Daseinsvorsorge ist eine schwere Beeinträchtigung menschlicher Existenzbedingungen: Der abhängig Beschäftigte *muss* mit dem Zug zur Arbeit fahren. Die Alleinerziehende braucht jeden Euro und kann den nur verdienen, wenn ihr Kind im Kindergarten versorgt wird.

Das hatte der bedeutende deutsche Staatsrechtler Ernst Forsthoff, der 1938 den Begriff „Daseinsvorsorge" prägte, im Sinn, als er in seiner späten Schrift „Die Daseinsvorsorge und die Kommunen"[11] 1958 folgendes schrieb: „Man wird es sich bis in die speziellen Konsequenzen hinein vergegenwärtigen müssen, was es für den modernen Menschen bedeutet, dass er die wesentlichen Bedingungen seiner Daseinsführung nicht in der Hand hat, sondern auf das Funktionieren der sekundären Systeme schlechterdings angewiesen ist." Die rechtstaatliche Verfassung habe

---

[11] Forshoff, E. (1958). Die Daseinsvorsorge und die Kommunen. Sigillium-Verlag, Köln-Marienburg

dem bis dato aber nicht Rechnung getragen. Die deshalb mögliche Konversion der Daseinsvorsorge in ein Herrschaftsmittel wäre das gefährlichste Attentat auf die individuelle Freiheit, das nach Lage der Tatsachen dem Staat zu Gebote stünde. „Dazu", so Forsthoff weiter, „schweigt die Verfassung und überlässt es uns, eine ungeschriebene Verbotsnorm aus dem Sinn und dem System unseres öffentlichen Rechts abzuleiten."

Der Staatsrechtler nennt einen weiteren Aspekt: „Die Daseinsvorsorge ist wesentlich auch eine soziale Funktion. Es kommt nicht nur darauf an, dass sie dem Menschen unserer Tage zu ihrem Teil ihre daseinswichtigen Dienste leistet, sondern auch, unter welchen Bedingungen das geschieht. Hier sind dem Gewinnstreben Schranken gesetzt, die der Wirtschaft fremd sind, und es müssen auch Risiken eingegangen, Wechsel auf die Zukunft gezogen werden, zu denen sich die Wirtschaft nicht veranlasst sehen würde."

Forsthoff fordert also erstens, dass die Pflicht des Staates zur Daseinsvorsorge in die Verfassung geschrieben werden muss, und sagt zweitens, dass diese Leistungen keine beliebigen, nur dem Markt verpflichtete Wirtschaftsgüter sind (vgl. Forsthoff 1958).

Wir finden, es ist höchste Zeit, dass die Legislative die erste Forderung von Ernst Forsthoff umsetzt. Die Pflicht zur staatlichen Daseinsvorsorge muss ins Grundgesetz. Und genau in diesem Zusammenhang müssen wir auch eine gesellschaftspolitische Debatte darüber beginnen, wie das Grundrecht auf Streik in einer modernen Gesellschaft mit dem ebenso elementaren Recht auf Daseinsvorsorge in Einklang gebracht werden kann. Und damit sind wir sofort auch wieder bei dem besonderen Verständnis von Kommunalwirtschaft: Nutzenstiftung, also Daseinsvorsorge, vor Gewinnmaximierung!

Sie sehen, die Abwägung ist nach einer Schwarz-Weiß-Matrix nicht zu treffen. Wenn der Staat und auch seine Kommunen seine Tätigkeiten aus einer Behörde in ein Unternehmen verlagert, geht es um viel mehr als nur um Beamtenmentalitäten. Abgesehen davon, dass man auch bei der DB AG unfreundliche Zugbegleiter antreffen kann, bleibt die zentrale Frage nach der permanenten Verfügbarkeit lebenswichtiger Güter ungelöst. Es lohnt sich auch heute, im 21. Jahrhundert, darüber nachzudenken. Für Unternehmen, die solche existentiellen Leistungen erbringen, brauchen wir vielleicht ein anderes Verständnis und gegebenenfalls auch andere Regeln, als für die Designerschmiede, die BHs für Linkshänderinnen produziert...

Zurück zur Bahn und zu echten Privatisierungen
Ob man kommunales Vermögen im Bereich der Daseinsvorsorge – und erst recht dann, wenn es zudem noch Ertragskraft hat, also Gewinne erzielt, die direkt den Kommunen und deren Bürgern zugute kommen – veräußert? Dazu gibt es eine klare Antwort, die schon einige Jahrhunderte auf dem Buckel hat: „Tafelsilber verkauft man nicht!"

Nun sind Kommunalisierungen und Privatisierungen nicht das Thema unseres Buches. Aber wenn das Stichwort Bahn fällt, muss der geschätzte Leser dazu einige kurze Anmerkungen „ertragen". Als der Eigentümer Bund auf die Idee kam, seine „fahrende" Behörde in eine Aktiengesellschaft zu verwandeln, hatte er (hoffentlich) auch die Idee, mit einem Unternehmen, das ähnlich effizient funktioniert wie ein gut geführtes privates, die Daseinsvorsorgeleistung „öffentlicher Schienenverkehr" besser und preiswerter zu erbringen. Aber das war leider nicht das zentrale Motiv. Mitten in der allgemeinen Privatisierungsorgie der 1990er-Jahre ging es vielmehr darum, die Bahn an private Investoren zu veräußern. Eine Behörde kann man nicht verkaufen. Sie musste zunächst in das passende Brautkleid gehüllt, also in eine privatrechtliche AG verwandelt werden. Damit die privaten Käufer auch zufrieden sind, gab es weitere Verschönerungsideen. An die Börse sollten nur jene Teile des neuen Bahnkonzerns gebracht werden, die satte Gewinne einfahren, etwa der Fernverkehr. Jene Bereiche, z. B. das investitionsaufwändige

Schienennetz, die mit 100 %iger Sicherheit jedes Kalenderjahr mit einer tiefroten Zahl beenden, wären beim Staat und damit bei uns Bürgern und Steuerzahlern in guter Obhut verblieben. Was für ein „weitsichtiges" Konzept: Die goldene Regel neoliberaler Staatsversteher, wonach Gewinne privatisiert und Verluste sozialisiert werden müssen, ist bereits vor dem Verkauf Gegenstand einer vorausschauenden Optimierung. Der Staat garantiert den Maximalprofit.

Gegen solche „Privatisierungen" müssen wir uns wehren. Nicht aber gegen die Umwandlung eines Eigenbetriebs in der Verwaltung in eine effizientere GmbH – solange sie weiter der Kommune und ihren Bürgern gehört.

Das gilt auch für das „Konzept" des Börsenganges der lukrativen Sparten unserer DB AG. Es ist nämlich nicht vom Tisch. Es ruht in der Schublade. In der Hoffnung, dass Bürger demnächst nicht mehr auf die Barrikaden gehen, wenn kommunale und staatliche Unternehmen verscherbelt werden sollen.

4.14 Gewinne verteilen oder auf Profite verzichten?

Sind Anstalten des öffentlichen Rechts, die keine Gewinne erzielen dürfen, per se „besser" und „anständiger" als ein kommunales Unternehmen, das als GmbH oder AG existiert?

Am 7. März 2015 konnte man im Online-Dienst von Radio Berlin-Brandenburg (RBB) folgendes nachlesen:

> Wohnungsbaupolitik umkrempeln und dafür auf Unterschriften-jagd gehen. Ihren Gesetzentwurf haben die Initiatoren bereits beim Senat zur Prüfung eingereicht. Öffentlich vorgestellt werden soll er am Dienstag – dem rbb liegt das umfangreiche Dokument aber bereits vor. Für Tempelhof, für die Wasserverträge, für den Religions-

unterricht – für viele Themen wurden die Berliner schon um ihre Unterschrift gebeten. Und nun also soll es um das zentrale Thema der Stadt gehen: die Wohnungspolitik. ‚Berliner Mieten-Volksentscheid‘, so lautet das Schlagwort. Oder, für die Amtsdeutsch-Freunde: ‚Gesetz über die Neuausrichtung der sozialen Wohnraumversorgung in Berlin‘. Gleich mehrere Mieterbündnisse, darunter auch ‚Kotti & Co‘ vom Kottbusser Tor, haben sich für die Initiative zusammengeschlossen. Über mehr als 50 Paragraphen verteilt, wollen die Aktivisten unter anderem die landeseigenen Wohnungsunternehmen neu aufstellen. Die Gesellschaften, die bislang noch GmbHs oder Aktiengesellschaften sind, sollen in Anstalten öffentlichen Rechts umgewandelt werden. Was vor allem bedeutet: Sie müssen zwar wirtschaftlich handeln, dürfen aber keine Gewinne mehr machen. Ihr vorrangiges Ziel ist es, günstigen Wohnraum anzubieten. Vor allem für diejenigen, die es mit ihrem Einkommen auf dem freien Markt schwer haben, sich eine Wohnung zu suchen. (Gabriel 2015)

Soweit die Meldung von RBB-Inforadio, veröffentlicht auf der Online-Plattform des Senders.

Der Text passt optimal zum letzten der insgesamt 14 „populärsten Irrtümer zur Kommunalwirtschaft“, mit denen wir uns in unserem Buch auseinandergesetzt haben. Nicht nur aus sachlichen Gründen. Wir sehen hier auch aufs Neue: Engagierte Bürger, die sich aus guten Motiven wie im konkreten Fall für eine soziale Wohnungspolitik stark machen, müssen aufpassen, dabei nicht das „Kind mit dem Bade auszuschütten“. Sie erinnern sich an unser Beispiel im vorangegangenen Kapitel: Dresdner Bürger verhinderten die Fusion zweier städtischer Eigenbetriebe und deren Umwandlung in eine ebenfalls hundertprozentig kommunale Klinik-GmbH und taten damit sich und allen anderen Dresdnern einen „Bärendienst“.

Ähnliches könnte auch in Berlin passieren. Falsche Fakten und unrealistische Wünsche sind nicht der Stoff, mit denen man die Wohnungsprobleme einer gottlob prosperierenden Metropole lösen kann.

Gewinnverzicht zum Wohle von Bürgern und Kommunen?
Die Parallele zu Dresden ist augenscheinlich. Dort wurde die
Fusion von zwei verwaltungsintegrieren Eigenbetrieben zu einer
privatrechtlichen GmbH verteufelt. Denn diese stelle den Gewinn über alle anderen Unternehmensziele und könne folgerich-
tig den eigentlichen Zweck eines Krankenhauses, dem Menschen
zu dienen, nicht mehr oder nur eingeschränkt erfüllen.

In Berlin ist das Argumentationsmuster identisch. Aber dort
existieren bereits sechs städtische Wohnungsunternehmen und
alle miteinander in dem Status, den man in Dresden – den wach-
samen Bürgern sei Dank (Sie verzeihen uns bitte diesen Sarkas-
mus) – noch einmal gerade so verhindern konnte.

- Natürlich kann auch die Frage Gegenstand der Optimierung
  der wirtschaftlichen Betätigung des Landes Berlin sein, in
  welchen Rechtsformen die Beteiligungen agieren sollen. Die
  Forderung der eingangs erwähnten Bürgerinitiative zur Veränderung der Rechtsform der städtischen Wohnungsgesellschaften zeigt aber, dass für solche Diskussionen auch die richtigen
  Prämissen formuliert werden müssen.
- Und hier lautet die zentrale Aussage, dass für jedes Unternehmen die Generierung von Gewinn ein existentielles Erfordernis ist, und zwar völlig unabhängig von den Eigentums-
  verhältnissen und der Rechtsform.
- Dass die Gewinnerzielung aber regelmäßig in Frage gestellt,
  ja zum Teil regelrecht verteufelt wird, wie auch im Fall der
  aktuellen Berliner Bürgerinitiative, zeigt, dass es zu diesem
  Thema im Kontext mit der Optimierung der wirtschaftlichen
  Betätigung auch erhebliche Klärungs- und Kommunikations-
  erfordernisse gibt.
- Mit welchen grundlegenden Zielen sich die Beteiligungen
  wirtschaftlich betätigen sollen, das muss Gegenstand der strategischen Vorgaben der Eigentümer sein. Auch hier gibt es kei-

ne zwingende Korrelation zwischen der jeweiligen Rechtsform und den Unternehmenszielen.

- Für die Kommunalwirtschaft, die im Bereich der Daseinsvorsorge agiert, und das trifft auch für die sechs städtischen Wohnungsgesellschaften der Hauptstadt zu, gilt unabhängig von der Rechtsform das Prinzip „Nutzenstiftung vor Gewinnmaximierung".

- Dieses Prinzip kann aber *nachhaltig* nur funktionieren, wenn die Unternehmen im betriebswirtschaftlichen Sinne effizient agieren und in diesem Kontext auch Gewinne/Erträge/Überschüsse erwirtschaften. Gewinn ist ergo nicht fakultativ, sondern ein „Muss".

- In der wissenschaftlichen Literatur wird das Thema, in welcher Rechtsform kommunale Unternehmen agieren sollen, seit vielen Jahren intensiv und kontrovers diskutiert. Aber eigentlich ist diese Debatte müßig. Denn Vorrang hat immer die Bestimmung der Ziele. Erst wenn die klar definiert sind, macht es Sinn, über Strukturen nachzudenken. Diese Abwägungen sind immer konkret. Deshalb sind allgemeine Betrachtungen, wann eine GmbH, eine Anstalt öffentlichen Rechts oder ein Zweckverband geeigneter sind, kaum hilfreich.

Was geschieht mit dem Gewinn? Ein Vergleich von Kommunal- und Privatwirtschaft

Die Kommunalwirtschaft in Deutschland erbringt ihre Leistungen inzwischen fast ausschließlich (bis auf die Wasserwirtschaft) unter Wettbewerbsbedingungen. Dennoch agiert sie im grundlegenden Gegensatz zur Privatwirtschaft nicht nach dem dort weitgehend geltenden Prinzip der Gewinnmaximierung. Zentrales Ziel der wirtschaftlichen Betätigung ist die Daseinsvorsorge. Ein gängiges Synonym dafür lautet „Nutzenstiftung". Seien wir doch ehrlich: Vieles von dem, was uns zum Konsum angeboten wird, ist verzichtbar. Wir greifen trotzdem zu, jedenfalls die meisten, die Schreiber dieses Buches nicht ausgenommen. Unsere kapitalistische Wirtschaftsordnung hat Wachstums nahezu in den Rang eines Fetisch erhoben. Das Ziel ist Gewinnmaximierung. Und weil die Margen tendenziell sinken, muss das mit Menge, sprich Umsatz, kompensiert werden. Mögen dafür schuftende Menschen in der Dritten Welt ein erbärmliches Leben im Elend fristen oder Mutter Erde irreparabel geschädigt werden – kein Preis ist für ein Höchstmal an Profit zu hoch![12] Vor allem deswegen wächst die Zahl der Menschen auf unserem Globus, die Gewinn für Teufelszeug halten. Das ist im Sinne des „Empört Euch" (Hessel 2011) verständlich und aus dieser Perspektive auch nicht zu kritisieren. Dennoch werden wir um eine differenzierende Klarstellung nicht umhin kommen. Kainsmal ja, aber doch bitte nur für die Schuldigen.

Gewinn und auch Profit sind per se keine ideologischen, sondern ökonomische Kategorien. Wer sich unternehmerisch betätigt, für den ist Überschuss lebenswichtig. Schon um die noch so kleinste Produktion lediglich auf dem vorhandenen Niveau aufrechtzuerhalten, müssen regelmäßig die dazu notwendigen Werkzeuge und Maschinen nach deren Verschleiß ersetzt werden. Das geht nur, wenn ich am Ende des Tages oder besser des Jahres mehr in der Kasse habe als am Anfang. Und zwar nach Abzug aller laufenden Kosten. Denn nur von dem, was dann noch übrig ist, kann ich investieren, z. B. in den Ersatz, in die Erneuerung oder die Erweiterung meines Maschinenparkes. So der richtige und objektive Ansatz der Betriebswirtschaft und fol-

---

[12] „Kapital", sagt der Quarterly Reviewer, „flieht Tumult und Streit und ist ängstlicher Natur. Das ist sehr wahr, aber doch nicht die ganze Wahrheit. Das Kapital hat einen horror vor Abwesenheit von Profit oder sehr kleinem Profit, wie die Natur vor der Leere. Mit entsprechendem Profit wird Kapital kühn. Zehn Prozent sicher, und man kann es überall anwenden; 20 %, es wird lebhaft; 50 %, positiv waghalsig; für 100 % stampft es alle menschlichen Gesetze unter seinen Fuß; 300 %, und es existiert kein Verbrechen, das es nicht riskiert, selbst auf Gefahr des Galgens. Wenn Tumult und Streit Profit bringen, wird es sie beide encouragieren. Beweis: Schmuggel und Sklavenhandel." – Thomas Joseph Dunning, zitiert in Das Kapital, Band I, S. 801, Dietz-Verlag Berlin, 1961.

gerichtig auch unseres Steuerrechts. Investitionen sind auch dort keine laufenden Kosten, sondern können nur aus dem Gewinn finanziert werden. Wer keinen hat, muss seinen Betrieb einstellen. Vielleicht nicht heute, spätestens aber morgen.

Das gilt für alle Unternehmen. Auch für die Kommunalwirtschaft. Nutzenstiftung, also existentielle Daseinsvorsorge, ist dauerhaft nur mit hoher Effizienz und der Erwirtschaftung von Überschüssen zu gewährleisten. Diese Überschüsse, in privatrechtlichen kommunalen Unternehmen wie den GmbH oder AG, sind das die Gewinne, werden in erster Linie als Investitionen benötigt, damit die Leistungen nachhaltig und langfristig auf hohem Niveau erbracht werden können.

Damit sind wir wieder beim Berliner Beispiel. Man stelle sich vor, man verwandelt wie gefordert die sechs städtischen Wohnungsgesellschaften aus GmbH und AG in Anstalten öffentlichen Rechts und „befreit" sie damit vom diffamierten Gewinnstreben. Die nächste Bürgerinitiative wäre alsbald fällig. Denn mit Wohnungsbeständen, die vergammeln, weil dort niemand mangels Masse investiert, würde sich doch keiner abfinden. Und was wäre mit dem Neubau und zwar mit Vorrang für Mieter im unteren und mittleren Einkommensniveau? Fehlanzeige. Ohne Gewinn keine Investitionen in Quartiere in Neu-Köln und Kreuzberg und auch nicht in Zehlendorf.

Es ist also vom Grundsatz her egal, ob Kommunen ihre Daseinsvorsorge durch Abteilungen in der Verwaltung, privatrechtlich organisierte Unternehmen, Anstalten öffentlichen Rechts oder Zweckverbände erbringen. Überall müssen aus genannten Gründen Überschüsse erwirtschaftet werden. Die heißen zwar nicht immer Gewinn. Gebraucht aber werden sie immer. Auch ihr Gebührenbescheid für die Abwasserentsorgung enthält diesen Anteil, der benötigt wird, damit die Leitungen von Zeit zu Zeit erneuert werden können, damit sich die kontaminierten Reste unseres irdischen Daseins nicht ins Grundwasser ergießen. Darauf, dass dieser Gebührenanteil nur diesem Zweck dient und nicht andere Löcher stopft, wird übrigens sehr genau – auch von kritischen Bürgern – geachtet. Darauf können Sie sich verlassen!

Gewinn, so das Fazit nicht nur für die Beispiele aus Dresden und Berlin, sondern für die überall in Deutschland geführte Debatten, ist also mitnichten etwas Schlimmes. Um zwischen „Gut und Böse" zu unterscheiden, sind vielmehr drei Fragestellungen wichtig:

Erstens, welchen Stellenwert hat der Gewinn in der Hierarchie von unternehmerischen Zielen? Zweitens, was geschieht mit den Überschüssen (hier vor allem mit jenem Teil, der nicht für notwendige Investitionen benötigt wird) und drittens, wie wird gewährleistet, dass das Streben nach Gewinn immer im Einklang mit der sogenannten Sozialpflichtigkeit des Eigentums steht?[13]

Die Antworten auf diese Fragen zeigen, es gibt sie, diese auch qualitativen Unterschiede zwischen Kommunal- und Privatwirtschaft.[14]

Zum Stellenwert des Gewinns konnten Sie bereits umfassend nachlesen, dass das zentrale Ziel der Kommunalwirtschaft die Nutzenstiftung auf Grundlage höchster Effizienz ist. Gewinn ist

---

[13] Artikel 14, Absatz 2 Grundgesetz: „Eigentum verpflichtet. Sein Gebrauch soll zugleich dem Wohle der Allgemeinheit dienen." Grundgesetz, Beck-Texte im dtv, München, 2011, S. 19.

[14] Wir schreiben dieses Buch, um mit polemischen, unbewiesenen Stigmatisierungen der Kommunalwirtschaft aufzuräumen und Unterstellungen durch Fakten zu ersetzen. Wer einen solchen Anspruch formuliert, der ist in besonderer Weise zu Objektivität und Differenzierung verpflichtet. Deshalb an dieser Stelle die Anmerkung, dass es *die* Privatwirtschaft nur auf der höchsten Abstraktionsebene, der des Eigentums, natürlich nicht gibt. Insofern sind unsere Aussagen, mit denen wir Unterschiede zwischen Kommunal- und Privatwirtschaft zum Thema Gewinn herausarbeiten, in erster Linie für jenen Teil der Privatwirtschaft formuliert, der vom Prinzip des sogenannten „shareholder value" geprägt ist. Das sind zuvorderst die global agierenden Großkonzerne, die natürlich in vielerlei Hinsicht – vor allem aber nach Größe, Umsatz und auch Macht – die Weltwirtschaft dominieren. Nach diesem Prinzip agieren aber beispielsweise inhabergeführte mittelständische Unternehmen im Regelfall ebenso wenig wie der Handwerksbetrieb um die Ecke. In diesem Bereich der Privatwirtschaft dominieren gottlob noch immer Solidität und ethische Normen, die unserem christlichen Menschenbild verpflichtet sind.

mithin ein wichtiges, aber nachgeordnetes Ziel.[15] Im Gegensatz dazu ist es für jenes Segment der Privatwirtschaft, für den wir unsere unterscheidenden Antworten formulieren, das höchste Ziel, dem sich alles andere unterzuordnen hat.

Ebenso eindeutig sind die Unterschiede zur Gewinnverwendung. Jeder erwirtschaftete Cent Überschuss eines kommunalen Unternehmens wird investiert für nachhaltige Daseinsvorsorge. Was danach übrig ist, fließt in die kommunalen Haushalte und kommt dort direkt dem Bürger, also dem Eigentümer zugute. Angemerkt sei an dieser Stelle, dass auch bei den Investitionen der übergroße Teil unmittelbar kommunale Wirkungen entfaltet. Praktisch alles, was in der Kommune und der Region verfügbar ist, wird von kommunalen Unternehmen dort auch beauftragt oder gekauft. Die Fakten und Argumente haben wir im Kap. 4.5 geliefert. Und auch dazu, dass sich kommunale Unternehmen umfassend für kulturelle, sportliche oder soziale Belange engagieren, haben Sie bereits gelesen. Bei den „Shareholder-value"-Unternehmen wiederum werden mit dem, was nach notwendigen Investitionen „übrig" bleibt, die Reichen immer reicher. Hier nur die Zahlen für Deutschland: Nach Berechnungen des Deutschen Instituts für Wirtschaftsforschung (DIW) verfügen die reichsten 10 % der Bevölkerung über 66 % des Gesamtvermögens. Die ärmere Hälfte der Bevölkerung (etwa 35 Mio. Personen) besaß mit 103 Mrd. € dagegen nur 1,4 % des Gesamtvermögens und damit weniger als die zehn reichsten Deutschen. Mehr als zwei Drittel der Bevölkerung hatten 2007 kein oder nur geringes Vermögen.

Ebenso gravierend die Unterschiede, die wir für den „Weg zum Überschuss" konstatieren müssen. Die Kommunalwirtschaft ist bekannt dafür, dass sie tariftreu gute Löhne und Gehälter zahlt.

---

[15] In vielen Gemeindeordnungen der Länder wird von kommunalen Unternehmen sogar die Erwirtschaftung von Gewinn verlangt. Das ist aber wiederum in sich nicht schlüssig, denn es gibt Bereiche der kommunalwirtschaftlichen Betätigung – wir hatten im Buch auf den ÖPNV und den Betrieb von Bädern verwiesen – die unstrittig als Dauerverlustbringer gelten.

Die Arbeitsbedingungen sind in Ordnung und ausgebildet wird im Regelfall über Bedarf. Auf welche Weise im Gegensatz dazu gigantische Profitraten entstehen, ist bekannt: Beispielhaft dafür steht die Textilarbeiterin aus Bangladesh, die unter erbärmlichsten Arbeitsbedingungen für einen Monatslohn von 40 € schuftet. Aber man muss nicht nur in die Ferne schweifen. Immer noch wird der wahrlich nicht üppige Mindestlohn unterlaufen. Er funktioniert z. B. noch immer, der miese Trick mit der Scheinselbstständigkeit. Paketausfahrer mit Knebelverträgen „schaffen" Stundenlöhne von drei bis vier Euro und müssen 14 h arbeiten, um gerade so von ihrer Arbeit existieren zu können.

Dass es zwischen Kommunal- und Privatwirtschaft noch viele weitere Unterschiede gibt, ist in der Tab. 4.1 auf einen Blick zusammengefasst.[16]

---

[16] Anknüpfend an unsere Fußnote unter der Nr. 57 nochmals zur Klarstellung: wir schreiben ein Buch über die populärsten Irrtümer zur Kommunalwirtschaft. Das geht nicht ohne den einen oder Vergleich mit der Privatwirtschaft. Dies können wir in dieser Publikation nur grundsätzlich tun. An dieser Stelle aber nochmals: *die* Privatwirtschaft gibt es nicht. Die allermeisten Handwerksbetriebe, eine sehr große Zahl kleiner- und mittelständischer Unternehmen, aber auch Großunternehmen, zumeist die inhabergeführten, gehen mit Augenmaß und hohem moralischen Anspruch ihrer wirtschaftlichen Betätigung nach. Das schließt natürlich auch ein, dass beispielsweise die Gewinnverwendung in der Privatwirtschaft grundsätzlich anderen Regeln gehorcht als in der Kommunalwirtschaft. Der Überschuss, der nach Investitionen verbleibt, gehört dem Eigentümer. Dass diese gerade in den privaten Unternehmen, die wir gerade erwähnten, für gesellschaftspolitisches Engagement genutzt wird, steht außer Frage und dem zollen die Autoren Respekt. Gleichwohl aber müssen wir zur Kenntnis nehmen, dass es vor allem viele global ausgerichtete Großkonzerne sind, die sich der nationalen Kontrolle entziehen, die dort Wertschöpfung betreiben, wo die Löhne am niedrigsten sind, Steuern kaum oder gar nicht anfallen, und nur zählt, das am Ende des Tages ein maximaler Gewinn ausgeschüttet wird. Zwischen solchen Protagonisten und der Kommunalwirtschaft liegen tatsächlich Welten.

Tab. 4.1 Kommunal versus privat – Versuch einer Klassifizierung der Unterschiede

Kriterium	Kommunale Unternehmen	Private Unternehmen, in erster Linie große und börsennotierte Unternehmen
Eigentümer	Gruppeneigentum der Bürger der jeweiligen Kommune	Private Einzeleigentümer
Unternehmensziel	Daseinsvorsorgeleistungen für die Bürger	Höchstmögliche Rendite
Stellung des Gewinns in Hierarchie	Gewinn ist Mittel zum Zweck z. B. als Grundlage für Investitionen	Gewinn ist das Ziel
Gewinnverwendung	Refinanzierung in das Unternehmen und/oder zur Finanzierung kommunaler Leistungen = Sozialisierung	Privatisierung des größtmöglichen Teils bzw. Investitionen zur Erhöhung der Rendite
Stellung im Wertschöpfungsprozess	Impulsgeber für regionale Wertschöpfungsketten als integraler Teil von Regionalwirtschaft	Einkäufe und Investitionen ausschließlich unter Renditeaspekten im Regelfall zum Nachteil des lokal und regional agierenden Mittelstands
Demokratische Kontrolle	Direkte und umfassende Kontrolle durch die Bürger bzw. deren Repräsentanten in den Gremien (Stadträte, Aufsichtsräte usw.)	Keine oder nur sehr geringe Kontrollmöglichkeiten
Gesellschaftspolitisches Engagement	Umfassendes Engagement „citizen value" und dessen Steuerung maßgeblich durch den Eigentümer, also den Bürger	Primat des Shareholder Value Engagement nahezu ausschließlich mit dem Ziel der Rendite-Optimierung

Tab. 4.1 Fortsetzung

Kriterium	Kommunale Unternehmen	Private Unternehmen, in erster Linie große und börsennotierte Unternehmen
Arbeits- und Sozialstandards	Vorbildliche Einhaltung von Standards	Permanente Aushöhlung der Standards oft mit Mitteln der ökonomischen Nötigung – z. B. mi der Drohung von Standortwechseln oder –schließungen (z. B. Nokia)
Rechtsrahmen	Gravierende Einschränkungen für die kommunalwirtschaftliche Betätigung auf Ebene der Länder und der EU	Ständig sinkende Einflussmöglichkeiten vor allem im Zuge der Globalisierung, verbunden mit der Möglichkeit, sich die „passenden" Länder und Gesetze auszusuchen
Zeitliche und sachliche Perspektiven der unternehmerischen Betätigung	Langfristige und nachhaltige Ansätze, unmittelbar basierend auf dem Daseinsvorsorgeauftrag	Kurzfristige und rein renditeorientierte Ansätze unter teilweise verantwortungsloser Missachtung übergreifender Interesse, z. B. beim Umweltschutz
Einbindung in soziale Infrastruktur	Unternehmer, Eigentümer und Manager sind integraler Bestandteil der lokalen und regionalen sozialen Infrastruktur	Entscheidungsträger agieren mit ihren Entscheidungen außerhalb der betroffenen sozialen Infrastruktur in der Anonymität des globalen Finanzmarktes

Die Ziele bestimmt der Eigentümer

Leistungen der Daseinsvorsorge zu erbringen, hat für kommunale Unternehmen unter vielen denkbaren Zielen die höchste Priorität. Dieses Primat der Nutzenstiftung hatten wir erläutert und auch begründet, und es steht, jedenfalls im Grundsatz, nirgendwo in Frage. Wer aber garantiert, dass dies auch so bleibt? Das sind auch in der Kommunalwirtschaft die Eigentümer. Nach unserem Verständnis sind das die Bürger. Deren Interessen werden in einer vorwiegend repräsentativen Demokratie wie der unsrigen durch demokratisch legitimierte Vertreter wahrgenommen. Auf kommunaler Ebene sind das die gewählten Mitglieder von Stadt- und Gemeinderäten, Kreistagen, die Oberbürgermeister, Bürgermeister und Landräte. Diese sogenannten Amt- und Mandatsträger beraten und entscheiden auch über die Ziele der Unternehmen. Die Leistung oder das Produkt sind aber nicht isoliert zu sehen. Der Bürger erwartet auch zu Recht, dass er diese zu marktüblichen Preisen nutzen kann. Dieses Kriterium gilt sinngemäß natürlich auch dann, wenn es wie beim Wasser gar keinen Markt, sondern lokale Monopole gibt oder statt eines Preises eine Gebühr erhoben wird wie häufig bei der Müllentsorgung. Auch dort, wo Markt und Wettbewerb als Preisregulativ ausfallen, werden die kommunalen Anbieter von den Eigentümervertretern so gesteuert, dass sie mit hoher Effizienz arbeiten. Bei der Festlegung der Gebühren kommen auf diese Weise nur Aufwände in die Kalkulation, die gängigen betriebswirtschaftlichen Standards entsprechen. Selbst in einem so spezifischen Bereich der Wasserversorgung mit ganz unterschiedlichen lokalen Bedingungen (fließt das Wasser quasi fast von allein vom Berg ins Tal, oder muss es aufwändig gefördert werden? Stehen reiche Grundwasservorräte zur Verfügung oder muss auch Oberflächenwasser aufwändig aufbereitet werden) haben die kommunalen Anbieter für ein Maximum an Transparenz gesorgt, indem sie ihre betriebswirtschaftlichen Daten und Prozesse regelmäßig vergleichen und die Ergebnisse auch öffentlich machen. Solche

Mechanismen verhindern, dass mit überhöhten Gebühren Haushaltslöcher gestopft werden. Und wenn – das wäre wirklich die ganz große Ausnahme – ein Preis oder eine Gebühr tatsächlich zu hoch ist, dann werden Einrichtungen wie das Bundeskartellamt aktiv. Oder auch der Bürger als Souverän, Beispiel Berliner Wasserbetriebe. 1999 veräußerte das Land Berlin 49,9 % an diesem kommunalen Versorger an RWE und die französische Vivendi (heute Veolia). Für die privaten Miteigentümer wurde eine Garantierendite in den Vertrag geschrieben. Angesichts der hohen Wasserpreise in der Hauptstadt mehrten sich Vermutungen, dass vor allem diese verbindlich zugesagten Abführungen als Preistreiber fungieren. Es formierte sich mit dem „Berliner Wassertisch" eine schlagkräftige Bürgerinitiative. Per Volksentscheid wurde im Februar 2011 ein Gesetzentwurf zur Offenlegung der Teilprivatisierungsverträge bei den Berliner Wasserbetrieben angenommen. Das war der erste Schritt zur Rekommunalisierung. Schon wenig später, im April 2011, hat das Land Berlin die Anteile von RWE zurück erworben. Im September 2013 passierte dies mit den Anteilen von Veolia. Damit waren die Berliner Wasserbetriebe wieder vollständig im Besitz des Landes.

Bürger werden aktiv, um Daseinsvorsorgeunternehmen wieder dorthin zu bringen, wo sie hingehören, in das Eigentum der Kommune und ihrer Bürger. Das passiert bekanntlich nicht nur in Berlin, sondern vielerorts in unserer Republik. „Und das ist" – um den ehemaligen „Regierenden" Berlins, Klaus Wowereit, zu zitieren, „auch gut so!"

Obwohl uns kommunale Themen eigentlich vom Aufstehen bis zum Schlafengehen umtreiben sollten, ist die „Mobilmachung" der Bürger Schwerstarbeit. Bei Wahlen zum Bundestag gehen regelmäßig mehr als doppelt so viele Bürger zu den Urnen als bei solchen für kommunale Gremien. Hier fielen die Zahlen in den letzten Jahren auf teilweise unter 30 %. Eigentlich müsste es genau umgekehrt sein. Real sind doch die Chancen, Einfluss zu nehmen, mitzugestalten vor Ort, in der Kommune am größten.

Bei Volksentscheiden oder Bürgerbegehren auf kommunaler Ebene sind die Zahlen zumeist nicht besser als bei Kommunalwahlen. Oft werden die eher gering angesetzten Mindestgrößen – im Land Berlin liegt dieses sogenannte Quorum bei 30 % – nicht einmal erreicht. Da ist es auf den ersten Blick verständlich, die Menschen mit Losungen zum Mitmachen zu bringen, die näher am Populismus als an der Realität liegen. Aber der (gute) Zweck heiligt auch in diesem Fall nicht die Mittel.

Fazit

Wer Bürgern verheißt, dass mit der Rekommunalisierung von privaten oder teilweise privaten Daseinsvorsorgeunternehmen die Wasserpreise in den Keller fallen oder reichliche Erträge aus der Energieversorgung die Haushalte stabilisieren, handelt unredlich und schadet dem guten Ruf der Kommunalwirtschaft. Das gilt auch für das Beispiel, mit dem wir unser Kapitel eingeleitet haben. Zu fordern, sechs nach Privatrecht organisierte hauptstädtische Wohnungsgesellschaften in Anstalten öffentlichen Rechts zu verwandeln, weil die keine Gewinne machen müssten, ist sachlich falsch und produziert Erwartungshaltungen, die nie und nimmer eintreten können. Daseinsvorsorge in höchster Qualität und fast zum Nulltarif – das ist die „eierlegende Wollmilchsau", die selbst die effiziente und bürgernahe Kommunalwirtschaft nicht züchten kann.

Und dass Strukturveränderungen – und das gilt auch für die „Metamorphose" einer GmbH in eine Anstalt öffentlichen Rechts – keine Wunder bewirken, weiß inzwischen jeder. Nur scheint es niemand zu beherzigen. Gefühlt geht vermutlich täglich irgendwo in Deutschland ein emsiger Chef ans Werk, um mit einem neuen und „todsicheren" Konzept eine neue Struktur zu etablieren, mit der natürlich alles besser wird......

Literatur

Bund der Steuerzahler. (2015). Abenteuer Kommunalwirtschaft. Risiken für die Steuerzahler eindämmen – www.schwarzbuch.de. Zugegriffen: 16. Sept. 2015.

Bundesministerium des Innern (BMI). (2013). *Fünfter Versorgungsbericht.* Berlin: BMI.

Dbb Beamtenbund & Tarifunion. (2012). *Bürgerbefragung öffentlicher Dienst.* Berlin: Dbb Beamtenbund & Tarifunion.

Engelke, R., & Graebig, M. (2013). Der Status Quo innovativer Geschäftsmodelle bei Energieversorgern. *Energiewirtschaftliche Tagesfragen, 63*(11), 15–17 (etv Energieverlag, Essen).

Eschenburg, T. (1961). *Ämterpatronage.* Stuttgart: Schwab-Verlag.

Forsthoff, E. (1958). *Die Daseinsvorsorge und die Kommunen.* Köln-Marienburg: Sigillium-Verlag.

Gabriel, T. (2015). Mieten-Volksbegehren steht in den Starlöchern. Rundfunk Berlin-Brandenburg. www.rbb-online.de. Zugegriffen: 7. März 2015.

Giersch, V. (2015). Wirtschaftliche Kommune statt kommunale Wirtschaft. Industrie- und Handelskammer Saarland. www.saarland.ihk.de. Zugegriffen: 17. Aug. 2015.

Hessel, S. (2011). *Empört Euch.* Berlin: Ullstein Buchverlage.

Hessischer Landtag. (2003). 16. Wahlperiode. Stenografischer Bericht. 9. Sitzung des Innenausschusses/5. Sitzung des Ausschusses für Wirtschaft und Verkehr. Wiesbaden 8. Okt. 2003.

Libbe, J. (2008). Die Zukunft der städtischen Infrastrukturen. *Deutsche Zeitschrift für Kommunalwissenschaften, 2,* 138 (Berlin).

Maunz, T., & Dürig, G. (2011). *Grundgesetz. Kommentar.* München: Verlag C. H. Beck.

Röber, M. (2001). Das Parteibuch – Schattenwirtschaft der besonderen Art. *Aus Politik und Zeitgeschichte, 32–33,* 6–14 (Bonn).

Statistisches Bundesamt. (2011). *Finanzen und Steuern. Personal des öffentlichen Dienstes.* Wiesbaden: Fachserie 14. Reihe 6.

Transparency International. (2000). Tagungsbericht Ämterpatronage vom 27. Okt. 2000. www.transparency.de. Zugegriffen: 14. Juli 2015.

Verband kommunaler Unternehmen e.V. (VKU). (2012). Pressemitteilung 78/12 vom 24.08.2012: Zeitreihenstudie zu Qualität und Image von Trinkwasser in Deutschland (TWIS) des Instituts für empirische Sozial- und Kommunikationsforschung Düsseldorf. www.vku.de. Zugegriffen: 22. April 2015.

Verband kommunaler Unternehmen e.V. (VKU). (2014). Zahlen Daten Fakten 2014. www.vku.de. Zugegriffen: 17. Aug. 2015.

Wettengel, P. (2005). *Parteipolitische Ämterpatronage in der Ministerialbürokratie der Bundesländer*. Konstanz: Wissenschaftliche Arbeit an der Universität Konstanz.

5

Beispiele, die die populärsten Irrtümer zur Kommunalwirtschaft widerlegen, gibt es massenhaft – Eine Auswahl

Jeder Mensch kennt dieses Phänomen: Meier sagt über Schmidt, „der ist sehr unsympathisch!" Auch wenn besagter Meier nicht als exzellenter Menschenkenner gilt, er hat mit seinem Urteil Skepsis gesät. Nun lernt man diesen Schmidt aber selbst kennen, erlebt ihn im Team bei der Bewältigung schwieriger Aufgaben, und stellt fest: Der Mann ist gut, er ist verlässlich und auch noch ausgesprochen angenehm.

Die Kraft des Faktischen und das eigene Erleben sind also die besten, weil überzeugendsten Heilmittel gegen Vorurteile, falsche Etiketten, fahrlässige oder gar boshaft-vorsätzliche Zuwidmungen. Ohne diese praktischen Erfahrungen hätten wir dieses Buch nicht schreiben können, ja nicht dürfen. In unserer beruflichen Tätigkeit als Berater, Publizist und Wissenschaftler haben wir in addiert mehr als 35 Jahren hunderte kommunaler Unternehmen der unterschiedlichsten Arten kennengelernt: Stadtwerke, kommunale Krankenhäuser, Verkehrsunternehmen, Wohnungsgesellschaften, Entsorger, Wasser- und Abwasserzweckverbände, um nur die wichtigsten zu nennen. Und dort haben wir auch sehr viele Menschen getroffen. Solche, die an der Spitze den Hut

aufhaben, ebenso wie jene, die vor Ort als Elektro- oder Gas-
monteure, Krankenpfleger, in der Müllabfuhr oder als Busfahrer
Tag für Tag die Visitenkarte ihres kommunalen Unternehmens
abgeben.

Statistiker würden uns vermutlich sofort bescheinigen, dass
diese in unserem Berufsleben erworbenen praktischen Erfahrungen wegen der hohen Fallzahlen alle Anforderungen an Re-
präsentativität erfüllen. Würde wir alle diese Beispiele zu Papier
bringen, entstünde ein mehrbändiges Werk. Das würde niemand
drucken, geschweige denn lesen.

Deshalb haben wir stellvertretend für eine vier- vermutlich sogar fünfstellige Zahl kommunaler Betriebe und Verbände (es gibt
darüber leider keine genauen statistischen Angaben) eine Hand-
voll Unternehmen ausgewählt, die wir mit gutem Gewissen als
typisch und repräsentativ für alle bezeichnen können. Dass wir
uns dabei auf Stadtwerke konzentriert haben, liegt ganz einfach
daran, dass diese Unternehmen quasi als Prototypen der Kommunalwirtschaft gelten. Das zeigt schon der Name: Das „Stadt"-
Werk kann nur kommunal sein. Mit dem Begriff Stadtwerk verbinden die Bürgerinnen und Bürger positiv besetzte Werte wie
Versorgungssicherheit, Zuverlässigkeit, Nähe sowie lokale Verwurzelung und Verantwortung. Ein privates Unternehmen, welches sich den Namen Goldgas Stadtwerke gegeben hatte, wollte
sich diese Assoziationen zu Nutze machen. Nach Entscheidungen
des Oberlandesgerichtes Hamm sowie der Landgerichte Bremen,
Bochum und Nürnberg-Fürth[1] darf es sich nicht mehr als Stadtwerk bezeichnen. Die Urteilsbegründung des Landgerichtes Bochum fasst die Bedeutung des Begriffes Stadtwerke zusammen:
„Durch die Verwendung des Begriffs Stadtwerke (....) täuscht die
Beklagte über ihre geschäftlichen Verhältnisse. Denn der Verkehr

---

[1] Oberlandesgericht Hamm (Beschluss vom 08. 12. 2009, Geschäftszeichen 4
U 129/09), Landgericht Nürnberg-Fürth (Beschluss vom 09. 12. 2008), Landgericht Bremen (Beschluss vom 22. 10. 2009, Geschäftszeichen 2 W 92/09),
Landgericht Bochum (Beschluss vom 30. 06. 2009, Geschäftszeichen I-12 O
13/09).

assoziiert mit dem Begriff Stadtwerke nicht nur ein Unternehmen der Daseinsvorsorge. Vielmehr erwartet der potentielle Kunde stets einen Bezug zum kommunalen Träger".

Die von uns ausgewählten Stadtwerke sind auch unter einem anderen Aspekt typisch: Sie stehen nämlich für die Mehrzahl der insgesamt fast 1000 Stadtwerke in Deutschland. Selbstredend hat auch die diese Gattung der Kommunalwirtschaft Flaggschiffe. Das sind die ganz Großen, die Stadtwerke in Metropolen wie München, Leipzig oder Frankfurt am Main mit Jahresumsätzen im hohen dreistelligen Millionen Euro-Bereich oder gar schon über einer Milliarde. Diese Unternehmen in prosperierenden Metropolen sind ebenso tüchtig und ebenso kommunal wie ihre von der Dimension her „normalen" Schwestern. Aber typisch für die Kategorie Stadtwerk ist eine eher mittelständische Dimension. Zu Recht werden diese Unternehmen auch als „Mittelstand der deutschen Energiewirtschaft" bezeichnet. Und genau unter solchen haben wir uns umgeschaut. Ganz bewusst haben wir zum einen nach Nordrhein-Westfalen geblickt. Das bevölkerungsreichste Bundesland ist mit seinem extrem komplizierten Umbauprozess von Kohle und Stahl hin zu Dienstleistung und Hochtechnologie durchaus erfolgreich, aber noch lange nicht am Ende. Das wird besonders deutlich sichtbar an den Kommunen, die mit hoher Verschuldung und einem ebenso hohen Sanierungsbedarf bei ihren Infrastrukturen konfrontiert sind. Genau dort, in Aachen, Essen, Köln, Neuss, Remscheid und Solingen haben wir unsere Beispiel-Stadtwerke gefunden.

Stadtwerke können keine „Schönwetterökonomie" betreiben. Sie müssen auch und gerade unter ungünstigen Rahmenbedingungen Daseinsvorsorge auf hohem Niveau gewährleisten. Deshalb haben wir neben NRW eine zweite Beispielgruppe im Osten Deutschlands gesucht und gefunden. Unter der Überschrift „strukturschwach" firmieren, abgesehen von ganz wenigen Ausnahmen wie Berlin, Dresden und Jena, nahezu alle Kommunen der neuen Länder und der Osten in Gänze. Der Abstand im

Bruttoinlandsprodukt pro Kopf der Bevölkerung stagniert seit Jahren. Mehr als 66 % des Westniveaus werden auch aktuell nicht erreicht. Der Anteil der neuen Bundesländer am Bruttoinlandsprodukt der Bundesrepublik liegt bei ca. 12 %. Die Arbeitslosigkeit ist fast doppelt so hoch wie im Westen. Die Betriebsdichte in Ostdeutschland liegt bei 50 % des Westniveaus. Zwei Drittel der ostdeutschen Unternehmen haben weniger als fünf Beschäftigte. Nur ein einziges Unternehmen hat mehr als 10.000 Beschäftigte (Vattenfall). Davon existieren in Westdeutschland viele Hundert.

In den alten Bundesländern gibt es 9,1 Beschäftigte in Forschung und Entwicklung je 1000 Einwohner, im Osten sind es 4,5. Nicht einmal acht Prozent der gesamtdeutschen Forschungsausgaben entfallen auf den Osten.

Noch immer sind laut den Analysen der renommierten Schweizer Prognos-Instituts ostdeutsche Kommunen mit extremen Standortnachteilen behaftet. Für mehr als 80 % der ostdeutschen kreisfreien Städte und Kommunen werden Risiken für ihre zukünftige Entwicklung attestiert. Chancen werden für drei Prozent formuliert. Diese Werte unterscheiden sich grundlegend von denen westdeutscher Kommunen. Das zeigt sich im Vergleich der arithmetischen Mittel: Während Kommunen aus den alten Bundesländern im Schnitt positiv in die Zukunft blicken können, stehen ostdeutsche Landkreise und kreisfreie Städte im Mittel leichten bis hohen Risiken gegenüber. In den untersten zwei von acht Kategorien „hohe" und „sehr hohe Risiken" finden sich zu 90 % Kommunen aus den neuen Bundesländern. Die obersten drei Kategorien mit einer positiven Perspektive werden dagegen zu 97,5 % von Kommunen aus den alten Bundesländern dominiert.

Auf ihre Stadtwerke können sich in Deutschland aber die Menschen überall verlassen. Für strahlende Metropolen mag das als Selbstverständlichkeit erscheinen (Ist es aber auch dort nicht. Ein Stichwort ist der überproportional hohe Anteil an Transferabhängigen).

Aber auch in Gegenden, wo uns die Strukturschwäche in vielen Kommunen quasi ins Auge fällt, wo die Bevölkerung viel schneller schrumpft als anderswo, und teure Infrastruktur für immer weniger Menschen vorgehalten werden muss, funktioniert die Kommunalwirtschaft. Und genau an solchen Beispielen wollen wir im letzten Kapitel unseres Buches noch einmal illustrieren, dass das Vertrauen, das Sie, liebe Leserinnen und Leser, in ihrer überwältigenden Mehrheit zur Kommunalwirtschaft haben, keine Bauchgefühl ist, sondern auf Fakten beruht.

Und für unsere Glaubwürdigkeit als Autoren ist wichtig, dass wir diese Tatsachen an Stadtwerken festmachen, die nicht in Vorzeigeregionen agieren, sondern in Kommunen, die mit vielerlei Problemen konfrontiert sind. In dieser schwierigen Lage werden sie von Bund und Ländern stiefmütterlich behandelt und müssen sich mithin erst recht auf ihre auch unter komplizierten Bedingungen funktionierende Kommunalwirtschaft verlassen können.

5.1 Ein Fall fürs „Guiness-Buch der Rekorde"

Weltrekord in „Mäc-Pom"

Seit 1997 versorgen die Neubrandenburger Stadtwerke das gesamte Stadtgebiet durch ein Gas- und Dampfturbinen-Heizkraftwerk (GuD), das Strom und Wärme aus Erdgas in Kraft-Wärme-Kopplung (KWK) erzeugt. Bei dieser sehr umweltschonenden Technologie sind die kommunalen Stadtwerke seit Jahren technologischer Vorreiter. Mit diesem höchst innovativen Ansatz zeigen sie, dass sie die Zeichen der Zeit schon deutlich vor der Energiewende verstanden haben. Wir verkneifen uns hier Einzelheiten zum technischen Prozess. Nur so viel: Bei der Stromerzeugung wird gleichzeitig Wärme erzeugt. Mit dieser Kopplung wird der Energiegehalt des Erdgases mit dem sehr hohen Wirkungsgrad von fast 90 % genutzt.

In Neubrandenburg wird die Wärme in das Fernwärmesetz eingespeist. Die gerade erwähnte hohe Energieausbeute wird allerdings nur dann erreicht, wenn die Wärme auch energetisch genutzt werden kann. Das ist im Winter kein Problem. Im Sommer allerdings (dieser Text entsteht am 7. August 2015, wo überall in Deutschland die Thermometer fast 40 Grad anzeigten, was die Vorstellung einer dazu noch laufenden Heizung zur Horrorvision macht) ist der Wärmebedarf auch an „normalen" Tagen einfach zu gering.

Wer also die im Sommer erzeugte Wärme nutzen will, um die theoretische Energieausbeute von fast 90 % im gesamten Jahresdurchschnitt nutzen zu können, muss ein ausgesprochen kluges Konzept entwickeln. Wie das in Neubrandenburg gelang, berichtet uns Holger Hanson[2], Vorsitzender der Geschäftsführung der Neubrandenburger Stadtwerke GmbH. „In Neubrandenburg", so Hanson, „versorgte von 1987 bis 1998 die Geothermische Heizzentrale das Wohngebiet ‚Rostocker Straße' mit Heizwärme, die direkt aus Thermalwasser stammt. Gefördert wurde aus vier Bohrungen aus 1200 bis 1300 m Tiefe. Diese Bohrungen waren dringend sanierungsbedürftig. Zudem litt die Effizienz der Anlage unter den relativ geringen Thermalwassertemperaturen von 55 Grad. Eine zusätzliche Wärmezufuhr war permanent nötig", erläutert der

---

[2] Holger Hanson wurde 1950 in Lübeck geboren. Nach seiner Kaufmannsausbildung war er in führenden Funktionen verschiedener Konzerne des Einzelhandels, der Industrie und des Großhandels tätig. 1988 gründete er sein eigenes Unternehmen für Unternehmensberatung und -sanierung und beriet in der frühen Nachwendezeit die Landeskirchen und die Treuhandanstalt im Osten Deutschlands. Darüber hinaus baute er ein touristisches Dienstleistungsunternehmen auf, das national und international agiert. Seit 2001 ist Holger Hanson Vorsitzender der Geschäftsführung der Neubrandenburger Stadtwerke GmbH. Er ist Mitglied im Rotary Club Neubrandenburg, Mitglied des Vorstandes der Günther Weber Stiftung, Mitglied des Fördervereins der Hochschule Eberswalde und stellvertretender Vorsitzender des Aufsichtsrates der Verbundnetz Gas AG.

Stadtwerkechef. „Zu geringe Wärme immer, dafür Überschüsse im Sommer. Die Idee war, beide Anlagen zu verbinden. Das klingt verblüffend einfach. Nur war darauf noch niemand gekommen."

Holger Hanson erklärt das Prinzip des sogenannten Aquiferwärmespeichers: „Die Anlage besteht im Regelfall aus zwei Bohrungen. Aus der einen wird im Sommer das mit 55 Grad zu kalte Thermalwasser entnommen und mit der Überschusswärme aus dem GuD-Kraftwerk aufgeheizt. Danach gelangt es über die zweite Bohrung in den Grundwasserleiter, den sogenannten Aquifer, in dem sich eine Wärmeblase bildet. Im Winter wird aus dieser Blase mit umgekehrter Strömungsrichtung gefördert. Dem Thermalwasser wird die Wärme wieder entzogen, genau in der Jahreszeit, in der sie gebraucht wird. Anschließend wird es wieder in die kalte Bohrung injiziert und steht für den nächsten Erwärmungszyklus bereit."

Seit 2005 ist dieser Aquiferwärmespeicher in Neubrandenburg im regulären Betrieb. Durch die Kopplung beider Anlagen – geothermische Heizzentrale und GuD-Kraftwerk – konnte der Anteil fossiler Energieträger von ca. 50 % auf ca. 2,5 %, also nahe Null, gesenkt werden.

Weniger Emissionen, größere Versorgungssicherheit – und trotz beträchtlicher Investitionen für den Kunden nicht ein Cent an Mehrkosten. Eine bürgerfreundliche Lösung. Erdacht in Mecklenburg-Vorpommern. Von Spezialisten eines kommunalen Stadtwerkes in Zusammenarbeit mit denen eines ortsansässigen Unternehmens. Der größte Wärmespeicher dieser Art weltweit ist also weit mehr als nur der überfällige Eintrag ins Guinessbuch der Rekorde…

In Remscheid sorgt das Stadtwerk für schnelles Internet

In einer der weltweit führenden Industrienationen, in Deutschland, sollte schnelles Internet ein Muss sein. Sollte. Die Realität ist leider eine andere. Nur dort, wo sich Menschen und damit

Kunden ballen, und die technische Infrastruktur nach kurzen Amortisationszeiten quasi eine Lizenz zum Gelddrucken ist, haben die großen privaten Kommunikationsanbieter ordentlich investiert. Auf dem flachen Land aber „gedeihen" in einem Technologiestandort, der für sein „Made in Germany" weltberühmt wurde, immer noch unvorstellbar viele „Refugien", in denen man von Mobilfunkanrufen „verschont" wird, und das Versenden des Fotos vom gerade geborenen Enkel per E-Mail an die Oma zum Tagwerk wird.

Wo sich die Glasfaser für die Großen aus der Privatwirtschaft wie für Telekom, Vodafone und andere schlicht nicht lohnt, oder keine staatlichen Subventionen fließen, sind es wieder die Stadtwerke, die an Standorten ohne Maximalrendite in die Bresche springen. Denn Internet ist nach dem richtigen Verständnis dieser kommunalen Unternehmen heute kein Luxus, sondern gehört zur Daseinsvorsorge. So sieht das auch der Geschäftsführer der Stadtwerke Remscheid, zugleich auch Chef der Energie und Wasser für Remscheid (EWR), Prof. Dr. Thomas Hoffmann.[3] Die Unternehmensgruppe Stadtwerke Remscheid agiert in den Geschäftsfeldern „Energie und Wasser, Mobilität, Entsorgung, Freizeitservice und Immobilien". Sie hat einen Umsatz von über 170 Mio. € und beschäftigt über 500 Mitarbeiter.

Remscheid hat über 110.000 Einwohner und liegt im Bergischen Land. Neben Wuppertal und Solingen ist Remscheid die kleinste dieser drei Bergischen Städte. „Bereits im Jahr 2013",

---

[3] Herr Prof. Dr. Thomas Hoffmann wurde am 14.02.1961 in Essen geboren. Nach dem Abitur absolvierte er eine kaufmännische und ingenieurwissenschaftliche Ausbildung in Essen, Berlin und St. Gallen und promovierte an der Universität Essen zum Dr.-Ing. Seit über 20 Jahren ist er als Führungskraft in der Energie- und Stadtwerkebranche tätig, u. a. von 1998 bis 2005 als Geschäftsführer eines Energieproduktions- und Energiedienstleistungsunternehmens in Bremen. Zum 01.04.2005 übernahm er die Aufgabe des Allein-Geschäftsführers der Stadtwerke Remscheid GmbH. Darüber hinaus ist Herr Prof. Dr. Hoffmann Honorarprofessor an der Ruhr-Universität Bochum und Lehrbeauftragter für „Strategisches Management und Unternehmensführung".

so erläutert uns Prof. Hoffmann, „startete die EWR GmbH mit einem Pilotprojekt ihren Einstieg in die Breitbandtechnologie für Gewerbegebiete. Die Existenz von leistungsfähiger Glasfaserinfrastruktur ist für Industrieunternehmen lebenswichtig und unser Engagement ein wichtiger Beitrag für die Standortattraktivität unserer Stadt."

Die Verlegung von Glasfaserkabeln in einem Industriegebiet habe auch dazu gedient, sich mit einem neuen und hart umkämpften Markt der modernen Datenübertragung mittels Lichtwellenleiter vertraut zu machen, so Hoffmann weiter. „Seit 2014 baute die EWR GmbH ihr Engagement als Dienstleister für Glasfaserinfrastruktur mit dem Anschluss weiterer Remscheider Industriekunden an das schnelle Datennetz weiter aus", berichtet der Geschäftsführer. „Die Breitbandzugänge sind stark gefragt. Die Firmen haben einen ständig steigenden Bedarf an schneller Datenübertragung, aber nicht in allen Regionen sind die Anschlüsse für breitbandige Internetzugänge schon vorhanden. Die EWR leistet auch auf diesem Gebiet große Infrastrukturinvestitionen in die Zukunft, von denen Unternehmen vor Ort profitieren können." So beschreibt der Stadtwerkechef, wie die EWR mit Innovationskraft und erheblichen Investitionen dafür sorgt, dass der Standort Deutschland nicht den Anschluss an die Zukunft verliert.

Mit dieser Intention entwickelt die EWR schon jetzt weitergehende Konzepte. Die Lichtwellenleiter gelten als modernste Infrastruktur für die „intelligenten Netze" (Smart Grids) von morgen. Ziel ist es, Industrieunternehmen im Umfeld dieser Smart Grid, zu ermöglichen, ihre Infrastruktur für die Datenübertragung nachhaltig zu optimieren.

„Die EWR ist eben nicht nur ein solitärer Infrastrukturbetreiber für Strom, Wasser und neuerlich auch Kommunikation, sondern wir können diese Ebenen und Kanäle dank unserer Multifunktionalität auch vernetzen, so wie es unsere Bürger und unsere Unternehmen für ihre Existenz brauchen. Diese Bedürfnisse treiben uns an. Das ist ein anderer Motor als Maximalprofit, aber auch er funktioniert nur dann, wenn wir diese Leistungen mit höchster Effizienz – mindestens auf dem Niveau der privaten Wettbewerber, oft sogar deutlich besser – erbringen", lautet das Fazit von Prof. Dr. Thomas Hoffmann.

Wie ein Stadtwerk zum Kinobetreiber wurde
Schwedt/Oder liegt im Land Brandenburg in der Uckermark, einer seenreichen Landschaft zwischen unterer Oder und oberer Havel. Am Schwedt gegenüberliegenden Ostufer der Oder erheben sich markant steile Hänge des auf polnischer Seite verlaufenden Endmoränenbogens. Unmittelbar an die Stadt grenzt eine naturnahe Auenlandschaft mit einem Reichtum an Flora und Fauna, der in Mitteleuropa äußerst selten ist. Dieses Gebiet wurde 1995 zum Nationalpark Unteres Odertal erklärt. Die Stadt verfügt über eine Fläche von ca. 200 km². Sie ist damit so groß wie Hannover oder Magdeburgs, hat aber gerade einmal 30.000 Einwohner.

Schwedt gehört in Ostdeutschland neben dem sächsischen Hoyerswerda zu den Städten mit dem stärkten Bevölkerungsrückgang. Seit 1989 reduzierte sich die Einwohnerschaft um ein Drittel. Die Prognosen besagen, dass bis 2030 weitere 20 % weniger Menschen in Schwedt ansässig sein werden.

Der immense Wohnungsleerstand führte dazu, dass ganze Straßenzeilen abgerissen wurden. Die Plattenviertel wurden großzügig saniert, Geschosszahlen und Baudichte deutlich reduziert. Zudem entstand ein ganzer Gürtel von Einfamilienhäusern.

Ein Stadtwerk, dem ein Drittel der Kunden weglaufen? Das gibt es nirgendwo in Deutschland. Aber in Schwedt an der Oder schrumpfte diese Zahl trotzdem von 1989 bis heute um genau dieses Drittel. Der Marktanteil der Stadtwerke aber blieb nahezu gleichbleibend auf sehr hohem Niveau. Das ist Demografie real in Ostdeutschland. Eine der Antworten in Schwedt war die

Etablierung eines kommunalen Unternehmensverbundes zur
Förderung von Region, Wirtschaft, Bürgern – nach dem Prinzip
„alles unter einem Dach": Energie, Telekommunikation, Bad
und Kino und ein Hafen. Das alles findet sich in der Oderstadt
direkt an der polnischen Grenze unter dem Dach der Stadtwerke.

Deren Chef, Helmut Preuße[4], gab uns Auskunft: „Auch wenn
man Kunden unverschuldet verliert, kann man sich nicht mit
weiterhin hohen Marktanteilen schmücken. Jeder Einwohner
weniger in Schwedt bedeutet, dass die Fixkosten für unsere moderne Infrastruktur in unseren Kalkulationen immer gewichtiger
werden. Aber warum soll ein Schwedter für Energie mehr bezahlen als ein Berliner? Weil wir das nicht wollen, haben wir alle
unternehmerischen Aktivitäten unter einem Dach gebündelt.
Das spart Kosten bei Buchhaltung, Planung, Vertrieb und in der
Personalabteilung. Aber diese sogenannten Synergieeffekte reichen bei einem Bevölkerungsschwund von einem ganzen Drittel
in 25 Jahren nicht hinten und nicht vorne. Also haben wir neue
Geschäftsfelder erschlossen. Erstens unsere öffentliche Erdgastankstelle, unser auf diesen ökologischen Energieträger umgerüs-
teter Fuhrpark, die finanzielle Förderung des Kaufs von Erdgas-
fahrzeugen und der Einsatz von in Schwedt erzeugtem Bioerdgas.
Das Unternehmen Verbio als größter Produzent von Biogas in
Deutschland speist dieses u. a. in das Hochdrucknetz der Stadt-

---

[4] Helmut Preuße ist seit 1990 als Geschäftsführer der Stadtwerke Schwedt
GmbH tätig. Die Stadtwerke Schwedt GmbH und die Technischen Werke
Schwedt bilden einen Unternehmensverbund. Helmut Preuße ist Geschäftsführer in beiden Gesellschaften. Neben dem Hauptgeschäft übt Preuße verschiedene ehrenamtliche Tätigkeiten in Verbänden aus: Im Verband kommunaler
Unternehmen als Mitglied des Präsidiums und Vorsitzender der Landesgruppe
Berlin/Brandenburg, im Bundesverband der Energie- und Wasserwirtschaft
im Landesgruppenvorstand, im Arbeitgeberverband energie- und versorgungs-
wirtschaftlicher Unternehmen als Mitglied im Vorstand, im Bundesverband
öffentlicher Binnenhäfen, im Bundesverband Breitbandkommunikation und in
der Industrie- und Handelskammer Ostbrandenburg als Vollversammlungsmit-
glied.

werke Schwedt ein. Es betreibt eine LKW-Flotte mit Erdgasmo-
toren und nutzt die Erdgastankstelle der Stadtwerke Schwedt.

Zweitens forcieren wir die E-Mobilität durch die Inbetrieb-
nahme von drei Ladesäulen für E-Fahrzeuge im Stadtgebiet,
haben zwei E-Fahrzeuge im Fuhrpark und bieten an den Ladesäulen zu 100 % Naturstrom an.

Drittens haben wir im September 2015 unter dem Stichwort
Digitalisierung ein erstes Produkt im Bereich Smart Home ge-
startet.

Viertens setzen wir auch auf Einspareffekte und haben 2012
mit der Umrüstung der Straßenbeleuchtung auf LED begonnen," beschreibt Preuße Innovationen quasi am „laufenden
Band". Und setzt mit dem Thema Fernwärme, einem wesentlichen Geschäftsfeld der Stadtwerke Schwedt, fort: „Bereits seit
den 1960er-Jahren wird in der PCK-Erdölraffinerie in Schwedt
aus Reststoffen des Raffinerieprozesses Strom, Dampf und Heiß-
wasser erzeugt. Letzteres ist das Trägermedium für die Fern-
wärmeversorgung der Stadt Schwedt. Der Anschlussgrad im
Stadtgebiet liegt bei mehr als 75 %. Bei dieser Größenordnung
ist es unter dem Stichwort Energiewende und Energieeffizienz
schon bemerkenswert, dass seit 2015 der Primärenergiefaktor
für die Fernwärme auf „0" festgesetzt und zertifiziert worden ist,
d. h. es wird in drei Vierteln der Schwedter Wohnungen warm,
ohne dass neben der Abwärme gesondert Energie verbraucht
wird. Dadurch entsteht allen Nutzern, insbesondere jedoch bau-
willigen Familien und auch den Wohnungsgesellschaften Vorteile
bei der Erfüllung von Auflagen der Energieeinsparverordnung",
erläutert Helmut Preuße und verweist sofort auf ein weiteres Beispiel:

„Unsere Stadtwerke waren einer der ersten Akteure in Brandenburg, die ab 1999 Kunden in Schwedt und im ländlichen
Raum der nordöstlichen Uckermark mit Telekommunikations-
dienstleistungen (Telefon, Internet, Mobilfunk) und Multi-
mediangeboten (Digital-TV) bester Qualität hinsichtlich der

Datenübertragungsraten versorgten. Besonders innovativ war die Nutzung des Schwedter Kabel-TV Netzes und dessen Ertüchtigung zur Nutzung als Breitbandkabelnetz. Das ermöglichte Übertragungsgeschwindigkeiten auf DSL-Niveau bereits zu einem Zeitpunkt, als noch analoge bzw. ISDN-Verbindungen mit Übertragungsraten von 56 bzw. 64 kb/s das obere Leistungsende markierten. Die Stadtwerke Schwedt waren einer der ersten, die dieses Kabel-TV-Netz rückkanalfähig machten. Auch die Sprachübertragungstechnik per Voice over IP (VoiP), die heute den Standard darstellt, kam bereits sehr früh zum Einsatz. Die Erschließung erfolgt sukzessive unter Einbindung aller technisch möglichen Wege. Das ist zum einen die Glasfaser- bzw. Lichtwellenleiter (LWL)-Technik. Zum anderen wurden weitere Strecken per Richtfunktechnik überbrückt. Dabei wurden für die Digitalisierung der Daseinsvorsorge fast vollständig auf Fördermittel verzichtet, nicht zuletzt um Bürokratie zu vermeiden. In Schwedt nutzen wir unser eigenes Breitbandkabelnetz. In Summe sind derzeit alle 10 Ortsteile, eine weitere Gemeinde und die Stadt Angermünde mit DSL-Anschlüssen unter Nutzung der LWL-Technologie erschlossen.

Über Richtfunk in Kombination mit LWL werden weitere 10 Orte in angrenzenden Amtsbereichen bis zur Grenze nach Mecklenburg-Vorpommern, sowie weitere Gemeinden, die überregional in anderen Teilen von Brandenburg sowie Mecklenburg-Vorpommern liegen, versorgt. Insgesamt wurden bislang 177 km LWL-Kabel verlegt und 87 km per Richtfunk überbrückt. Das gesamte kabelgebundene Telekommunikationsnetz der Stadtwerke Schwedt erstreckt sich auf ca. 275 km.

Die Bürger nehmen das Angebot gern an. In der Zwischenzeit haben sich fast 12.000 Kunden für die Internetprodukte der Stadtwerke Schwedt entschieden. Im Stadtgebiet von Schwedt selbst liegt der Marktanteil bei über 50 %, in einigen Ortsteilen sogar nahe 100 %.

Private und gewerbliche Kunden auch im ländlichen Gebiet haben Dank der Stadtwerke Schwedt auf digitaler Ebene keinerlei Standortnachteil", und das sei, so Preuße, in der Uckermark und vielen Regionen im angrenzenden Mecklenburg-Vorpommern weiß Gott nicht selbstverständlich.

Natürlich fragen wir den Stadtwerkechef zum Schluss auch nach seinem Kino, das selbst in überregionalen Medien Furore gemacht hat:

„In Schwedt besteht die einzige Möglichkeit weit und breit, ins Kino zu gehen. Deshalb geht es bei diesem Angebot nicht in erster Linie um kommerzielle Ziele, sondern wir gewährleisten kulturelle Daseinsvorsorge. Bis Mai 2006 wurde das Kino von privaten Betreibern geführt. Nach der letzten Insolvenz fand sich trotz intensivster Suche niemand mehr aus der privaten Wirtschaft, um in Schwedt für die Stadt und das Umland Kino zu machen. Also bekamen die Stadtwerke den Hut auf, denn eine ganze Region ohne ein solches Kulturangebot war schlichtweg unvorstellbar. Seit Ende 2006 sind wir für das FilmforUM verantwortlich. Wir haben ‚unser' Kino vom klassischen Multiplex-Kino ausschließlich mit Blockbustern in ein Zielgruppenkino und eine Stätte für Veranstaltungen verwandelt. Stichworte sind der digitale Wandel (Digitalisierung, 3D-Kino), Spartenprogramme für Senioren, Frauen, Kinder, Schüler, Übertragung von Live-Events, Projektarbeit wie z. B. ‚Kinder machen Kurzfilm'.

Jeder Schwedter sucht statistisch gesehen mindestens 2,2 Mal im Jahr das Kino auf. Zum 6. Mal in Folge konnte das FilmforUM in Schwedt den Kinoprogrammpreis gewinnen und das alles haben wir ohne Zuschüsse geschafft", zieht ein zu Recht zufriedener Helmut Preuße auch als Kinochef ein rundum positives Fazit.

Das Erneuerbare-Energien-Gesetz wurde nicht in Berlin, sondern in Aachen „erfunden"

Dass Stadtwerke ein sehr hohes Vertrauen bei den Bürgern genießen, und dies ungebrochen seit vielen Jahren, kann niemand mehr ernsthaft bestreiten. Als innovativ werden die kommunalen Versorger jedoch selten eingeschätzt. Das ist fast paradox angesichts des Ranges, den Neues in der Werteskala des 21. Jahrhunderts genießt. Natürlich haben wir es auch hier, das haben die beiden Autoren dieses Buches an anderer Stelle ausführlich beschrieben und begründet, mit einem populären Irrtum zur Kommunalwirtschaft zu tun. Denn Stadtwerke sind ganz im Gegenteil höchst innovativ. Sie beweisen das gerade bei der Umsetzung der Energiewende. „Die kommunalen Versorger gelten als deren wichtigste Treiber", erläutert Dr. Christian Becker[5], Vorstand der STAWAG, Stadtwerke Aachen Aktiengesellschaft. „Unser Unternehmen wird zu Recht als Beispiel für die Pionierarbeit kommunaler Versorger genannt. Denn die STAWAG hat schon in den 1990er-Jahren erste Meilensteine gesetzt. Schon vor einem Vierteljahrhundert haben wir eine eigene Energieberatung für Bürger eingerichtet. Deren Agenda – Tipps zum Energiesparen und zum energieeffizienten Bauen und Modernisieren – ist heute für alle Unternehmen unserer Branche Pflicht. Vor 25 Jahren standen wir damit sehr einsam in der Landschaft. Ein· Energielieferant,

---

[5] Dr. Christian Becker, 1961 in Braunschweig geboren, hat nach dem Studium der Elektrotechnik zum Dr.-Ing. promoviert. Seinen Berufseinstieg fand er 1991 bei der Kienbaum Unternehmensberatung, Düsseldorf. Im Jahr 1994 wechselte Dr. Becker zur Ruhrgas AG, Essen. Ende 2000 übernahm er die Geschäftsführung der ENETKO GmbH, Köln, einer Kooperationsgesellschaft von rund 35 Stadtwerken, die bundesweit Energie vertreibt. Zusätzlich trat Dr. Becker ab 2002 in die Geschäftsführung der Trianel European Energy Trading GmbH, Aachen, ein, einer internationalen Kooperation von Stadtwerken, die Energiegroßhandel betreibt. Ab dem 1. Januar 2005 war er Vorsitzender der Geschäftsführung der Stadtwerke Solingen GmbH. Seit dem 1. Dezember 2007 ist Dr. Christian Becker Vorstand der STAWAG, Stadtwerke Aachen Aktiengesellschaft. Becker ist darüber hinaus in verschiedenen Verbänden tätig – unter anderem im VKU, Verband kommunaler Unternehmen, als Mitglied des Vorstandes.

der seinen Kunden sagt, wie man Strom, Gas und Wärme sparen kann, das war ja fast ein Tabubruch: Sägen am Ast, auf dem man sitzt. Unsere Energieberatung ist bis heute ein Erfolgsmodell. Komplettiert wurde es mit einem Förderprogramm. Unsere Kunden bekommen Zuschüsse zum Bau von Solaranlagen, für die Heizungsmodernisierung, für den Kauf von E-Fahrzeugen und vielen andere Maßnahmen zur Steigerung der Energieeffizienz. Rund eine halbe Million wenden wir dafür jährlich auf", informiert Dr. Becker.

„Wir hätten unseren Namen ‚Stadtwerke' nicht verdient, wenn wir nicht im engen Zusammenwirken mit unserer Kommune Ideen für eine höhere Energieeffizienz entwickeln und umsetzen würden", sagt Becker, und verweist auf ein gemeinsames Konzept, mit dem der Primärenergieverbrauch von Aachen in fünf Jahren um zwei Prozent gesenkt werden konnte. „Damit haben die Aachener Bürger, Institutionen und Betriebe 180.000 t CO_2, 80 Mio. € und rund 700 Gigawattstunden Strom und Wärme eingespart", zieht der STAWAG-Vorstand Bilanz.

„Bundesweit und sogar international kopiert wurde das ‚Aachener Modell'. Schon 1994 hatte sich die STAWAG unter diesem Namen verpflichtet, jedem Bürger eine festgelegte Summe, damals zwei DM je Kilowattstunde, für die Einspeisung von Solarstrom ins öffentliche Netz zu zahlen. In aller Bescheidenheit können wir uns als Erfinder des Förderprinzips für Erneuerbare Energien bezeichnen. Das, was wir 1994 begonnen haben, ist noch heute der Kern des gleichnamigen Bundesgesetzes, das in seiner ersten Fassung im Jahr 2000 im Bundestag beschlossen wurde. Da hatten wir die Idee in Aachen schon sechs Jahre lang erfolgreich praktiziert", berichtet nicht ohne Stolz der STAWAG-Vorstand, der mit beeindruckenden Fakten dokumentiert, dass das Innovationstempo bei Erneuerbaren Energien bei der STAWAG und in Aachen seitdem sogar noch größer geworden ist:

- Heute gibt es in Aachen 1700 Photovoltaik-Anlagen – überwiegend in Bürgerhand – die Strom für über 5000 Haushalte erzeugen.
- Erste Projekte für eine Bürgerbeteiligung – in den 1990er-Jahren noch ein Fremdwort – hat STAWAG mit einem Bürgerwindrad und einer Bürger-Solarstrom-Anlage realisiert. Bürgerinnen und Bürger konnten Anteile am „Power Tower" erwerben.
- Sogar ein eigener Sparbrief, die „Aachener Grünanlage", wurde 2010 aufgelegt. Damit haben die Aachener Bürgerinnen und Bürger 10 Mio. € für Grünstromanlagen bereitgestellt.
- Die STAWAG investiert auch selbst in den Ausbau der Erneuerbaren Energien. Heute wird mehr als jede 2. Kilowattstunde, die Aachener Bürgerinnen und Bürger verbrauchen, in Grünstromanlagen des Unternehmens erzeugt. Ziel ist es, 2020 alle Privatkunden mit selbsterzeugtem grünem Strom zu versorgen.
- Was sie in Aachen erfolgreich praktiziert, bietet die STAWAG mit der Tochtergesellschaft STAWAG Energie GmbH bundesweit als Projektierer und Betreiber von Wind- und Solaranlagen an.
- Zuvor hatte die STAWAG bereits Ende der 1990er-Jahre mit weiteren Stadtwerken das Netzwerk Trianel – zunächst nur als gemeinsamen Energiehändler – entwickelt. Trianel ist heute ein Ideenpool für Stadtwerke und erzielt einen Umsatz von rund 1,8 Mrd. €.

„Nach dem Trianel-Prinzip hat die STAWAG vor fünf Jahren eine weitere Kooperation ins Leben gerufen: die Innovationsgellschaft ‚smartlab'. Gegenstand ist ein weiteres großes Innovationsthema, die Elektromobilität", informiert Dr. Christian Becker. Wichtigstes Ergebnis sei ein Produkt für die Steuerung, den Betrieb und den Zugang intelligenter Ladeinfrastruktur, das auch für andere Stadtwerke interessant sei. Beweis: Aktuell würden diese

IT-Produkte über „smartlab" bei 50 Stadtwerken in Deutschland in Rahmen der Initiative www.ladenetz.de eingesetzt. Mit der eRoaming-Plattform www.e-clearing.net seien europaweit über 7000 Lademöglichkeiten für alle Elektromobilisten zugänglich, so Dr. Becker.

„Beim Ausbau der Elektromobilität ist die STAWAG via Tochtergesellschaft smartlab nicht nur bundesweit unterwegs. Das Unternehmen hat auch in Aachen eine Vorreiterrolle übernommen. 2008 wurde die erste öffentliche Ladestation in Betrieb genommen. Heute gibt es in Aachen 50 solcher ‚Elektro-Tankstellen', darunter zwei Schnellladestationen. Ein beachtlicher Teil der in Aachen fahrenden E-Autos sind für unsere Stadtwerke im Einsatz. Selbstverständlich bietet die STAWAG an ihren Ladesäulen 100 % Ökostrom. Bei unseren Bürgerinnen und Bürgern werben wir mit Informationsveranstaltungen, Testmöglichkeiten und mit einem Förderprogramm – E-Autos werden mit 500 € und E-Bikes mit 100 € bezuschusst – für 100prozentige Mobilität mit ‚Erneuerbaren'. Gewerbekunden können das STAWAG-Contracting-Angebot für Ladestationen nutzen. Damit ist es den Unternehmen unkompliziert möglich, den eigenen Fuhrpark auf E-Mobilität umzurüsten oder den Einsatz der Elektromobilität bei Mitarbeitern zu fördern", so Dr. Becker.

Warum wir nun schon über Jahrzehnte so innovativ sind? Dr. Christian Becker verweist in seiner Antwort zunächst auf Stichworte wie hoch motivierte Mitarbeiter, vorausschauende und mutige Strategien des Unternehmens und des kommunalen Eigentümers und nennt dann das Wortpaar „Risiko ohne Harakiri"! „Wir haben", so der STAWAG-Vorstand, „in Aachen weltweit bekannte Hochschulen und eine leistungsfähige Industrie. Mit diesen Partnern gibt es seit Jahrzehnten engste Kooperationen. Jüngstes Beispiel ist der Feldversuch ‚e-connect Germany': Zehn Aachener Haushalte bekamen für ein halbes Jahr ein elektrisch betriebenes Smart mit Wandladestation und konnten so im Alltag die Elektromobilität und vor allem deren Integration in die Stromnetze testen", so Dr. Becker.

„Stadtwerke leben lokal und regional. Daraus Netzwerke zu knüpfen ist ein Muss, aber kein Automatismus. In Aachen gehen wir diesen Weg seit Jahrzehnten. ‚Gemeinsam sind wir stark' – das klingt Ihnen vielleicht zu plakativ. Aber genau dieses Prinzip setzen wir um. Deshalb sind wir unter anderem so innovativ", formuliert Dr. Christian Becker zum Abschluss, Fazit und Credo zugleich.

„Für eine lebenswerte und menschliche Stadt" – Innovationen mit „SmartCity Cologne"

Stadtwerke – das sind im besten Sinne Bürgerunternehmen. Das zeigen alle Beispiele, die wir für dieses letzte Kapitel unseres Buches zusammengetragen haben. Dafür steht auch ein Kölner Projekt, über das uns Dr. Dieter Steinkamp[6], Vorstandsvorsitzender der RheinEnergie AG, informiert: „Unter dem Namen ‚Smart-City Cologne' (SCC) hat unser Unternehmen eine Plattform geschaffen, auf der ganz unterschiedliche Projekte zum Klimaschutz und zur Energiewende konzipiert und umgesetzt werden. SCC – das ist etwas, das wir niemandem überstülpen. Die Idee ist vielmehr die, dass jeder mitmachen kann: Privatleute, Unter-

---

[6] Dr. Dieter Steinkamp wurde am 30. April 1960 in Duisburg geboren. Nach dem 1985 erfolgreich abgeschlossenen BWL-Studium an der Universität Köln – dort promovierte er 1992 zum Dr. rer. Pol – war er u. a. bis 1993 Direktionsassistent in der Duisburger Verkehrsgesellschaft AG und bis 1997 Beigeordneter der Stadt Duisburg. Danach war er bis 1999 kaufmännisches Vorstandsmitglied der Zoo Duisburg AG. Im Anschluss war es bis 2005 Leiter der Stabsabteilung Unternehmensplanung, Energiehandel und Verkehrswirtschaft der DVV, SWDU, DVG sowie Geschäftsführer mehrerer Tochter-GmbH. Im Anschluss übernahm er bis 2007 die Funktion eines Vorstands in der SWK Stadtwerke Krefeld AG; bis 2009 war er Mitglied des Vorstands der RheinEnergie AG Köln sowie Mitglied des Vorstandes der GEW Köln AG. Seit 2009 ist er Vorstandsvorsitzender der RheinEnergie AG Köln sowie Vorstandsvorsitzender der GEW Köln AG. Seit Ende 2009 ist er auch Sprecher der Geschäftsführung der Stadtwerke Köln GmbH.

nehmen, Verbände und Initiativen. Diese Gemeinsamkeit schafft
Akzeptanz, Bürgernähe und Kreativität. In diesem Klima werden
intelligente Ideen und zukunftsweisende Technologien erdacht,
die Köln noch ein bisschen lebenswerter machen. Die Metropole
soll sich unter anderem auf den Gebieten Stadtentwicklung, Lebensqualität, Energie, Mobilität und Informations-und Kommu-
nikationstechnologie unter den Gesichtspunkten Klimaschutz,
Nachhaltigkeit und rationelle Energieverwendung weiter entwickeln", erläutert Dr. Steinkamp die Philosophie und die Ziele
von „SmartCity Cologne". „SCC ist als ständiges eigenständiges
Projekt fest in Köln installiert", so der Vorstandsvorsitzende. Auf
unsere Frage, was wir uns praktisch darunter vorstellen müssen,
präsentiert er uns zwei Beispiele:

„Den Namen ‚Celsius' trägt ein Projekt, mit dessen Umsetzung Wärme genutzt werden soll, die bislang über die Abwasser-
kanäle ungenutzt abgeleitet wird. Mehr als zwei Drittel des statio-
nären Energieverbrauchs einer Großstadt wie Köln entfallen auf
die Wärmeversorgung. Wie es gelingen kann, im großstädtischen
Ballungsraum nicht fossile Energiequellen zu nutzen und dadurch die Wärmeversorgung nachhaltiger zu gestalten, zeigt ‚Celsius'. Das Vorhaben wird von der EU durch das 7. Forschungs-
Rahmenprogramm gefördert. Zum Konsortium gehören insgesamt 20 Unternehmen und Forschungsinstitute sowie die Städte
London, Rotterdam, Genua, Göteborg und Köln. In Köln sind
die Stadt Köln, die RheinEnergie AG, die Stadtentwässerungs-
betriebe sowie die Fachhochschule Köln beteiligt. Von Oktober
2013 bis Dezember 2014 hat RheinEnergie an drei Standorten
im Kölner Stadtgebiet Demonstrationsanlagen zur Wärmegewin-
nung aus Abwasser unterschiedlicher Leistungsgröße installiert.
Versorgt werden insgesamt sechs Schulen inkl. Sporthallen mit
rund 60.000 m² Fläche. Der Betrieb und die Kennzahlen der
Anlagen werden nun in der zweiten Hälfte der Projektlaufzeit
detailliert analysiert, um Erkenntnisse zur weiteren Optimierung

zu gewinnen", informiert der RheinEnergie-Vorstandsvorsitzende über den Stand von „Celsius".

Auch das zweite Projekt fällt schon auf den ersten Blick und abseits aller gängigen Anglizismen durch den originellen Namen „Grüne Reifen" ins Auge. Dazu Dr. Steinkamp: „Ein halbes Jahr lang haben wir unter Kontrolle des TÜV Rheinland den Kraftstoffverbrauch von sechs baugleichen Einsatzfahrzeugen in Köln und Umgebung sowohl mit ,grünen Reifen' mit einer speziellen Kautschuk-Mischung als auch mit Standardreifen miteinander verglichen und so das Einsparpotenzial ermittelt. Über die gesamte Testdauer legten alle sechs Fahrzeuge zusammen eine Distanz von rund 37.000 km zurück. Das Resultat: Die maximale Kraftstoffeinsparung mit ,grünen Reifen' betrug 6,96 % sowie eine geringere CO_2-Emission von bis zu 155 kg auf 10.000 Km", nennt Dr. Steinkamp die überzeugenden Testergebnisse und zieht eine erste Schlussfolgerung: „Wir werden jetzt unsere Fahrzeugflotte abhängig von der Verfügbarkeit passender ,grüner Reifen' umstellen. Im ersten Schritt werden im Rahmen des üblichen Verschleißwechsels rund 130 Fahrzeuge neu ausgerüstet."

Welches Potenzial in den „Grünen Reifen" für ganz Köln steckt, zeigt uns Dr. Steinkamp mit folgenden Zahlen: „Wären alle 442.013 mit Diesel- oder Benzinmotor registrierten Fahrzeuge in unserer Stadt mit diesen Reifen der Rollwiderstandsklasse B anstatt F unterwegs, könnten jährlich bei einer durchschnittlichen Fahrleistung von 14.000 km rund 19,8 Mio. Liter Kraftstoff und fast 48.000 t an CO_2 vermieden werden. Allein durch diese Einsparungen mit ,grünen Reifen' könnten so die CO_2-Emissionen von 18.122 Autos auf Kölns Straßen kompensiert werden", zeigt Dr. Steinkamp die enormen ökologischen Effekte auf, die mit „Grünen Reifen" erzielt werden können.

Köln ist eine pulsierende, eine höchst lebendige Metropole. Aber auch diese Stadt hat wie viele andere in Deutschlands mit Strukturproblemen zu kämpfen. Ein Beispiel ist Mülheim, mit rund 42.000 Einwohnern der bevölkerungsreichste Stadtteil.

Dort hat das Wegbrechen wichtiger Industriestandorte seine Spuren hinterlassen. Arbeitslosigkeit und Sozialhilfebedürftigkeit sind höher als im Kölner Durchschnitt. In den Vierteln mit besonders schwacher Sozialstruktur wohnen besonders viele Kinder. Deshalb wird gehandelt. Schon seit den 1980er-Jahren sind Teile Mülheims als Sanierungsgebiet ausgewiesen. 2001 wurde der Kiez in das Landesprogramm „Stadtteile mit besonderem Erneuerungsbedarf – Soziale Stadt NRW" aufgenommen.

Und auch die kommunale RheinEnergie – das genau ist das „menschliche" an einem solchen Unternehmen – ist engagiert. Unter anderem mit dem Projekt GrowSmarter will RheinEnergie zusammen mit der Stadt Köln den Stadtteil Mülheim und die dortige Stegerwaldsiedlung zum Prototypen nachhaltiger Stadtentwicklung machen. Dafür gibt es Fördergelder aus dem EU-Projekt Horizon 2020. „Aus diesem ‚Topf'", so informiert der RheinEnergie-Vorstandschef, „bekommen die Städte Stockholm, Barcelona und Köln zusammen 25 Mio. €, die sie für ambitionierte Mobilitäts-, Energie-, Informations- und Telekommunikationsprojekte nutzen können. Das Gesamtprojekt hat eine Laufzeit von fünf Jahren. In Köln-Mülheim wollen wir die Stegerwaldsiedlung energetisch sanieren und umbauen. Auf den Dächern werden Photovoltaik-Anlagen installiert, deren Stromüberschuss in lokale Speicher und Ladestationen für Elektrofahrzeuge fließt. Um Schwankungen im Netz zu vermeiden, kann bei Bedarf der gespeicherte Strom zurück ins Netz geleitet werden. Ein virtuelles Kraftwerk steuert das Gesamtsystem auf Basis aktueller Konsum- und Produktionsdaten. Die Veränderungen in Köln-Mülheim und der Stegerwaldsiedlung sollen als Blaupause für eine nachhaltige Stadtentwicklung dienen. Auch dieses Vorhaben gehört zu SmartCity Cologne, das ich am Anfang vorgestellt habe. Es zeigt die Vielfalt unserer Anstrengungen, Köln noch lebenswerter, noch menschlicher zu machen", sagt Dr. Dieter Steinkamp abschließend.

5.2 Stadtwerke können viel mehr als „Energie, Wasser und Verkehr"

Martin Luther und das Stadtwerk

Geht es dem Bürger gut, dann geht es auch dem Stadtwerk gut. Und umgekehrt. Dass diese scheinbar simple Formel aufgeht, ist aber mit viel Arbeit, Umsicht und Verantwortungsbewusstsein verbunden. Automatismen gibt es nicht, und dass es meistens günstiger ist, den Auftrag für einen Gasanschluss nicht an den billigsten Anbieter aus dem Nachbarland zu vergeben, sondern an den Installateur am Ort, erschließt sich erst, wenn man mehr als eins und eins zusammenzählt. Zum Beispiel im Auge hat, dass der Klempner von hier sein verdientes Geld auch hier ausgibt, und nicht 500 km weiter. So allgemein leuchtet das jedem ein. Doch wie funktionieren solche Kreisläufe im konkreten Beispiel? Diese Frage stellten wir Hans-Joachim Herrmann,[7] Geschäftsführer der Stadtwerke Lutherstadt Wittenberg, und zudem Vorsitzender der Landesgruppe Sachsen-Anhalt des Verbands kommunaler Unternehmen (VKU).

„Unsere Stadtwerke sind einer der wichtigsten Arbeit- und Auftraggeber vor Ort und fungieren als regionaler Wirtschaftsmotor. Seit Unternehmensgründung haben wir Investitionen von rund 150 Mio. EUR realisiert. Das ist für ein eher kleines Stadtwerk mit 240 Beschäftigten schon ein gewaltiger Betrag. Mit diesen Investitionen", erläutert Herrmann, „sind Aufträge verbunden,

---

[7] Hans-Joachim Herrmann wurde am 6. Dezember 1954 in Lutherstadt Wittenberg geboren. Der Geschäftsführer der Stadtwerke Lutherstadt Wittenberg GmbH studierte Elektrotechnik und Automatisierungstechnik in Berlin und Zwickau. Seit 1991 leitet er die Wittenberger Stadtwerke und seit 1995 auch den Entwässerungsbetrieb der Lutherstadt. Herrmann ist Vorsitzender der Landesgruppe Sachsen-Anhalt des Verbands kommunaler Unternehmen (VKU). Im Oktober 2009 wurde er zum Vorsitzenden der Gesellschafterversammlung der VNG Verwaltungs- und Beteiligungsgesellschaft (VuB) gewählt, in der die kommunalen Anteilseigner der Leipziger Verbundnetz AG zusammengeschlossen sind.

die zu ca. 90 % in die Region vergeben werden. Nur dann, wenn die benötigte Ware oder Leistung im 100-Km-Radius gar nicht verfügbar ist, gibt es auch Vergaben darüber hinaus. Natürlich kommen unsere Aufträge in erster Linie dem Mittelstand und dem Handwerk zugute und tragen so dazu bei, dass Stadt und Umland wirtschaftlich in einer stabilen Verfassung sind und stabile Arbeitsplätze bieten.

Unser Unternehmen hat auch als Arbeitgeber eine erhebliche Bedeutung. Seit Gründung haben wir insgesamt 120 Mio. € an Löhnen und Gehälter bezahlt. Das ist Kaufkraft, die in erster Linie lokale und regionale Wirtschaftskreisläufe in Gang setzt. Seit Unternehmensgründung haben wir insgesamt 340 Mitarbeiter eingestellt und rund 90 Auszubildende zu guten Fachkräften entwickelt, die auch in anderen Unternehmen erfolgreich Fuß fassen konnten", erläutert Herrmann die Effekte einer Ausbildungsquote, die weit über dem Durchschnitt in der Lutherstadt liegt.

„Ob kommunal oder privat – in Wittenberg arbeitet die Wirtschaft kooperativ zusammen. Wir konzentrieren uns auf unser Kerngeschäft – den Infrastrukturbetrieb – ohne in Konkurrenz zu privaten Unternehmen zu treten. Alle Leistungen, die nicht zwingend selbst durchgeführt werden müssen, werden an Drittfirmen vergeben. So werden Dienstleistungen von Hunderten Privatunternehmen, darunter zahlreiche Ingenieurbüros, Handwerksbetriebe und Baufirmen, in Anspruch genommen", erklärt Herrmann und nennt damit auch die Hauptgründe für das gedeihliche Miteinander.

Was oft vergessen wird: Anders als bei Unternehmen, die zu einem Großkonzern, zumeist mit Sitz in den alten Bundesländern oder im Ausland, gehören, verbleiben die Gewinne unserer Stadtwerke vollständig in der Region und kommen damit den Bürgern zugute. Die verstehen auch dadurch, dass es sich lohnt, uns als Kunde die Treue zu halten. Seit Gründung 1992 konnten wir über 40 Mio. € Gewinn an den städtischen Haushalt überweisen. Das ist auch deshalb sehr beachtlich, weil wir es schaffen, innerhalb der Stadtwerkegruppe den Bäderbetrieb mit seinem erheblichen Zuschussbedarf im Rahmen unseres operativen Geschäftes, also ohne Belastung des städtischen Haushalts, zu betreiben. Nicht zuletzt sind die Stadtwerke ein starker Gewerbesteuerzahler. Über die Jahre kamen über 11 Mio. € zusammen.

Als Stadtwerk sind wir mit unserer hochmodernen Infrastruktur quasi der Kitt für den Wirtschaftsstandort. Wer bei uns tätig ist, oder sich ansiedelt, kann sicher sein, dass er störungsfrei mit Energie und Wasser versorgt wird. „Natürlich", so Hans-Joachim Herrmann, „ist Wittenberg in der Lutherdekade weltweit in aller Munde, und das wird bis zum Jubiläum 2017 noch zunehmen. Das macht uns stolz, denn der Beitrag, den unsere Stadtwerke zur wunderbaren Entwicklung unserer Lutherstadt geleistet hat, ist zwar weit weniger spektakulär als die 95 Thesen an der Schlosskirche, aber er wird weithin anerkannt und, dass wir das Lutherjubiläum würdig feiern können, dazu leistet auch unser Stadtwerk einen ordentlichen Beitrag."

Die Euros landen nicht in Texas, sondern in Remscheid

Was für die Lutherstadt Wittenberg gilt, das gilt am Ende für alle Gemeinden und Städte in Deutschland, in denen kommunale Unternehmen existieren. Die Orte und ihr Umland profitieren von der lokalen Gesinnung und der Bürgernähe der Stadtwerke, Krankenhäuser oder Verkehrsbetriebe. Dass uns das nicht nur per Bauchgefühl vertraut ist, sondern zunehmend Teil unseres Bewusstseins und Wissens ist, dazu haben viele Studien beigetragen, die vor Ort ganz genau und mit wissenschaftlich anerkannten Methoden gemessen und gewogen haben, was kommunale Unternehmen über die unmittelbare Leistungserbringung hinaus für die Region wert sind. Und weil das quasi wie das berühmte Sahnehäubchen daherkommt, wurde für diesen Zusatzgenuss der gute und passende Begriff „Mehrwert" erfunden. In Berlin haben sich im Jahr 2009 die wichtigsten Daseinsvorsorgeunternehmen zur Initiative „mehrwert" zusammengeschlossen. Mit

15 öffentlichen Unternehmen, rund 41.500 Arbeitsplätzen, rund 2000 Ausbildungsplätzen, einem Umsatz von rund 7 Mrd. € und einem Investitionspotential von rd. 2,5 Mrd. € jährlich stellt der Zusammenschluss einen bedeutsamen Wirtschaftsfaktor in der Wertschöpfungskette im Land Berlin dar. Der wichtigste Grund für die Initiative war es, auf eben diesen Mehrwert aufmerksam zu machen, von dem die Hauptstadt profitiert.

Diese Effekte wurden auch in der bergischen Stadt Remscheid untersucht. Im Jahr 2010 beauftragten die Stadtwerke das unabhängige Eduard Pestel-Institut aus Hannover mit der Durchführung einer Studie, um die regionalwirtschaftliche Bedeutung der Stadtwerkegruppe zu ermitteln. Durch die Ergebnisse sieht sich das heimische Dienstleistungsunternehmen mehr als bestätigt. Die EWR, die Stadtwerke Remscheid, das H_2O und die Park und Service GmbH leisten einen wertvollen Beitrag für Remscheid.

Prof. Dr. Hoffmann, der Geschäftsführer der Stadtwerke und der Energie und Wasser für Remscheid – Sie haben ihn einige Seiten früher kennengelernt, als er die Breitbandinitiative seines Unternehmens vorgestellt hat – nennt im Folgenden die wichtigsten Einzelergebnisse besagter Studie: „Schon die reine Geschäftstätigkeit des Stadtwerke Remscheid-Unternehmensverbundes ist ein enormer Gewinn für Remscheid. Ob als Steuerzahler, als starker Investor in Remscheid und als Auftraggeber für ortsansässige Unternehmen – durch die wirtschaftlichen Verflechtungen profitieren Bürger, Unternehmen, Kommune und das gesamte lokale Umfeld in hohem Maße von den Aktivitäten des Unternehmensverbundes. Laut Pestel-Studie werden durch den Unternehmensverbund Waren und Leistungen von mehr als 30 Mio. € pro Jahr in Remscheid nachgefragt. Das ist ein bedeutender Beitrag für Industrie, Gewerbe und Handwerk in unserer Stadt", wertet Prof. Hoffmann.

„Der genannte Betrag ist der Löwenanteil der Gesamtausgaben der EWR. Ein selten beachteter Effekt kommt hinzu: Jeder unserer Kunden ist auch ein Wirtschaftsförderer. Denn von jedem Euro, den EWR-Kunden für Strom ausgeben, verbleiben 42 Cent in Remscheid. So fließt fast die Hälfte von jedem „Strom-Euro" in unsere Stadt zurück. Wenn EWR-Erdgaskunden ihre Wohnung wohlig warm haben oder mit Erdgas kochen, feuern sie indirekt die Wirtschaft vor Ort an. Denn von jedem Euro, den sie für Erdgas an die EWR zahlen, verbleiben 39 Cent in Remscheid.

Mit dem Wärme-Direkt-Service und mehr/wärme werden die Kunden von der EWR direkt mit Raumwärme und Warmwasser beliefert. Dieser Rundum-Service sorgt für viel Komfort und Wirtschaftlichkeit. Auch die EWR-Wärmeversorgung durch Blockheizkraftwerke bietet eine innovative und zudem ökonomische und klimafreundliche Alternative. Jeder Kunde, der auf EWR-Wärme setzt, heizt auch Remscheids Wirtschaft an. Denn von jedem Euro, den für EWR-Wärme bezahlt wird, bleiben sogar 89 Cent in Remscheid!

Jahr für Jahr bewegen die Stadtwerke Remscheid ca. 19 Mio. Fahrgäste, sicher und preiswert. Die moderne und energiesparende Fahrzeugflotte umfasst insgesamt 92 Busse, die für Komfort auf ganzer Linie stehen. Jeder Fahrgast, der mit seinem Ticket bei uns einsteigt, sorgt mit dafür, dass auch unsere Stadt besser fährt. Denn von jedem Euro, den sie für eines unserer Tickets zahlen, machen 35 Cent wieder Halt in Remscheid.

Die Park Service Remscheid GmbH (PSR) betreibt die Parkraumbewirtschaftung in Remscheid. Sie ist eine hundertprozentige Tochter der Stadtwerke Remscheid. Jedes Mal, wenn Kunden ihr Fahrzeug in einer von der PSR bewirtschafteten Parkeinrichtungen mit mehr als 1000 Stellplätzen in Remscheid sicher abstellen, leisten sie indirekt einen wichtigen Teil zur wirtschaftlichen Belebung unserer Stadt. Denn von jedem Euro, den sie für ein Parkticket zahlen, verbleiben 59 Cent in Remscheid! So fließt mehr als die Hälfte von jedem „Parkeuro" in unsere Stadt zurück.

Jeder Gast der Saunalandschaft erlebt bei seinem Besuch eine Welt voller Entspannung. Besondere „Momente für die Sinne" findet man auch in der Wasserlandschaft mit einem breiten Erlebnisangebot für Groß und Klein. Ganz gleich, ob die Kunden zu zweit, alleine oder mit der ganzen Familie unser H_2O besuchen. Jeder Gast tut nicht nur sich selbst, sondern auch Remscheid etwas Gutes. Denn von jedem Euro Eintrittsgeld verbleiben 64 Cent in unserer Stadt. So wirkt das H_2O nicht nur entspannend auf Geist und Körper, sondern auch positiv vor Ort.

Als kommunales Unternehmen trägt der Stadtwerke Remscheid-Verbund eine besondere Verantwortung für sichere Arbeitsplätze. Im Jahresdurchschnitt 2009 waren im Unternehmen 503 Mitarbeiter direkt beschäftigt. Durch den Erwerb von Waren und Dienstleistungen bei lokalen Unternehmen sichert der Verbund weitere 596 Arbeitsplätze in Remscheid. Insgesamt kommen also 1099 quasi auf unser Konto. Das ist in einer Stadt mit 110.000 Einwohnern eine höchst respektable Größe", beendet Prof. Hoffmann die beeindruckende Aufzählung.

Stadtwerke tun dem Mittelstand gut
Dr. Jörg Geerlings[8] ist Aufsichtsratsvorsitzender der Stadtwerke Neuss Energie und Wasser GmbH. Er fand die Idee zu einem Buch über die populärsten Irrtümer toll und bot spontan an, ein paar Fakten dafür zu liefern, dass kommunale Unternehmen mitnichten den Privaten das Wasser abgraben, ja gar deren Existenz bedrohen. Sein Angebot, den Text selbst zu Papier zu bringen, nahmen wir gern an. Lesen Sie nach, was Dr. Jörg Geerlings aufgeschrieben hat:

---

[8] Dr. Jörg Geerlings ist als Rechtsanwalt bei der PricewaterhouseCoopers Legal AG tätig. Jörg Geerlings nimmt ferner Aufgaben in verschiedenen Aufsichtsräten wahr. So ist er beispielsweise Aufsichtsratsvorsitzender der Stadtwerke Neuss Energie und Wasser GmbH. In seiner Heimatstadt Neuss ist er stellvertretender Bürgermeister.

„Die Neusser Stadtwerke decken als Stadtwerke-Konzern wesentliche Bereiche der Daseinsvorsorge in ihren jeweiligen Sparten bzw. Untergesellschaften ab. So unter anderem Gas, Strom, Wasser, Mobilität, Entsorgung, Contracting, Freizeit. Den größten Umsatz und Gewinn erzielt im Konzern die Stadtwerke Neuss Energie und Wasser GmbH. Dieses Tochterunternehmen ist ein gemischt-wirtschaftliches Unternehmen mit einem öffentlichen und zwei externen Gesellschaftern. Neben der Stadt Neuss, die über die Stadtwerke-Holding 60,1 % der Anteile hält, sind der private RWE-Konzern und die kommunale Thüga am Unternehmen beteiligt.

Das bekannte Pestel-Institut aus Hannover hat in einer Studie untersucht, wie sich das Handeln der Stadtwerke Neuss für die lokale Wirtschaft der Region auswirkt, etwa mit Blick auf bezogene Güter und Dienstleistungen, die ausgelösten Wertschöpfung sowie damit verbundene volkswirtschaftlichen Effekte. Die Ergebnisse zeigen eindeutig: Die öffentliche Aufgabenwahrnehmung der Stadtwerke löst vielfältige privatwirtschaftliche Aktivitäten aus. Die Stadtwerke Neuss kann man daher als einen lokalen Wirtschaftsmotor bezeichnen, der nicht nur Arbeitsplätze im Unternehmen bietet, sondern darüber hinaus Arbeitsplätze außerhalb des Stadtwerke-Konzerns sichert.

Die Studie untersuchte als erstes die Geldflüsse. Diese entstehen zunächst durch Umsatzerlöse, die die Stadtwerke durch ihre Kunden erzielen. Aus dem Unternehmen wiederum gehen Zahlungen etwa in Form der Löhne und Gehälter der Mitarbeiter ab. Diese wiederum finanzieren damit ihre Ausgaben, was zu weiteren, in erster Linie regionalen Zahlungsströmen mit positiven Effekten für die dortige Wirtschaft führt. Die Stadtwerke zahlen zudem Steuern, führen ihren Gewinn an die Gesellschafter ab und zahlen Konzessionsabgaben, die die öffentliche Hand erhält.

Ferner treten die Stadtwerke am Markt als starke Nachfrager auf, etwa durch den Einkauf notwendige Vorleistungen (z. B.

Gas, Strom). Die Wertschöpfung erfolgt durch Löhne und Gehälter, Sozialabgaben, Konzessionsabgaben, Steuern etc. Fast zwei
Drittel der Mitarbeiter stammen aus der Stadt Neuss, ca. 86 %
leben im Rhein-Kreis Neuss und tragen mit dazu bei, dass sich
die Stadt bzw. der Rhein-Kreis Neuss weiter entwickeln können.
Damit bleibt ein großer Anteil der Wertschöpfung in der Region.
Die Untersuchung ergab, dass ca. 46 % der Ausgaben der Stadtwerke Neuss in der Stadt verbleiben.

Interessant ist ebenfalls, dass ein hoher Anteil der Umsatzerlöse,
den die Kunden für die jeweiligen Leistungen der Stadtwerke ausgeben, weiter an Unternehmen in der Stadt bzw. aus dem Rhein-
Kreis Neuss (z. B. bei Gas 49 %, Wasser 48 %, Wärme 59 %, Bus-
betrieb 43,1 %) in Form von Aufträgen fließen. Die Stadtwerke
verstärken wirtschaftliches Handeln in der Region und lösen
volkswirtschaftliche Effekte aus. Neben direkten Auswirkungen,
etwa der Energielieferung, dem Bezug von Vorleistungen, der
Beschäftigung von Mitarbeitern sowie dem Zahlen von Steuern
und Konzessionsabgaben, gibt es auch indirekte Impulse, z. B.
bei den Lieferanten. Die Einnahmen, die diese privaten Unternehmen durch Aufträge der Stadtwerke erzielen, ,verwandeln'
sich beispielsweise in Löhne der eigenen Mitarbeiter oder sind
Grundlage für Aufträge von privat an privat, also an weitere,
vorwiegend mittelständische Unternehmen in der Region. So
entstehen regelrechte regionale Wirtschaftskreisläufe, und als
Auslöser und Impulsgeber stehen die Stadtwerke an der Spitze.
Die Pestel-Studie weist eindeutig nach: Dieser Wertschöpfungs-
impuls sichert genauso viele privatwirtschaftliche Arbeitsplätze in
der Region, wie bei den Stadtwerken selbst bereits in Lohn und
Brot stehen. Jeder bei den Stadtwerken Neuss Beschäftigte zieht
demnach in Neuss einen weiteren Arbeitsplatz nach sich. Das
sind zwei Prozent aller Arbeitsplätze in der Stadt.

Die Stadtwerke Neuss sind also ein lokaler Wirtschaftsmotor. Die Studie widerlegt Auffassungen, nach denen ein öffentli-

ches Unternehmen die wirtschaftliche Entwicklung bremst. Das Gegenteil ist der Fall."

5.3 Wo sich an Überschüssen alle laben, da ist die Kommunalwirtschaft zu Hause

Im Jahr 2014 eine halbe Milliarde Euro fürs Gemeinwohl
Die Sparkassen und ihre Verbundpartner (Sparkassen-Finanz-gruppe)[9] unterstützten im Jahr 2014 gemeinwohlorientierte Projekte mit 501 Mio. €. Die Bandbreite reicht von der Schuldner-beratung, über die Förderung von Kunst und Kultur, die Unterstützung der örtlichen Sportvereine bis hin zur Nachbarschafts-hilfe.

„Überall in Deutschland wo unsere Institute den Menschen begegnen, werden Projekte unterstützt, die die Lebensqualität in den Regionen stärken. Die Sparkassen und ihre Verbundpartner sind dabei seit jeher verlässliche Partner der Vereine und unzähliger Initiativen," so Georg Fahrenschon, Präsident des Deutschen Sparkassen- und Giroverbandes (DSGV). Neben lokalen und regionalen werden auch bundesweite Projekte unterstützt. So fördert die Sparkassen-Finanzgruppe beispielsweise die Staatlichen Museen zu Berlin, die Staatlichen Kunstsammlungen Dresden oder unterstützt junge Talente bei der Teilnahme am Musikwettbewerb „Jugend musiziert" sowie an den Eliteschulen des Sports.

Die deutsche Sparkassenfamilie – Träger sind die Kommunen, deshalb diese Beispiele – sind mit ihrem Sponsoring die größten nichtstaatlichen Förderer von Kunst und Kultur und im Sport.

---

[9] Der Deutsche Sparkassen- und Giroverband (DSGV) ist der Dachverband der Sparkassen-Finanzgruppe. Dazu gehören 415 Sparkassen, sieben Landesbanken-Konzerne, die DekaBank, neun Landesbausparkassen, elf Erstversicherergruppen der Sparkassen und zahlreiche weitere Finanzdienstleistungsunternehmen.

Da lohnt es sich doch, Kunde zu sein. Denn die Überschüsse machen nicht Reiche noch reicher, sondern kommen denen zugute, die in Oberammergau oder auf Rügen ihre Konten der guten alten kommunalen Sparkasse anvertrauen. Und von Bankencrashs sind sie überdies gefeit. Keine deutsche Sparkasse geriet in der letzten großen Finanzkrise in die Schieflage. Dass die zweitgrößte deutsche Privatbank nur dadurch gerettet werden konnte, weil sie der Staat übernahm, sei der Vollständigkeit halber angemerkt.

Zurück zu „Ihren" Sparkassen. Ihre ist richtig, denn die Institute gehören den Kunden. Die Anzahl der Sparkassen-Stiftungen lag im vergangenen Jahr bei 738. Deren Gesamtkapital weist eine Summe von 2,3 Mrd. € auf. Rund 77,4 Mio. € an Stiftungserträgen wurden im vergangenen Jahr für gemeinwohlorientierte Zwecke verwendet. Keine andere Unternehmensgruppe hat in Deutschland so viele Stiftungen gegründet wie die Sparkassen-Finanzgruppe.

Gesellschaftliches Engagement der Sparkassen-Finanzgruppe 2014

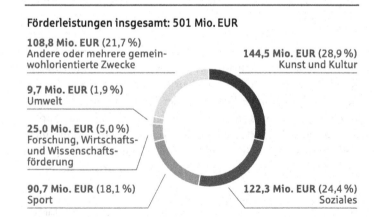

Förderleistungen insgesamt: 501 Mio. EUR

108,8 Mio. EUR (21,7 %)
Andere oder mehrere gemeinwohlorientierte Zwecke

144,5 Mio. EUR (28,9 %)
Kunst und Kultur

9,7 Mio. EUR (1,9 %)
Umwelt

25,0 Mio. EUR (5,0 %)
Forschung, Wirtschafts-
und Wissenschafts-
förderung

90,7 Mio. EUR (18,1 %)
Sport

122,3 Mio. EUR (24,4 %)
Soziales

Stand: 31.12.2014.

Soweit der Überblick und die großen Zahlen für Deutschland. Wie aber sieht es im strukturschwachen Ostdeutschland aus? Dort fehlt die große Industrie, die sich natürlich auch, wenngleich oft mehr aus Marketingaspekten denn aus Verantwortung fürs Gemeinwohl, engagiert. Nicht ein einziges DAX-Unternehmen hat seinen Sitz in den neuen Ländern. Ostdeutschland ist unter den größten Unternehmen Ostdeutschlands weiterhin extrem unterrepräsentiert. Von den 500 größten Unternehmen bundesweit kommen nur zehn aus den neuen Bundesländern.

Keine Frage: In einer derart industrieschwachen Landschaft wie dem Osten wird von den Unternehmen, die dort ihren Sitz haben, besonders viel gesellschaftspolitisches Engagement erwartet. Real sind es die Sparkassen und die Stadtwerke, die hier die größten Lasten schultern. Das, was nach Investitionen und Steuern bleibt, kommt den Bürgern und Kommunen zugute. Und das ist eine ganze Menge. Denn die Stadtwerke und Sparkassen sind top geführte Unternehmen.

Danach, was die Sparkassen leisten, fragten wir Dr. Michael Ermrich[10], Geschäftsführender Präsident des Ostdeutschen Sparkassenverbandes (OSV). Ermrich war bis zu seiner Berufung in dieses Amt im Jahr 2014 von 1990 an Landrat im ostdeutschen Harz. Er kennt die Situation der Kommunen in den neuen Ländern mindestens so gut wie seine Westentasche. Auch Dr. Ermrich nennt zunächst Zahlen. Sie sind natürlich Teil der

---

[10] Dr. Michael Ermrich, Jahrgang 1953, beendete 1976 sein Studium an der TU Ilmenau mit dem Diplom in Elektrotechnik und promovierte anschließend auf dem Gebiet der elektronischen Schaltungstechnik. Seine kommunalpolitische Laufbahn begann er 1990 als Oberkreisdirektor und kurz darauf als Landrat. 1994 und 2001 wurde er zwei weitere Male zum Landrat des Landkreises Wernigerode gewählt. In 2007 folgte seine Wahl als Landrat des Landkreises Harz. Seit 1994 war er Präsident des Landkreistages Sachsen-Anhalt und einer von vier Vizepräsidenten des Deutschen Landkreistages. Er vertrat den Deutschen Landkreistag als Mitglied im DSGV-Vorstand. 2010 wurde er mit dem Bundesverdienstkreuz ausgezeichnet, 2011 mit der höchsten Auszeichnung der Sparkassenorganisation, der Dr.-Johann-Christian-Eberle-Medaille.

gerade präsentierten, beeindruckenden Bilanz der kompletten Deutschen Sparkassenfamilie. Aber auch „nur" solitär für vier ostdeutsche Länder sind sie höchst respektabel: „Die in unserem Verband vereinigten Sparkassen aus Brandenburg, Mecklenburg-Vorpommern, Sachsen und Sachsen-Anhalt[11] einschließlich unseres Verbandes und dessen OSV-Stiftung haben sich im Jahr 2014 mit 63,8 Mio. € für Projekte in der Kultur, im Sport, für Soziales, Wissenschaft und die Umwelt engagiert. Wir setzen hier zwei Akzente, man könnte es auch Philosophie nennen: Zum einen fördern wir Projekte von überragender nationaler, ja internationaler Bedeutung. Ein schönes Beispiel ist der Rheinsberger Musiksommer. Dieses von dem weltweit bekannten ostdeutschen Komponisten Siegfried Matthus ins Leben gerufene Festival für junge Opernsänger gilt inzwischen weltweit als *das* Sprungbrett für herausragende Talente im klassischen Fach. Trotz immer ausverkaufter Veranstaltungen, allerdings zu Preisen, die sich auch ein Normalverdiener leisten kann, wäre der Musiksommer allein nicht lebensfähig. Ihn zu fördern, hat aber Effekte weit darüber hinaus, begnadeten Talenten den Weg in die Opernhäuser von Sydney, New York oder Berlin zu ebnen. Das Festival hat inzwischen Strahlkraft nach ganz Europa und auch nach Asien. Das fördert den Tourismus, das fördert aber auch das Ansehen Deutschlands als Nation, in der Kultur etwas gilt, und in der Begabte eine Chance haben."

„Zum anderen," hier nennt Dr. Ermrich einen zweiten Aspekt, „sehen wir uns auch als Anschieber und Wegbereiter. Deshalb schauen wir sehr aufmerksam nach Projekten, die absehbar auf eigenen Füßen stehen können. Wenn sie von der Bürgergesellschaft gebraucht werden – und nur dieses Kriterium hat Gewicht – werden sich nach der Geburtshilfe durch die Sparkassen

---

[11] Die Sparkassen aus dem Freistaat Thüringen befinden sich unter dem Dach des Sparkassen- und Giroverbandes Hessen-Thüringen.

auch Unterstützer vor Ort finden, die dann auch mit kleinerem Geld das Vorhaben am Leben halten."

Es sind hunderte von Projekten – viele davon sympathisch unspektakulär, und damit auch ein Beleg für die Abwesenheit von Selbstinszenierungen Profilierungssüchtiger[12] – die vom Ostdeutschen Sparkassenverband und seinen Mitgliedern gefördert werden. Wir baten den Geschäftsführenden Präsidenten um eine kleine Auswahl. „Das ist ein berechtigter Wunsch", antwortet Dr. Ermrich, „aber nur zu erfüllen, wenn ich folgendes vorausschicken darf: Es gibt es nicht, das sogenannte typische Vorhaben, das beispielhaft für unsere Unterstützungskultur steht. Dieser Zustand ist bei näherem Hinsehen aber ein bemerkenswertes Markenzeichen. Es zeigt die Bürger- und Ortsnähe unseres Engagements. Da ist nicht das eine wie das andere. Das, was in Dresden längst auf der Tagesordnung steht, muss auf dem flachen Land in Mecklenburg mühevoll ins Leben gebracht werden. Insofern sind die folgenden Beispiele eine eher zufällige Auswahl, und subjektive dazu. Das, was in den vier Mitgliedsländern unseres Verbandes gefördert wird, entscheiden in den meisten Fällen die Sparkassen vor Ort. Da kann sich der Präsident am Ende nur freuen, das letzte Wort hat er nicht. Auch das ist ein Beleg für transparent und demokratisch getroffene Entscheidungen. Die Sparkassen sind wie alle anderen Mitglieder der kommunalen Familie lokale, regionale, im besten Sinne also dezentrale Gewächse."

Die folgenden vier Beispiele, aus jedem OSV-Land eins, hat Dr. Ermrich ausgewählt. Wir skizzieren kurz, worum es geht.

---

[12] Auch das ist ein großer Vorteil kommunaler Gremienkultur: Kein Sparkassenvorstand allein darf auswählen, wohin die Unterstützungsgelder fließen. Die Entscheidungen werden gemeinschaftlich und mit Unterstützung von Experten, vor allem aber im Konsens mit den Bürgern vor Ort getroffen. Denn natürlich gibt es ein vielfaches Mehr an guten Ideen, die eigentlich allesamt Zuwendung verdienen. Schon deshalb bedarf es großer Transparenz und Objektivität. Und in jedem Fall ist ausgeschlossen, dass sich die Chefs der kommunalen Geldinstitute mit großzügigen „Gesten" Denkmäler mit dem Geld ihrer Kunden und Bürger setzen.

Wer mehr wissen will, kann darüber im Internet nachlesen. Dort ist das OSV-Engagement komplett dokumentiert.

Brandenburg: Sommerkonzerte und Landpartien
Genussvolle Landpartien versprechen die Brandenburgischen Sommerkonzerte seit vielen Jahren. Die Konzertbesucher schätzen die Symbiose von klassischer Musik und Spielstätten in Klöstern, Parks, Kirchen und auf Landgütern im Land Brandenburg. Die brandenburgischen Sparkassen sind gemeinsam mit dem Ostdeutschen Sparkassenverband Partner des Musikfestivals.
http://www.brandenburgische-sommerkonzerte.de

Mecklenburg-Vorpommern: Ein Museum für die Künstlerkolonie am Meer
Blaues Meer, feiner Sandstrand, idyllische Dünenlandschaft: Ahrenshoop hat als Künstlerort eine mehr als 120-jährige Geschichte. Hier wurde 2013 mit erheblichem bürgerschaftlichem Engagement das Kunstmuseum Ahrenshoop errichtet. Es vermittelt eine Gesamtvorstellung vom künstlerischen Erbe der Malerkolonie und präsentiert Höhepunkte aus 120 Jahren Kunstgeschichte der Küstenlandschaft. Die Ostdeutsche Sparkassenstiftung unterstützte gemeinsam mit einer Stiftung der Sparkasse Vorpommern das Vorhaben.
http://kunstmuseum-ahrenshoop.de/start.html

Sachsen: „Deine Arbeit gegen Armut"
„Deine Arbeit gegen Armut" ist das Motto von genialsozial. Schülerinnen und Schüler spenden den Arbeitslohn eines Tages für weltweite Projekte, die das Leben anderer junger Menschen lebenswerter machen. Unterstützt werden sie dabei vom OSV und den sächsischen Sparkassen.
http://www.genialsozial.de

Sachsen-Anhalt: fifty-fifty-Taxi

Seit 1999 fördert die Sparkassen-Finanzgruppe Sachsen-Anhalt die Verkehrssicherheitsaktion fifty-fifty-Taxi – mit Erfolg: Die Zahl der im Straßenverkehr verunglückten Jugendlichen entwickelt sich stark rückläufig.

http://www.fifty-fifty-taxi.de

Bei zwei Gleich-Besten hat die Region Vorrang

Vorab: In unserer langjährigen und intensiven Beschäftigung mit der Kommunalwirtschaft sind uns Autoren Führungskräfte, wie sie uns als Karrikatur in Stammtischrunden präsentiert werden, nie begegnet: Also jenem „abgehalfterten" und natürlich auch unfähigen Politiker, der bei der letzten Wahl seinen Posten als Fraktionschef im Stadtrat verloren hat, und nun für zwanzigjährige Fron als „Parteisoldat" im kommunalpolitischen Ehrenamt mit einem besser dotierten Job im Stadtwerk belohnt wird. Als einzige Qualifikation, das macht die Beschreibung in fröhlicher Runde am Tresen komplett, bringt er mit, dass er in seinem bisherigen Hauptberuf als Schornsteinfegergehilfe wohl schon etwas mit Energie zu tun hatte....

Natürlich hat es in der Vergangenheit den einen oder anderen Fall gegeben, in dem das gerade satirisch überhöhte Szenario zu besichtigen war. Aber erstens waren und sind das wirklich die großen Ausnahmen. Sie kommen ins öffentliche Gedächtnis, weil die Kontrolle der Kommunalwirtschaft durch uns, die Bürger, die Medien aber auch die Justiz um Längen besser funktioniert als in der Privatwirtschaft. Und deshalb wird genau der Ausnahmefall auch publik. Wir lesen darüber, und alle, die nicht im Thema stehen, verwechseln dieses Unikat mit der typischen Realität. Denn leider lesen wir nichts über die 99,9 % kommunalwirtschaftlichen Führungskräfte, die mit Engagement, einem großen Herzen für die Bürger und exzellenten Qualifikationen zusammen mit ihren tüchtigen Mitarbeitern sicherstellen, dass uns Leistungen der Daseinsvorsorge in bester Qualität und zu marktfähigen Preisen angeboten werden. Und dort, wo diese kommunalen Unternehmen wie im Bereich der Energiewirtschaft im Wettbewerb mit nahezu übermächtigen internationalen Konzernen stehen, schneiden die „Kleinen" zumeist besser ab. Sie sind schneller, sie sind flexibler, und sie effizienter!

Das liegt auch und vor allem an den top ausgebildeten und kommunal motivierten Führungskräften. Und die stehen auch bei den kommunalen Unternehmen nicht in Zweierreihen vor den Toren und begehren Einlass. Wie man sich solche Mitarbeiter sichert, hat uns Hans-Joachim Herrmann, Geschäftsführer der Stadtwerke Lutherstadt Wittenberg erklärt. Wir haben ihn bereits vorgestellt, als wir über den Mehrwert berichteten, den dieses Unternehmen für Stadt und Region weit über die normale Leistungserbringung hinaus erbringt:

„Wir schreiben jeglichen Personalbedarf in Absprache mit dem Betriebsrat intern bzw. intern und extern aus. Alle Bewerbungen werden berücksichtigt und entsprechend der Anforderungen der Stelle sachlich geprüft. Die Prüfung der Bewerbungsunterlagen erfolgt dabei immer mindestens von drei Personen (Personalleiter, Bereichsleiter, Abteilungsleiter). Nach dieser ersten Selektion im Sechs-Augen-Prinzip laden wir mindestens fünf bis zehn Bewerber zu Vorstellungsgesprächen ein. Aus den Stadtwerken nehmen daran die drei Mitarbeiter teil, die die Sichtung der Unterlagen vorgenommen haben, sowie ein Betriebsratsmitglied, der die ordnungsgemäße Auswahl überwacht. Je nach Rang der ausgeschriebenen Stelle werden zusätzlich computergestützte Eignungstests hinsichtlich Persönlichkeit und fachlicher Eignung sowie Eignungsprüfungen in Anlehnung an die Verfahrensweisen sogenannter ‚Assessment Center' vorgenommen", erläutert Herrmann und stellt fest: „Unter allen 25 Führungskräften und Geschäftsführern in unseren Stadtwerken befindet sich kein einziger ehemaliger Politiker." An dieser Stelle ist Hans-Joachim Herrmann aber folgender Kommentar wichtig: „Wenn ich die Tatsache, dass bei uns kein Ex-Politiker eine Führungsposition besetzt, so explizit verkünde, dann doch mit der Intention, das von Ihnen beschriebene Vorurteil zu entkräften. Aber Vorsicht: Wir dürfen das Kind nicht mit dem Bade ausschütten. Am Ende des Tages ist doch entscheidend, dass wir nach objektiven Kriterien und transparent – genauso wie ich es gerade für unser Stadtwerk beschrieben habe – die Führungspositionen besetzen. Und wenn im Ergebnis z. B. ein tüchtiger Kämmerer, der zehn Jahre die Stadtfinanzen ohne Fehl und Tadel in Ordnung gehalten hat, unter 15 Bewerbern der Beste ist – soll ich ihn dann nach Hause schicken, weil er ein politisches Amt hatte? Oder der Diplomingenieur für Elektrotechnik, der viele Jahre hunderte von Stunden ehrenamtliche Arbeit als Mitglied des Stadtrates geleistet hat: Soll ich ihn nach einem wasserdichten Auswahlverfahren abweisen, obwohl ich ihn als Experten für den Ausbau unserer Stromnetze dringend brauche? Am Ende zählt doch nur das eine: Erfüllt der Bewerber die von uns definierten Voraussetzungen und erfolgte die Auswahl in einem gläsernen Verfahren und nicht in einer Kungelrunde? Der Beste setzt sich durch, und wer sich politisch für unser Gemeinwohl engagiert, darf dafür doch nicht mit einer Art Berufsverbot bestraft werden, nur weil wir uns vor einer populistischen Vorverurteilung ducken."

Die strengen Auswahlprinzipien gelten, so setzt Herrmann fort, auch für Auszubildende. „Sie werden nach Eignung eingeladen und einem schriftlichen Test unterzogen. Anschließend erfolgen die Auswahlgespräche. Auch hier werden alle Bewerbungen berücksichtigt und sachlich entsprechend den Anforderungen geprüft. „Bei gleichwertigen Bewerbern", das ist Hans-Joachim Herrmann wichtig, „werden Bewerber aus der Region und Schwerbehinderte bevorzugt."

Auf unseren Wunsch zeigt der Stadtwerkegeschäftsführer an einem konkreten Beispiel, der Einstellung einer Referentin der

Geschäftsführung, wie ein Auswahl- und Einstellungsverfahren abläuft: „In der Geschäftsführung wurden unter Mitwirkung des Personalbereiches die Inhalte und Anforderungen an die Stelle definiert. In Abstimmung mit dem Betriebsrat erfolgte eine interne und externe Ausschreibung. Das Stellenangebot wurde in zwei lokal gängigen und weiteren überregionalen Tageszeitungen und im Internet veröffentlicht. Insgesamt gab es 98 Bewerber. Die Bewerbungsunterlagen wurden durch den Geschäftsführer, den Prokuristen und den Personalleiter und die kaufmännische Leiterin gesichtet und neun geeignete Bewerber zu einem ersten Gespräch eingeladen. In der Folge wurden drei Bewerber ein zweites Mal eingeladen und ein computergestützter Eignungstest zur sozialen Kompetenz mit anschließender professioneller Auswertung (DLNA-Test durch einen Dienstleister) durchgeführt. Nach Auswertung mussten durch die verbliebenen Bewerber in einem dritten Termin drei Aufgaben erfüllt werden: Erstens war eine Präsentation mit vorgegebenem energiepolitischen Thema zu erarbeiten und vorzustellen; zweitens musste ein Kennzahlenvergleich verschiedener frei wählbarer Stadtwerke vorgenommen und präsentiert werden; drittens war eine Rede anlässlich des Firmenjubiläums zu verfassen.

Nach diesem dritten Termin wurden diese Leistungen bewertet und eine Entscheidung für eine Bewerberin getroffen."

Qualifikation hat Priorität
Auch Dr. Peter Schäfer[13], seit 2014 kaufmännischer Vorstand der Stadtwerke Essen AG, legt wie zuvor Hans-Joachim Herrmann, Chef der Stadtwerke Lutherstadt Wittenberg, darauf Wert, dass mit der pauschalen Ablehnung des Wechsels von Politikern in

---

[13] Dr. Peter Schäfer ist seit 2014 kaufmännischer Vorstand der Stadtwerke Essen AG. Zuvor war er mehrere Jahre Mitglied der Geschäftsführung der E.ON Energy Sales GmbH mit Sitz in Essen. Er verfügt über langjährige Erfahrungen in der Energiewirtschaft aus seinen Tätigkeiten bei der E.ON Ruhrgas AG und der E.ON Vertrieb Deutschland GmbH.

Führungspositionen von kommunalen Unternehmen schon wieder ein neues Vorurteil in die Welt gesetzt würde. „Meine Vorgänger als kaufmännische Vorstände seit Gründung der Stadtwerke Essen AG – im Juni 1979 hatte der Rat der Stadt Essen die Umwandlung des Eigenbetriebes in eine Aktiengesellschaft beschlossen – waren u. a. der Beigeordnete und Werkleiter des vormaligen Eigenbetriebes und der ehemalige Rechtsamtsleiter. Das sind Führungspositionen in der Verwaltung, bei denen die Inhaber über alle Qualifikationen verfügen, die für die Führung eines Stadtwerkes vonnöten sind."

„Es kann doch nur darum gehen", so Dr. Peter Schäfer weiter, „dass die Bewerber fachlich geeignet sind, dass das Auswahlverfahren objektiv und unter Wahrung der Regularien der betrieblichen Mitbestimmung erfolgt. Wenn all dies gewährleistet ist, dann kann es auch gegen einen Wechsel von einer Führungsposition in der Verwaltung in die eines kommunalen Unternehmens keinerlei Einwand geben.

Seit 1979, also dem Gründungsjahr der Stadtwerke Essen AG, wurde bzw. wird das Unternehmen durch vier kaufmännische und vier technische Vorstände geleitet. Diese Positionen wurden mit je einem Bewerber aus dem eigenen Haus, drei Kandidaten aus der Kommunalverwaltung und fünf externen Kräften besetzt. Dabei zählten ausschließlich Qualifikation und Berufserfahrung. Beleg dafür ist u. a., dass alle vier technischen Vorstände einschließlich der aktuellen Besetzung über akademische Qualifikationen als Ingenieure verfügten bzw. verfügen.

Aber nicht nur bei der Besetzung der Vorstandspositionen, sondern auch bei der Besetzung aller übrigen Stellen im Unternehmen wird seit jeher und unter allen Umständen auf die fachliche Eignung geachtet. Einstellungen erfolgen zudem selbstverständlich diskriminierungsfrei und den Anforderungen aller gesetzlichen Regelungen entsprechend", fasst Dr. Schäfer die Prinzipien noch einmal zusammen, die in der Stadtwerke Essen

AG bei der Besetzung von Führungspositionen konsequent beachtet werden.

Weder Kaffeesatz noch Glaskugel: Entschieden wird im Team, wissenschaftlich und objektiv

Weil die Frau eines Stadtrats eine Abgasallergie hat, bekommt der Chef der Stadtwerke die dringende Empfehlung, sich um die Einführung von Elektroautos zu kümmern. Dieses fiktive Szenario aus der Feder der Autoren hat mit dem realen Leben etwa so viel zu tun wie der Kanonenritt des Baron Münchhausen. Trotzdem denkt so mancher Zeitgenosse, dass in der dargestellten Weise die strategischen Ziele kommunaler Unternehmen formuliert werden: per Zufall und Kraft irgendeiner Wassersuppe.

Die Wirklichkeit ist anders. Das demonstriert Andreas Schwarberg[14], Geschäftsführer der Stadtwerke Solingen, am Beispiel seines Unternehmens. Er schickt voraus, dass kein kommunales Unternehmen, egal welcher Tätigkeit es auch nachgeht, ohne Strategie auskomme. „Gerade, weil sich das Umfeld unserer Tätigkeit immer schneller wandelt, sich die Bedürfnisse der Kunden verändern, der Druck auf Effizienz größer wird und damit auch der Zwang zur Kooperation in der Kommunalwirtschaft wächst, müssen die Ziele immer genauer abgesteckt und präzise Konzepte zu ihrer Erreichung erdacht werden. Das gilt für alle", sagt Schwarberg. In besonderer Weise aber seien die kommunalen Ver- und Entsorgungsunternehmen gefordert. „Beginnend mit Liberalisierung, Regulierung und verstärkt durch die unter dem Sammelbegriff ‚Energiewende' subsumierbaren Veränderungen der Energiebranche, erfährt dort die Strategiearbeit einen massiven Bedeutungszuwachs. Die Unternehmen sind gezwungen,

---

[14] Andreas Schwarberg, Jahrgang 1961, ist Volljurist. Seine kommunalwirtschaftliche Tätigkeit begann er 1993 als kaufmännischer Geschäftsführer der Kreiswerke Heinsberg GmbH. 2003 wurde er Geschäftsführer der WestEnergie und Verkehr GmbH & Co. KG. Seit 2007 ist er Vorsitzender der Geschäftsführung der Stadtwerke Solingen GmbH.

aktuelle Trends wie die Dezentralisierung der Energieerzeugung oder die Digitalisierung mit Blick auf das eigene Geschäftsmodell zu analysieren, zu reagieren und vor allem selbst Akzente zu setzen. Wir müssen im besten Sinne vordenken, denn vor uns liegt eine neue kommunale Energiewelt, die sich radikal von der der Vergangenheit unterscheiden wird.

In den Stadtwerken Solingen wird dieser Prozess besonders intensiv seit 2012 betrieben. In diesem Jahr wurde die Partnerschaft mit einem externen Gesellschafter beendet. Die Stadt Solingen ist seitdem wieder alleiniger Eigentümer. Bei der Strategiebestimmung nutzen wir Erfahrungen aus anderen, teilweise branchenfremden Unternehmen. Im Rahmen des strategischen Planungsprozesses orientiert sich das Unternehmen an dem klassischen vierstufigen Vorgehen: Ex- und interne Analyse, Identifikation unternehmensinterner Stärken und Schwächen, Ableitung der strategischen Ziele, Mobilisierung der Mitarbeiter, Einleitung notwendiger Veränderungsmaßnahmen und die kontinuierliche Überprüfung von Umsetzungsstand und Erfolg."

„Die Strategie selbst setzt sich", so erläutert ergänzend Stephan Hirsch, er hat als Leiter der Abteilung Strategie und Unternehmensentwicklung den Prozess in Solingen inhaltlich maßgeblich mitgeprägt, „aus folgenden Bausteinen zusammen: Erstens den Werten, die das Unternehmen und seine Kultur aktuell konstituieren, zweitens der pointierten Beschreibung des übergeordneten Unternehmenszwecks, drittens der Bestimmung der strategischen Zielposition mit einem Zeithorizont von zehn bis fünfzehn Jahren, viertens der Detaillierung der Vision auf die einzelnen Wertschöpfungsebenen und fünftens der Ableitung der konkreten und umsetzungsorientierten Strategie-Ziele."

Strategiearbeit sei, so Schwarberg, Managementaufgabe. Gerade bei kommunalen Unternehmen sei es entscheidend, dass mit der Strategieerarbeitung betraute Team möglichst heterogen zu besetzen. Eingebunden werden müssten nicht nur Führungs-

kräfte, sondern auch die Mitarbeiterebene. Dies fördere die
Akzeptanz und wirke weitverbreiteten Veränderungsängsten von
vornherein entgegen, erläutert der Geschäftsführer: „Kommunale
Energieversorger fallen in der Regel in die Kategorie ‚klein- bis
mitteständiges Unternehmen‘. Um diese Organisationen nicht
zu überlasten gilt für alle Projekte, die über das Tagesgeschäft
hinausgehen, der Grundsatz ‚weniger ist mehr‘.“

Aus den Erfahrungen, die in den Stadtwerken Solingen bei der
Erarbeitung der Unternehmensstrategie gesammelt wurden, fol-
gert Schwarberg, dass man sich dafür ausreichend Zeit nehmen
müsse. Von der Analyse bis zur Kommunikation der erarbeiteten
Strategie müsse man mindestens ein Jahr einplanen. Diskutiert
werden müssten von den Führungskräften auch im Sinne eines
Selbstreinigungsprozesses solche Fragen wie „Was ist eigentlich
unser Unternehmenszweck?“, „Wodurch ist unsere Kultur geprägt?“, „Wo wollen wir in zehn Jahren stehen?“.

„Generell gilt“, so das Fazit von Schwarberg, „dass der Prozess
der Strategiebestimmung von Personen geleitet und moderiert
wird, die über Erfahrungen in der Strategiearbeit verfügen und
nicht in der operativen Verantwortung stehen. Dies sichert den
Blick für das Wesentliche und bringt Objektivität in die Diskus-
sionsprozesse. Für die Umsetzung der Strategie gerade bei kleineren Unternehmen sind nicht nur das ‚Kommunizieren‘ sondern vor allem das ‚Verstehen‘ von entscheidender Bedeutung.
Es reicht nicht, wenn Geschäftsführer in Mitarbeiterversamm-
lungen die neue Strategie lediglich vorstellen. Es muss auch die
Möglichkeit zur Rückkopplung geben. Nur Mitarbeiter, die eine
Strategie auch wirklich verstehen, richten ihre tägliche Arbeit an
den entsprechenden Zielen aus“, ist Andreas Schwarberg überzeugt.

Was der Solinger Bürger und Kunde davon hat, wenn sich seine Stadtwerke so intensiv um die präzise Bestimmung ihrer Ziele
kümmern? Dazu Andreas Schwarberg: „Wir sind als Unternehmen geradezu verpflichtet, uns als komplexer Energiedienstleister

zu profilieren. Die Kunden verlangen von uns immer häufiger, dass wir nicht nur Energie liefern, sondern zugleich auch Konzepte z.b. zu deren effizienter Nutzung entwickeln. Mit diesem Ansatz agieren wir auch über Solingen hinaus und können auf diese Weise unser qualifiziertes Personal besser auslasten. Davon profitieren unsere Kunden ebenso wie von der besseren Nutzung unserer teuren Technik zur Instandsetzung und Wartung unserer Netze. Auch diese Leistungen bieten wir weit über unsere Stadt hinaus an."

6
Was man lieb hat, darf man nicht bereden – ein Fazit

Kommunale Unternehmen haben in den vergangenen Jahren und Jahrzehnten erheblich an Ansehen gewonnen. Pauschale Verunglimpfungen sind deutlich weniger geworden. Sicherlich auch wegen des zu erwartenden Gegenwindes, den allzu unqualifizierte, polemische Anwürfe entfachen würden.

Was in Zeiten kommunaler Monopole unter der Überschrift „Beamtenmentalität" als Klischee – das war schon damals viel mehr Bauchgefühl als Fakten basiert – noch gerade so durchging, hat heute in einer Sachdiskussion kaum eine Chance. Deshalb sind auch die radikalsten Gegner jeder öffentlichen Betätigung etwas vorsichtiger geworden. Schließlich kämen sie schnell in die Verlegenheit, ihre Anwürfe mit Beispielen und Argumenten zu unterfüttern. Mittlerweile wird auch von den meisten Protagonisten der Privatwirtschaft eingeräumt, dass allein das Signet kommunal oder privat nicht ausreicht, um per se die Effizienz eines Unternehmens zu beurteilen. Besonders „Progressive" gestehen sogar ein, dass kommunale Unternehmen genauso effizient und natürlich auch so ineffizient sein können wie private.

Nun mag man einwenden, dass dieses Buch ein paar Jahrzehnte zu spät kommt. Dieser Gedanke ist uns auch gekommen, und wir haben ihn verworfen. Man sollte die Wirkungskraft ideologischer Zuschreibungen nicht allein daran messen, wie häufig sie in der Öffentlichkeit geäußert werden. Die Rahmenbedingungen kommunalwirtschaftlichen Handelns sind derart komplex, dass sie kaum für plakative politische Auseinandersetzungen taugen. Die sind aber auch heute noch eher die Regel. Gäbe es das Primat von Fakten und sachlichen Argumenten hätte dieses Buch auch aktuell nicht geschrieben werden müssen.

Kommunalwirtschaft – das ist keine Gattung, die man nach den beliebten „schwarz-weiß" und „gut-böse" Schemata in zwei Sätzen auf den Punkt bringen könnte. In unserer Einleitung haben wir die gesellschaftspolitische, die staatsrechtliche, die ökonomische und die ökologische Dimension ausführlich erläutert. So komplex wie diese Wirtschaftsform ist, so sind es auch die dazu bestehenden Irrtümer (die auf Unwissenheit basierenden, genauso wie die bösartigen Zuwidmungen), die wir in unserem Buch benannt, und mit denen wir uns auseinandergesetzt haben. Sie werden beim Lesen der einzelnen Kapitel festgestellt haben, dass es keine eindimensionalen Argumentationsmuster gibt. Wer etwa kolportiert, dass kommunalen Führungskräfte in den kommunalen Unternehmen in Verwaltungskategorien denken, der ist sofort auch beim Thema mangelnder Innovativität. Für die Identifizierung der Irrtümer mussten wir also zunächst scharfe Trennstriche ziehen. Diese Strukturierung haben Sie in den Kapitelüberschriften gefunden. Bei der Entkräftung wiederum waren komplexe Argumentationsmuster vonnöten, die sich nicht an streng definierte Kapitelgrenzen halten. Der eine oder andere Gedanke, den sie zum Thema Qualität der Führungskräfte gelesen haben – um im vorgenannten Beispiel zu bleiben – ist Ihnen unter der Überschrift Kreativität und Pioniergeist wieder begegnet. Dass ist mitnichten Redundanz, sondern spiegelt objektiv, wie vielschichtig diese Kommunalwirtschaft in Wirklichkeit ist.

Dass es also auch zur kommunalen Daseinsvorsorge (das gilt letztendlich für alle gesellschaftlichen Sachverhalte) diese einfachen Wahrheiten im SMS-Format nicht gibt, sollten bitte auch jene im Hinterkopf haben, für die wir dieses Büchlein **auch** geschrieben haben. Gemeint sind hier die Menschen, die in den Kommunen politische Verantwortung tragen. Sie sollen, sie können, ja sie müssen selbstbewusst zur kommunalen Federführung im Bereich der Daseinsvorsorge stehen. Die ist nicht nur eine deutsche Erfolgsgeschichte. Sie ist auch ein Exportschlager, um den uns viele unserer Nachbarn beneiden. Funktionsfähige kommunale Unternehmen, die verlässlich, effizient und transparent handeln und sich dabei auch daran orientieren, welchen Beitrag sie zum Wohlergehen des Großen und Ganzen leisten können, sind ja gerade der moderne und zukunftsfähige Gegenentwurf zur ungezügelten und hemmungslosen Globalisierungsökonomie. Kommunale Unternehmen beweisen jeden Tag auf's Neue: Effizienz und Gemeinwohlorientierung passen auch und gerade im 21. Jahrhundert unter einen Hut. Und das funktioniert nicht etwa nur bei Wachstum, sondern auch bei schrumpfenden Märkten.

In stetig heterogener werdenden Gesellschaften sind Kommunen und ihre Unternehmen ein wichtiges Bindemittel. Nicht nur für die Gemeinschaft vor Ort, sondern für die Gesellschaft in Gänze. Sie haben aktuell im Rahmen der Energiewende im Sinne ihres öffentlichen Auftrages die ökologische Erneuerung von Versorgungsstrukturen vorangetrieben, und sie wirtschaften nachhaltig, um auch in sich entleerenden und alternden Regionen weiter eine stabile Versorgung aufrecht erhalten zu können. Die kommunale Wirtschaft setzt derart vielfältige Impulse, dass sie nicht nur der Politik, sondern auch den Bürgern vor Ort lieb und teuer sein sollte. Lieb ist sie den Bürgern. Das zeigen sehr eindrücklich die von uns zitierten Umfragen. Sie sollte ihnen aber auch „teuer" sein. In dem Sinne, dass erkannt wird, über welchen Schatz man verfügt. Und dass man selbigen auch schützen und verteidigen muss vor ungerechtfertigten Angriffen.

Kommunale Unternehmen sind ein Wesensmerkmal der sozialen Marktwirtschaft bundesdeutscher Prägung. Gesellschaftlicher Zusammenhalt und Stabilität genießen bei den Deutschen nach wie vor hohe Priorität. Ein Kapitalismus, der nur das Recht der Starken und die Bedürfnisse der Potenten kennt, ist nicht gewollt. Kommunale Unternehmen sorgen direkt vor Ort für Ausgleich und Integration. Und wenn die Politik auf Landes-, Bundes- und europäischer Ebene diese vielfältigen Funktionen kommunalen Wirtschaftens nicht ausreichend achtet, dann sollten die Bürger ihre Macht nutzen, um eine Kehrtwende zu organisieren. Landauf, landab nehmen wir zu diesem Thema Bürgerbewegungen zur Kenntnis. Die aktive Rechtsetzung bleibt aber nahezu ausnahmslos den Parlamenten vorbehalten. Vielleicht braucht es eine Kommunalpartei, die das Thema kommunale Gemeinwohlökonomie endlich an zentraler Stelle auf die politische Agenda in den Ländern, im Bund und in der EU setzt und darauf zielt, den Kommunen endlich aktive Mitspracherechte einzuräumen.

Dass kommunale Unternehmen überall im Land unverzichtbare Impulse setzen und effizient wirtschaften, ist nicht zuletzt ihren kommunalen Eigentümern zu verdanken. Angesichts dieser Erfolgsgeschichte kann es mit dem oft kolportierten Unvermögen der Mandatsträger in kommunalen Aufsichtsräten nicht weit her sein.....

Die Kommunen sind es, die die existentielle Daseinsvorsorge – und das sind nicht nur das saubere Wasser, die Krankenhäuser, das bezahlbare Dach über dem Kopf, die sicher verfügbare Energie oder die zuverlässige Entsorgung, sondern auch Kultur und Bildung – auch unter kompliziertesten Bedingungen garantieren. Und sie sind sie es aktuell und wohl noch für lange Zeit, die vor Ort den Zustrom von Flüchtlingen bewältigen müssen. In den Kommunen wird die politische Rhetorik in Taten umgesetzt.

Selbstbewusstsein ist also am Platz. Aber kein Überschwang. Denn das ist das Ungerechte. Teile der privaten Finanzwirtschaft können ganze Länder in den Bankrott reißen, ihre Daseinsberechtigung wird dennoch nicht hinterfragt. Kommunen und deren Unternehmen hingegen müssen stets um ihre Legitimation besorgt sein. Das ist der einzige – wenn auch fragwürdige Effekt – von Vorurteilen, egal ob aus Unwissenheit oder mit Vorsatz kolportiert: der Druck zur Selbstoptimierung bleibt dauerhaft im Kessel. Die Kommunen sind die einzige öffentliche Ebene in unserem Lande, die das permanent aushalten muss. Und mit Erfolg. Nicht bei Wahrung des Status quo, sondern mit schnellen Schritten nach vorn: Seit Mitte des ersten Jahrzehnts im neuen Jahrtausend zeigt sich eine deutliche Zunahme von Kommunalisierungen und Rekommunalisierungen im Bereich der Daseinsvorsorge. Dies steht durchaus im Zusammenhang mit der globalen Finanzkrise, reflektiert aber auch das weiter zunehmende Vertrauen der Menschen in die Daseinsvorsorgeökonomie „vor Ort", eine Wirtschaftsform zum Anfassen. Genaue Statistiken über diesen Prozess für den Gesamtbereich der Kommunalwirtschaft sind leider nicht verfügbar. Sicher ist, dass die kommunale Energieversorgung einen Schwerpunkt darstellt. Von 2007 bis 2014 haben rund 200 Kommunen wieder selbst die Verantwortung für den Betrieb von Energienetzen übernommen. Im gleichen Zeitraum wurden rund 90 neue Stadtwerke gegründet.

Das ist auch ein Beleg für die Professionalität, mit der kommunale Daseinsvorsorge betrieben wird. Wir sind weit davon entfernt, Deregulierung und Liberalisierung zu euphorisieren. Aber ein Effekt ist unstrittig. Der Wettbewerb war für die kommunale Wirtschaft durchaus ein wichtiger Impuls zur Optimierung. Kommunale Unternehmen haben viel gelernt. Die Herausforderungen werden nicht geringer.

Erfreulich ist, dass mit dem Aufwuchs der Kommunalen auch der Respekt der Akteure untereinander gewachsen ist. Gerade im Energiesektor sind es die kommunalen Unternehmen und nicht die bis vor kurzem schier Übermächtigen „Großen Vier", die die Dynamik, das Funktionieren der Märkte und die Umsetzung der Energiewende garantieren.

Wettbewerb und kommunale Unternehmen sind kein Widerspruch. Sie bedingen vielmehr einander. Nur in dieser Koexistenz wird das deutsche Markenzeichen, die Soziale Marktwirtschaft, auch das 21. Jahrhundert prägen. Diese Allianz wird von der Kommunalwirtschaft und zuvorderst vom privaten Mittelstand geprägt. Wertschätzung statt Stigmatisierung, so könnte das finale Fazit lauten.

Printed in the United States
By Bookmasters